I0711989

Un Camino a la Santidad

Elogio a la política y la participación

Por **WILLIAM OJEDA**

A Juana, Mariangel e Ivian, ternura en la más sanadora de sus manifestaciones, de donde provengo y a donde vamos; el mismo haz de luz.

*A Magdalena (Magdi), mágica conjugación del verbo estar,
en eterno presente.*

*Cuando fui a la Universidad llegué con un sentimiento parare-
ligioso, que quería justicia social; me acerqué a (determinado
grupo de pensadores políticos) donde había tirabombas,
pero había santos… santos como pocas veces he conocido.*

Ernesto Sábato

Contenido

CAPÍTULO I

Vivir para los demás

La voz política es una dimensión integral de la calidad de vida.
Intrínsecamente, la capacidad de participar como ciudadanos de pleno derecho,
de opinar en la elaboración de las políticas, de disentir sin miedo
y de hablar en contra del mal son libertades y capacidades esenciales.
Stiglitz, Sen y Fitoussi 2009

El blanco de todos los señalamientos

La política está llena de demonios; quien lo duda. Es una constante en cualquier conversación la referencia de esta actividad asociada a actos indeseables; a gestos egoístas; así como a manifestaciones de hipocresía extrema, que casi establecen una relación de igualdad con lo perverso. Pero al mismo tiempo es un accionar ineludible en la vida civilizada, porque implica la organización y gobierno de las sociedades. Política es incidir en el destino de lo particular, también de lo colectivo. Es participar en el fragoroso moldeado del entorno que nos rodea y del que somos parte. Es, a su vez, lo que Weber llamó el "arte de las tablas duras".

El título de este libro es "políticamente incorrecto", porque lo políticamente correcto en los tiempos que corren es denostar de la política y de quienes en ella actúan. Lo usual, lo chic, lo sexy es pisotear y aborrecer todo lo que sea político.

Hablar mal de la política y de sus actores es el gran refugio de la victimización que nos evade de la responsabilidad de nosotros mismos.

Hay quienes hacen política (de valoración minúscula) hablando mal de la política. Lo hacen con cierto cinismo, viendo la descalificación generalizada que se señala por doquier y conscientes de un auditorio que reproduce el mensaje porque asume como cierto lo peyorativo. Es el colmo, porque hacen política jugando a la *antipolítica*; que por cierto es un terreno fértil que sirve a la instalación de autocracias.

Esto trata de un asunto grueso; porque tal vez ninguna actividad humana sea más desacreditada y mal vista. La política es señalada a la ligera, es malpuesta a todo trance. Desprestigiarla y referir sus sombras es casi un deporte de masas que divierte a sus embelesados practicantes. No hay para más, todo "es culpa de los políticos".

No obstante, en la generalización se comete un craso error que los clásicos griegos se atreverían a tildar de suma estupidez, porque la política es imprescindible para la vida en sociedad; más aún en la vorágine de un escenario con las características del hoy convulso y globalizado de nuestros días.

Asistimos a una esfera transversalizada; con categorías y conceptos que invitan y obligan a repensarlo todo en la dinámica social de una *modernidad líquida* (Bauman 2003). Es un sistema mundo que nos sintetiza (Wallerstein 1999) y nos agobia, con búsquedas y dilemas espirituales propios de la vida moderna, que se constituyen en un desafío en sí mismos (Nussbaum 2019). Justo aquí es cuando más se necesita de un ciudadano informado, con criterio, discernimiento; con capacidad de participar, decidir por sí mismo y sobre todo, involucrado para incidir en su entorno.

De cara a los retos que impone ese privilegio que en Occidente denominamos democracias modernas, se requiere de un ciudadano comprometido en los asuntos colectivos de su vecindario, su país, así como de la humanidad. Un ciudadano imbricado con su marco inmediato y al mismo tiempo con vocación global.

Es justo en medio de este ambiente retador cuando más se ha golpeado inmisericorde a la actividad que nos permite actuar y repercutir en tal escenario: el desempeño en el espacio de lo común.

¿Pero esa mala reputación de la acción política es casual? ¿Se trata de algo espontáneo? ¿Es una cuestión que se produce de forma automática? ¿Algo que solo se ha generado por escándalos de corrupción que cada vez han ganado más notoriedad? ¿Es acaso la política un terreno perdido? ¿Es un espacio que hay que abandonar de plano porque denigra a toda aquella persona que se le vincule?

En el presente texto se pretende dar respuesta, o cuando menos, ensayar opciones para cada una de esas farragosas interrogantes que nos condicionan en la actualidad, justo cuando vivimos escenarios que requieren de la participación y el compromiso de cada individuo en aras de la redirección de las sociedades y además como único mecanismo profiláctico ante la asechante amenaza autocrática que, dicho sea de paso, se alimenta de la *antipolítica*.

Toca advertir desde temprano algo sobre lo que abundo más adelante: una cosa es la política y otra es el ejercicio del poder. Una es la actividad de calle, con la gente y otra el ejercicio de la función pública; aunque guardan relación, se diferencian. Siendo el apostolado de la política terreno de super héroes, hay quienes en el ejercicio del poder, admitámoslo, protagonizan abominables desmanes. Sectarismo, segregación, intolerancia y abusos varios que dan paso a regímenes despóticos. Las cúpulas de los gobiernos despóticos muestran a ratos su cara sociópata, guerrerista, elitista o xenófoba, siempre enseñoreados por los bajos niveles de participación ciudadana; pueblo que fue progresivamente desmovilizándose, abandonando su decisivo rol en procura del bien común, debido al incesante ataque a los actores de los asuntos públicos.

Estas páginas ensayan argumentos en medio de la perplejidad y la confusión general. Salen al paso ante la indeterminación del descrédito, empujadas por el desconcierto en torno a lo que es y para qué sirve el oficio.

Es natural el reproche con este libro; no sorprende la incomodidad automática de algunos frente a este material. Comprendo que cierto público se escandalice. Que el solo título le resulte, incluso, una provocación intolerable.

El título más allá de lo polémico, es una convicción. Pero es a su vez un acto de desagravio; ya que es tal el ataque a esta actividad y a su vez es tan vital para la subsistencia de la vida en sociedad, para la más mínima convivencia, que no cabía otra cosa que marcar de entrada un contraste claro frente lo que maliciosamente las matrices opináticas han impuesto, mediante maniobras desinformativas por parte de intereses creados. La política y la participación que conlleva es la realidad de una verdad contundente, imperecedera, sustantiva, pero que tal vez sea la más malograda de nuestros tiempos. Es notorio, se busca empobrecer esta esfera en todo sentido: como esencia, concepto, arte, como oficio. Hay un entorno y unas características específicas en relación a dónde y cómo se produce el fenómeno de las referidas matrices de opinión. La humanidad experimenta un proceso de múltiples dimensiones, entre otras cosas se pretende hacer tabla rasa de la diversidad. Hay en curso una homogeneización de gustos y hasta de expectativas. Sin percatarnos, asistimos a una forzada uniculturalidad (Lang 2017), cuando la riqueza de la pluriculturalidad que nos es consustancial queda cubierta por fastuosos sistemas interconectados de información, en medio de la explosión tecnológico-digital que todo lo cubre, lo condiciona, lo resignifica, dando lugar a un nuevo patrón civilizatorio (Ortiz 1998 y 2004), escena de la que ahora es una *sociedad red* (Castells 2001 y 2006).

La unificación de los gustos, modas, aspiraciones y perspectivas que impone la globalización, ha devenido en habitantes que hacen de la economía mental el mecanismo de su cosmovisión (Welzer 2011). En ese marco surge el pensamiento dicotómico, resumen, acrítico. Al que se le ha impuesto, a fuerza de repetición, la falsa lógica de lo maniqueo, la falaz certidumbre de la política como razón de todos los males.

Tal pensamiento binario se sirve de categorías acríticas, dogmas y prejuicios asumidos al fragor de la agenda desinformativa de grupos de interés. Comunidades que se retroalimentan en sus enfoques excluyentes, sectarios; en una dinámica de redes, aplicaciones y plataformas digitales que juegan al volumen y a la confusión. Asumiéndose poseedores de la verdad, en una mirada reduccionista que todo lo interpreta de forma binaria.

Escenario por demás atractivo a los autócratas de nuevo cuño: porque despolitiza a la sociedad, la divide con la falsa percepción de buenos vs. malos, con la que los autócratas la dominan a sus anchas. A su vez, hacen uso de las herramientas tecnológicas, algoritmos, trols y distintas modalidades de inteligencia artificial, para inundar el océano informativo de redes y aplicaciones con mentiras, ataques, intrigas, apologías; todo viralizado para impactar a un público tan desconcertado como ingenuo a la hora de consumir todo tipo de especies por las redes digitales. Nunca el mundo tuvo tanto acceso a la información, ni nunca estuvo tan aturdido; nunca tan desconcertado en su cotidianidad.

En medio de esto, como queda dicho, se ha hecho de la vida de servicio público la excusa de todos los males. La manifestación unívoca de las sombras del alma humana. La razón despreciable de lo que anda mal en todo escenario. La excusa perfecta. La coartada precisa. Pero, se equivocan.

No hay ninguna actividad, después de atender a la familia, más noble y abnegada a la que un ser humano pueda dedicar este regalo de Dios (para nosotros los creyentes) como lo es la vida, que la política. No hay ningún quehacer humano que sea tan sublime y al mismo tiempo exponga más a su practicante. Es todo entrega y riesgo. Por eso es de las más sacrificadas con jornadas tan extenuantes de trabajo sin descanso que con seguridad actúan en detrimento de la salud del practicante; pocas ocupaciones son tan complejas, nobles, épicas y por lo general, ingrata. Pero al mismo tiempo, vaya paradoja, es, además de atender a la familia, la más trascendente de todas las actividades humanas. Aunque suene grandilocuente, lo es. Veamos.

Admitámoslo desde el principio, hay luces y sombras. En el ámbito de los asuntos públicos se entremezclan sombras de la mezquindad junto al resplandor del servicio; la maniobra perversa frente a la épica de la solidaridad, de la generosa vocación por ayudar; valga decir, la política es también acto sublime de dedicar la vida propia a los demás; al tiempo que en ella se presentan arrojos de egoísmo e inconciencia. Es entregarse a favor de los otros luchando por el bien común, mientras en otros casos algunos hacen de la representación política escenario de vanidad y arribismo, debidamente señalado por Weber hace más de un siglo.

En ese contexto, como lo advierte la historiadora española Carmen Iglesias en su lúcida interpretación de Montesquieu y sus vigentes propuestas del mecanismo de contrapesos al poder, separación de poderes y limitaciones a la "representación" omnímoda[1], son menester esos "cortafuegos" a peligrosas egolatrías, porque con el poder existe una especie de insaciabilidad en la naturaleza humana, que cuando lo tiene, quiere más.

Algunos sujetos en determinados cargos viven un penoso proceso adictivo que les (envilece por lo que les) obsesiona mantenerlo y expandirlo, al punto que dominados por el

---

1 *Directora de la Real Academia de la Historia de España, analiza en profundidad el tema, y lo hace tanto en su libro citado en las referencias, otros escritos, como también en sus charlas sobre historia de las ideas organizadas por varias instituciones y disponibles en YouTube: https://www. youtube.com/watch?v=l_HXVXvjfSs*

embeleso sufren una desconexión con la realidad[2]. Este narcisismo no es Política, es narcisismo en el ejercicio de la representación popular; mal para el que el único y más eficaz antídoto es precisamente hacer política; o sea, el involucrarse, participar, incidir en la vida colectiva por parte de todos los integrantes de ese colectivo humano donde surge el problema.

La actividad a la que hago referencia no tiene como exclusivo espacio de desempeño a los partidos, sino tanto o más aún las organizaciones civiles, ong's, gremios, grupos sectoriales, asociaciones de vecinos, y demás mecanismos de libre organización de la sociedad. Lo grave es que el desprecio por la política distancia a las personas de los asuntos públicos; desanima la participación, creando terreno fértil para la arbitrariedad y el sectarismo que tanto anhelan los abusadores para sus pretensiones hegemónicas.

A sabiendas de esta clave es que se realiza la presente revalorización de la actividad de servicio público asumiéndola como lo que es, una ardua tarea que requiere entrega, sagacidad, perspicacia, empatía, visión, desprendimiento y descomunal trabajo. Por eso el título del libro.

Valga ser enfático en el enunciado: "un camino" a la santidad, esto es, una opción, una oportunidad, una posibilidad; como de hecho ha ocurrido en numerosos casos de los que algunos haré mención más adelante. Subrayo aquí se dice "un" camino; no se dice que sea "el" camino. En lo más mínimo se afirma aquí que sea "el" sendero seguro hacia la altives suprema de lo espiritual. En ningún caso se dice que sea "único" ni "seguro camino" a lo sagrado.

Como casi todos los escenarios relevantes es un espacio para la salvación o, dependiendo de las acciones, para la perdición. Pero son ambas las opciones. Ambas. Y no como la matriz de opinión establecida hace ver por lo general

---

2 *Son excepcionales los casos de personalidades que teniendo poder se han autocontenido, y se han abierto para dar paso a distintos liderazgos, como ocurrió con Mandela, Gandhi, Betancourt, Merkel, entre otros.*

ante un público aprehensivo por diversas y comprensibles razones, que es solo una la dirección, y esa es tenebrosa, porque asocian la política como sinónimo de decadencia y vileza.

Argumentos sobre las sombras abundan en escritos con fundamentos tanto débiles, como sólidos; y lo que es peor, a veces sin ellos. El texto que sigue se distingue de esos disimulos de pretensiones retóricas. Aunque es tan solo una aproximación, aquí se trata de alegar sobre las luces, que son muchas e impresionan a quien las desconoce.

Las del presente libro no son páginas apologéticas, pero, disquisiciones aparte, miran sin complejo la bonhomía de este ejercicio humano que el parloteo estridente pasa por alto. Aquí se reivindica a la política en función de la importancia irreductible que en efecto tiene, porque, aunque resulte difícil de comprender para quienes no lo hayan experimentado, nada se compara en dichas y certidumbres, como la empatía plena de *vivir para los demás*.

Entre cielo e infierno

Si observamos las noticias, colocamos en Google o cualquier otro buscador en la red, o vamos a la cafetería preferida o a la barra de un bar a tomarnos algo, no percatamos de manera fácil lo mal calificado que está el oficio de la política. Es unánime, todos hablan mal de ella.

Al colocar en *Google* "noticias de corrupción" aparecen 37 millones de entradas. Y si se agrega igual en español el componente político, de manera que se lea "noticias de corrupción política", entonces aparecen 40.7 millones[3] de entradas o notas; lo que refleja que es un asunto masivamente publicado, producido, promovido, y al mismo tiempo consumido.

Tal vez se trate de las matrices de opinión a escala global más consolidadas de la actualidad. Es una euforia colectiva

---

3 *Estadísticas correspondientes a febrero de 2023 en el buscador Google.*

en la que se auto refuerzan falsos supuestos a modo de convicciones que de tan reiterados devienen en inamovibles para llegar a ser dogmas. Se cree así identificar a los responsables de todos los males. Hay malestar y la naturaleza humana busca explicaciones.

En una sociedad que funciona mal, porque en el momento cuando se dispone de más recursos de toda la historia, existe una desigualdad considerable, cuya brecha no hace más que crecer, lo que está muy bien documentado por trabajos encomiables (Piketty 2013; Atkinson 2016, entre muchos otros). Entonces, hay que encontrar culpables o por lo menos explicaciones a lo que ocurre. Y los intereses creados ya consiguieron la explicación. Ya identificaron a los responsables. Los señalaron y establecieron. Las matrices de opinión hacen lo suyo perforando el imaginario colectivo. Enfoques limitados abrazan la sentencia como un acto de fe que lo explica todo. ¡Eureka!... "aquí están los culpables del engaño".

La mala imagen de la actividad política es tan profunda, que hasta en canales de *YouTube* que promueven la actividad y vocación por esa área del servicio público, arrancan su presentación considerando lo siguiente como una obviedad: "los políticos tienen una de las valoraciones más desfavorables del público que cualquier otro grupo"[4].

Es tal el matrizado de la opinión, que surgen y se fortalecen instancias que miden y dan cuenta del pervertido fenómeno. Así hace lo propio el establecido Latinobarómetro, mientras surgen con mucha fuerza iniciativas de distinto tipo que estudian el fenómeno como el índice *Capacidad para Combatir la Corrupción* (CCC Report), que estudia a 15 países Latinoamericanos y en cuya edición 2022[5] afina sus categorías y variables para identificar la debilidad ins-

---

4 *Es el caso del canal del continente africano After School Africa; promueve la actividad política y en su presentación hace la referida sentencia. Disponible en: https://www.youtube.com/ watch?v=plZvQSMlX7A*

5 *CCC Report 2022, disponible en: https://www.as-coa.org/sites/default/files/inline files/ CCC_ Reportaje_2022.pdf*

titucional y lo permeable de varios Estados a la maléfica desviación de la corruptela, elevando el axioma a nivel de asunto incuestionable, indiscutible.

Por todos lados surgen comentarios. Señalamientos que inundan y asfixian hasta el hartazgo a la opinión colectiva. Hechos espantosos de corrupción que enardecen a un público que en su cotidianidad vive la estrechez de la precariedad económica. Casos como la compra de votos en la región del pacífico colombiano, o el desfalco a Petróleos de Venezuela, o la constructora brasileña que sobornó a decisores públicos en varios continentes para recibir ventajosamente asignación de obras públicas, son muestra del nauseabundo fango de desvío de dineros que perteneciendo a la población, por eso son públicos, unos pocos se toman para sí con todo tipo de maniobras delictivas. De modo que hechos de depravación sí los hay, siendo en todo sentido condenables.

Sin embargo, las horrorosas situaciones de corrupción y desviaciones de todo tipo desbordan los noticieros, pretendidamente direccionados a destacar cosas malas y al mismo tiempo, vaya ironía, a ocultar o minimizar el océano de cosas buenas que pasan a diario y por doquier. Con esto, la mesa está servida para la consolidación de la creencia. El desprecio por cualquier enfoque positivo de lo público es automático. Se rechaza lo distinto al posicionamiento del ilusorio absoluto, a lo concluyente: política es sinónimo de corrupción.

Mas, en realidad estamos ante un inmenso contraste, porque a pesar y más allá de las bochornosas situaciones de corrupción que se ven en la palestra pública con una frecuencia indeseable, esto no impide que día tras día salgan cientos de miles de voluntarios por todos los confines del planeta con humildad, devoción y generosidad poniendo lo mejor de sí, de su tiempo y de sus energías, para dedicar la vida a los demás. Miles salen a diario a ayudar y acompañar a la otredad. Desde espontáneos que trabajan con admirable entrega *ad honorem*; así como otros tantos a todo nivel, en infinidad de servicios a la comunidad, hasta una legión de funcionarios públicos, más allá de los preceptos weberianos (del cálculo y la subsistencia), que entregan sus días por servir a los usuarios desplegando gran vocación y de la manera mejor intencionada que se pueda imaginar. No soy marciano, tampoco escribo estas páginas movido por un arrebato de romanticismo. Como todos, crecí sintiendo repulsión por los políticos. Los creí, como lo dicta la matriz creada, la razón de todos los males. En cierto modo no distinguía entre unos y otros, quien lo hacía bien o mal; para mi bastaba con la etiqueta de pertenecer a ese gremio nefasto que tal y como me lo habían pintado era sencillamente despreciable; rótulo denigrante y simplista, que me empujaba a la carga peyorativa.

Me avergüenza admitir que mis especulaciones no conocían ponderación a la hora de considerar a esas personas. Si estaban ejerciendo cargos de representación, aún peor. Sentía verdadero menosprecio. No sé si era el aluvión de información que de todo los señalaba o las insinuaciones, comentarios, especulaciones que rondaban por todos lados, pero mi aborrecimiento por ese grupo era como acto reflejo, sentido e indubitable; tan instantáneo como irracional. Seguramente también influían en mi equivocada apreciación algunas horas de intercambio con docentes pro marxistas de secundaria y universidad que desde la academia esparcían sus abordajes de "lectura crítica" de la realidad.

Así las circunstancias propias junto al pensamiento colectivo, como a la mayoría, me condicionaban. Mi valoración apriorística, más parecida a la visión ciega de un dogma, resumía y se explicaba el mundo con cierta facilidad. Listo, estaba hecho con la rápida explicación producto de mi parcializada mirada. Tenía resuelto el juicio y resultaba una explicación que acoplaba el todo en una abstracción de economía mental: los problemas que tenemos existen porque actúa esa especie rara, esa peste, esa casta que llamamos políticos. Fue así, hasta que viví algo que impactó mi vida y cambió mi percepción del asunto, para siempre.

A los 25 años, en el marco del ejercicio de mi profesión de comunicador social, con el apoyo de la editorial *Vadell Hermanos Editores* publiqué mi segundo libro, Cuánto Vale un Juez. Hecho que desencadenó una serie de acontecimientos que me empujaron de repente por un sendero de complicaciones institucionales. Juicios, prohibición de salida del país, presentaciones, señalamientos, procesamiento judicial y condena. Recién cumplidos los 26 años, al negarme a huir, y tampoco retractarme del contenido del texto, en medio de un gran debate, me encarcelaron.

Fueron momentos difíciles que son descritos en los textos *Una mirada tras las rejas* (Ojeda 1997) y *Venezuela: Capitalismo o Socialismo, una búsqueda inconclusa* (Ojeda 2017), pero que una vez superados desembocaron en una nueva situación. Sin buscarlo y menos proponérmelo, estaba siendo convocado por mucha gente a acompañar luchas sociales. Me pedían que asistiera a eventos. Me solidarizara con causas. Asumiera banderas nobles. Bregara en la búsqueda de justicia en múltiples casos. Me retratara en reclamos y apoyara a comunidades. Así de a poco, pero sin descanso, me fui involucrando en los asuntos de interés público; casi sin percatarme estaba envuelto en una intensa actividad de causas solidarias. En asambleas, reuniones, comisiones, equipos, grupos, vocerías, actuaba con genuino interés por el bien común. Defendí con ahínco en todo momento lo que consideraba justo. Mediaba con honestidad procurando siempre el punto de equilibrio y promover lo que a mi juicio era correcto.

Una cosa me fue llevando a otra y a otra, hasta que llegué a ser corredactor de la Constitución de la República, congresista nacional y parlamentario internacional con representación principal en el Parlamento del Mercosur, PARLASUR. Me hundí en una frenética labor comunitaria, con actividades de domingo a domingo, desde la mañana hasta la noche y tratando de generar ideas novedosas en los reclamos y protestas populares.

Recién casado con una maravillosa mujer, no conocía límite en mi abnegación por ayudar a los demás, llegando a la casa después de las 9 o 10 de la noche y en vez de dedicarme por completo a la atención matrimonial, me instalaba con libreta y teléfono en una mesa a contestar una a una todas las llamadas recibidas que no hubiera contestado en el día. No entendía cómo mi esposa se molestaba porque yo quisiera ayudar a la gente, así como quedar bien con todo el que intentaba comunicarse conmigo. Mi joven y hermosa compañera a su vez, sentía todo aquello como un desprecio hacia ella y el hogar. Hoy veo muy claro, estaba incurriendo en parte de los errores que claramente advierte Alex Counts en su texto clásico *Changing the world without losing your mind* (cambiando el mundo, sin perder la cabeza, 2022).

En ese fragor trabajé sin descanso y me dediqué con ahínco al apoyo a los demás, actúe, recree, acompañé. Sobre todo, cometí muchos errores. Garrafales equivocaciones en medio de una dinámica envolvente, que lo lleva a uno al límite con inmanejable frecuencia. Supe de intrigas; sufrí maniobras, inquinas, mentiras, traiciones, estafas; así como gestos de solidaridad y nobleza indescriptibles. Todo eso, sin proponérmelo, me estaba haciendo como persona en el tema público; me estaba fraguando el carácter en el exigente mundo de la civilidad.

También tuve aciertos, cantidad de logros y triunfos. Victorias que proporcionan una energía incomparable. Estaba en la lucha diaria y sus urgencias, al mismo tiempo que me esmeraba en hacer propuestas de gestión pública que fueran eficientes e innovadoras. Siendo o pretendiendo ser, como dijo alguna vez Aristóbulo Izturiz,[6] "bombero y filósofo al mismo tiempo", en el sentido de atender las emer-

---

6 *Maestro y gremialista venezolano con el que protagonicé coincidencias y diferencias en numerosas oportunidades; y quien ocupó destacados cargos de representación, desde diputado, alcalde, constituyente hasta titular de varios ministerios.*

gencias del día a día en el combativo acompañamiento social, y simultáneamente pensando a la Nación y a la humanidad en su conjunto, pretendiendo idear planteamientos de gran calado para la mejora de la vida en sociedad.

Aquél fue un trabajo noble e intenso como el que más. En mi vida había imaginado nunca que se trabajara tan duro, en el marco de unas complejidades insospechadas, con exigencias físicas y emocionales extremas; enfrentando intenso cruce de intereses de todo tipo y en un mar de contradicciones escalofriantes en el que salían a flote a cada momento lo mejor y lo peor de la condición humana. Más allá de la literatura o de la evidencia histórica, lo vivido me lleva a afirmar sin espacio a la duda que después de atender a la familia, no hay actividad más noble, compleja, sacrificada y de mayor abnegación a la que una persona pueda dedicar su tiempo que la política; es decir, dedicar su tiempo a servir a los demás, a defender un cuerpo de ideas con una sentida vocación social; consagrar la vida a intercambiar con otros en pos de un ideal; o lo que es lo mismo, dedicarse al espacio de lo común.

Santidad en lo cotidiano

Lo que se refleja aquí no es el sentido ecuménico de la actividad. Sino la muestra de una práctica exigente que es muy mal evaluada tanto por errores propios, complejidades internas, como por una gigantesca maquinaria externa de manipulación y falsedades, que es movida por intencionalidades concretas.

No soy ni de lejos experto en temas religiosos, tampoco en filosofía existencialista. Así que no se espere un abordaje que desentrañe a profundidad lo que pertenece al campo de la reflexión mística y la fe; menos aún, cierto escudriñamiento espiritual que ilumine de certezas un camino plagado de dudas; que a ratos es cubierto por las desesperanzas y las confusiones. No es lo que se propone este trabajo, ni tengo formación especializada para eso. Tampoco se aboga aquí por una teocracia ni nada parecido, porque algo así es tan inconveniente como lo son todas las autocracias. La libertad es un bien supremo de la existencia humana, y ello incluye la libertad religiosa. Lo que de suyo implica que la orientación religiosa debe separarse del control y manejo del Estado.

Sea este recorrido más bien el testimonio de una mirada alimentada por la experiencia y la entrega de tantos héroes anónimos invisibilizados en su proeza cotidiana por el señalamiento fácil. Héroes de quienes nadie se entera; con una actividad muy importante para nuestro tejido social, pero sin que se sepa de su bondadosa labor del día a día. Personas que permanecen en el anonimato, ocultas en el ostracismo y cubiertos por las cortinas de los prejuicios contra todo lo que se asocie a la política.

Imagino el desdén de muchos dirigentes ateos, en especial cantidad de bregadores del espacio de lo común en la izquierda latinoamericana y europea, que observan el título del libro y consideran el solo planteamiento como un rapto de ingenuidad, o suponen que sufro un arrebato de candidez. No es así. Lo verán en el transcurso del texto.

Ahora bien, el planteado en estas páginas sí es un enfoque que considero necesario de poner sobre la mesa y con ello, abrir la discusión de algo mucho más profundo y hostil que está en escena: confrontación de intereses. Por cuanto que la política sea mal vista y genere distanciamiento de los ciudadanos, y con ello produzca en la gente indiferencia a lo colectivo, así como desmovilización, sirve a determinadas conveniencias. La no participación e indiferencia a lo colectivo es útil a un ejercicio y acumulación de poder específicos.

Vamos al punto. Sin rehusar el enfoque práctico de calibrar la fuerza de este apostolado como acción meramente social, sirva señalar que la política involucra tal capacidad de entrega y generosidad, que es imprescindible abordarla con visión amplia a la luz, incluso, de la perspectiva ecuménica y del baluarte de la fe. No es un tema sencillo ni susceptible de lectura unívoca. La misma figura de la santidad ha suscitado intenso debate en el seno de la Iglesia católica por lo que se ha escrito tratados, se aborda en asambleas; se revisan y citan textos bíblicos, y hasta fue punto de discusión en el Concilio de Trento, siglo XVI (1545–1563), evento fundamental ocurrido como reacción al cisma de la reforma protestante, que habían promovido las ideas (y reclamos) encabezadas por Lutero y Calvino; en cuyo seno se abordó la doctrina del catolicismo en aspectos esenciales como interpretación de las sagradas escrituras y también, entre otros, el álgido asunto de la santidad.[7]

La historia misma de la Iglesia cristiana predominante en Occidente está repleta de demostraciones que conmueven e inspiran. Así, un hito especial constituye la referencia extraordinaria del obispo Agustín de Hipona cuyo testimonio revelador refleja esa búsqueda espiritual intensa, en la que pasó por actos mundanos estrafalarios; pero a pesar de sus tormentos no se estancó en ellos, sino que buscó, fue a más, hasta alcanzar niveles de entrega y elevación espiritual que hoy son referencia hasta para los más escépticos. Basta leer la impactante descripción que hace en su aclamada autobiografía, *Confesiones*, publicada entre finales del siglo IV y comienzos del V, para apreciar cómo este hombre que se autodefine como el más pecador de todos, pasó lo que pasó y es hoy el admirado *San Agustín* que se venera en todo el mundo católico.

En tal sentido, son numerosas las personalidades de fe que han abordado el tema de la santidad, haciendo ver que la misma es un llamado vocacional que se encuentra en el núcleo y la cotidianidad de la vida cristiana. Que es un proceso natural a la vez que un don de las personas consagradas al buen obrar en comunión con el prójimo, actuando a la luz del mensaje y enseñanzas de Cristo. Los expertos

---

7 Para profundizar en el tema, se recomienda revisar el texto *El debate sobre la santidad y el Concilio de Trento*, trabajo especial de grado en Historia, de José Luis Rodríguez Mesonero, Universidad de Cantabria (2018), disponible online en https://core.ac.uk/download/pdf/161808726.pdf

religiosos lo muestran como algo cercano, cierto, esencial, consustancial con el día a día. Así identificamos luces de santidad en acciones rutinarias de cualquier persona; como también en la vorágine y/o el compartir de las acciones simples y complejas que se viven en la política.

Por ejemplo, el reconocido Josemaría Escrivá de Balaguer, también Santo de la Iglesia Católica y destacado cristiano fundador de la orden del Opus Dei, fue elocuente al hablar de cómo la santidad es un don que no es exclusivo de proezas sobrenaturales; de acciones extraordinarias, sino que la misma está en la esencia de la actividad humana. En el accionar asumido con candor, entrega, generosidad. Con genuina empatía y compasión. Esa identificación de unicidad con el otro. Pero además y sobre todo, se encuentra en las actividades más humildes y menos pomposas que existen en el trajinar diario.

Escrivá de Balaguer enseñó a sus discípulos "la santidad en lo cotidiano", en el sentido de esa entrega toda solidaridad en cualquiera de las actividades rutinarias. Sea esta cual sea, lo importante en la perspectiva de Escrivá es la sincera entrega en reverencia al amor por la Creación, que se manifiesta en todo, incluyendo en el prójimo. La dulzura de un alma que asume su tránsito terrenal celebrando la vida y en comprensión e identidad sincera con el otro. Es vocación, es apostolado.

El fraile y filósofo alemán Martín Lutero se manifestó también en favor de esa grandeza en la sencillez. Adujo que es posible (y necesario) el despliegue de ese carisma humano de la generosidad, la bondad y la entrega en las labores diarias, en las más simples acciones del quehacer de cada jornada.

El Papa Francisco, por su parte, resalta a la política como cumplimiento de un deber espiritual consagrado en la solidaridad, el servicio, en esa comprensión profunda que da lugar a una empatía inequívoca. Así su invitación es clara, a "encontrar a Dios en la vida ordinaria".

El máximo vocero de la Iglesia Católica es explícito y consecuente en esta línea de pensamiento; por lo que expresa su convicción y convocatoria a la santidad: "Todos estamos llamados a ser santos viviendo con amor y ofreciendo el propio testimonio en las ocupaciones de cada día, allí donde cada uno se encuentra".8

Asimismo, relaciona a la santidad con la alegría de encontrarse con la máxima dignidad de la existencia; y en cierto modo, hace referencia a romper las cadenas de la esclavitud sensorial; esa que, sedienta nuestra mente, bebe incesante a través de los cinco sentidos.

> *No tengas miedo de la santidad. No te quitará fuerzas, vida o alegría. Todo lo contrario, porque llegarás a ser lo que el Padre pensó cuando te creó y serás fiel a tu propio ser. Depender de Él nos libera de las esclavitudes y nos lleva a reconocer nuestra propia dignidad.*9

En un memorable encuentro con sacerdotes, religiosas/os, consagradas/os y seminaristas, realizado en Santiago de Chile el 16 de enero de 2018, el Papa Francisco comentó que en el apostolado religioso resulta esencial la vertiente comunitaria, esa fusión al servicio de los demás que exalta; que enaltece: "… *la vivencia de los apóstoles siempre tiene este doble aspecto, uno personal y uno comunitario. Van de la mano, no los podemos separar. Somos, sí, llamados individualmente pero siempre a ser parte de un grupo más grande. No existe el selfie vocacional, no existe*".

En ese mismo plano, recuerdo múltiples charlas con el Fundador de Fundalatin, Sacerdote Jesuita Juan Vives Suriá, quien en varias ocasiones como en las actividades del *Círculo de Periodismo Científico de Venezuela*, nos decía con voz entrecortada de la emoción que "la política es la expresión

---

8 *Papa Francisco, tercera exhortación apostólica Gaudete et Exsultate, publicada en abril de 2018.*

9 *Ibídem*

solidaria del amor", enmarcando el concepto como la vida toda en el valor superior de la solidaridad, del que Vives Suriá, por cierto, fue militante y un convencido siempre generoso, todo bondad.

Por otro lado, el Fray Josiah Trenham, de la Iglesia Ortodoxa[10] San Andrew de Riverside, California, Estados Unidos, fundador de la compañía de divulgación de contenido espiritual *Patristic Nectar Publication* (PNP), se pregunta "¿pueden los políticos ser santos?" (*can politicians be Holy?*)[11], interrogante a la que responde con un sí categórico; alegando que no solo pueden, sino que deben serlo.

Comienza el análisis de la cuestión lamentando que se asocie tan fundamental actividad con sentimientos oscuros, al punto que tan solo el título parezca para algunos como algo "incontemplable", ya que para quienes así piensan los políticos son personas indecentes, sin integridad. Asunto que ve muy triste, "porque de hecho la política es el reino de la Creación de Dios". Acto seguido cita el pasaje bíblico de San Pablo, en carta a los Romanos, Capítulo 13 (entre otras observaciones utilizadas por Trenham para abogar a favor de la buena actividad política) en el que manifiesta que el ámbito político; valga decir, el asunto de la autoridad civil, es establecido por Dios, aduciendo que "todo aquél que se dedica al servicio de los demás tiene una senda espiritual". Asimismo, fácticamente se han dado manifestaciones de conductas ejemplares en el mundo de la actividad política, a tal punto que estos personajes, con sus circunstancias y apremios, cobran un relieve de brillo espiritual inobjetable. Redunda señalar los casos evidentes de Gandhi o

---

10 *Hay una distinción entre las iglesias ortodoxas; destacando en estos momentos la mala imagen de la rusa, debido al vergonzoso papel jugado durante la agresión perpetrada contra el pueblo de Ucrania. Lamentable, por decir lo menos, el celestinaje protagonizado por el Sr. Vladímir Mijáilovich, Patriarca Cirilo, que sin el mínimo pudor ni recato llamó a orar por los invasores y fue indiferente ante el dolor del pueblo que sufrió el bombardeo y la invasión.*

11 *Consultado el 21 de junio de 2022, disponible en: https://www.youtube.com/watch?v=ccfMiidZvd8*

Mandela, quienes tuvieron una evolución tan luminosa como paradigmática. ¿Cometieron errores, vivieron dudas, sufrieron tropiezos? Por supuesto que sí ¿Y quién no? Tan solo basta repasar la vida del antes mencionado San Agustín de Hipona, para observar el ajetreo de lo mundano, el abismo de lo que para algunos pacatos sería un claro coqueteo con la perdición, y al mismo tiempo contemplar el resplandor de la santidad en un ser que con su honestidad ha inspirado a millones.[12]

Por tan solo mencionar tres casos de dirigentes políticos ejemplares, considerados por algunos comociudadanos arquetípicos, vale la ocasión tocar el caso de los italianos Igino Giordani, altamente religioso que además de ser parlamentario fundó el movimiento de los focolares. Expresó con certeza que "política y santidad no tienen por qué estar reñidas". También, Alcides de Gásperi, ministro en el año 1947, constituyéndose en uno de los pioneros altos funcionarios de la postguerra y firmante de la Constitución italiana, quien es considerado protagonista de una conducta realmente modélica. Asimismo, resalta el caso de Giorgio Lapira, quien fuera alcalde de Florencia en la década de 1970, cristiano consecuente, gran devoto y con el hábito de los dominicos; reconocido por quienes le conocieron como culto, solidario y especialmente reflexivo. Trabajó con dedicación a favor de "la paz que construye y el amor que reedifica"; manifestándose en contra del armamentismo obcecado y a favor de la tolerancia religiosa.

Menciono ahora a tres personas vinculadas a la política que visitan con frecuencia espacios religiosos o cultivan esa vocación: dos expresidentes y a un militante de lo colectivo profesional y padre de familia, de costumbre eclesial. Los mandatarios, uno latino y otro norteamericano que ejerció la magistratura hace décadas. Ambos acuden a sus

---

12 *Ver la que se considera una de las primeras autobiografías de la historia occidental, el libro Confesiones, de San Agustín de Hipona escrito hace más de 1600 años.*

respectivas iglesias de congregación de forma sistemática semana a semana, con devoción y recato. El suramericano, Guillermo Lasso de Ecuador, quien acude a la ceremonia en el templo acompañado de su esposa –al momento de redactar estas páginas atendía las últimas semanas de su recortado gobierno en medio de una época sangrienta, con una lamentable gestión asechada por la violencia y extrema inseguridad, y la gobernabilidad alterada por varios altibajos en los apoyos partidistas que llevaron a un recorte de su mandato dando paso a elecciones anticipadas tanto de Poder Legislativo como de Presidencia de la República–; y por otro lado Jimmy Carter de Estados Unidos, quien después de haber estado al frente de la Casa Blanca en Washington, seguía con asiduidad su manifestación religiosa al punto que a los 97 años de edad aún ofrecía charlas espirituales en su iglesia de Georgia.

El otro en referencia es el psicólogo andino Norbey Marin, quien incursionó de lleno en los estudios de sacerdocio en su adolescencia y pasó seis años formándose en un seminario para oficiarse sacerdote católico, más luego decidió el camino de la vida seglar, se casó, se hizo padre de tres hijos, y ahora combina sus valores teológicos, su formación a la luz de los evangelios junto a sus conocimientos en psicología, con una intensa participación en lo público a través de un esquema multiplataforma autodenominada *Hasta que caiga la tiranía*, en el que ejerce con intensidad la comunicación política, aunque un poco extrema, sin matices, a veces rozando el despropósito de la antipolítica, pero en franca evolución en su trayectoria.

Por otro lado, existe cantidad de dirigentes socialcristianos en Europa, África, Norte y Suramérica, que hacen de lo público una práctica de la bondad y el amor colectivo. Por tan solo poner un ejemplo, el parlamentario y Candidato Presidencial venezolano Eduardo Fernández, quien, en medio de la polarización y un ambiente de guerra donde pululan los sectarismos más abyectos, ha tenido la valentía de enarbolar un discurso en favor de la reconciliación, el amor por el país y el prójimo, en el marco de la católica doctrina social de la Iglesia; al tiempo de hablar de propuestas de alto nivel para recomponer el Estado, generar un gobierno eficiente y rescatar la convivencia en la vida pública. Fernández versionó una oración de la cristiandad en la que se le pide a Dios que le conceda a la feligresía buenos sacerdotes, expresando en su lugar pedirle al Señor que nos brinde la gracia de buenos políticos. Personas correctas y buenas promoviendo y liderando el espacio de lo común. El anterior es apenas un escueto apunte, impuesto por los límites naturales de esta aproximación, pero en realidad pudiera hacerse mención de miles e incluso decenas de miles de casos de gente de conducta ejemplar que dedica lo mejor de sí para aportar al difícil arte de la política que, como recordamos con el Padre Juan Vives Suriá, es "la expresión solidaria del amor".

Virtuosismo en terreno minado: Poder y Política

Toca marcar un terreno conceptual y de análisis. Hay quienes asocian la labor política como exclusiva expresión del mundo del poder y sus intríngulis. No es así, porque esa es una lectura, aunque válida, solo parcial. El presente escrito por tanto no es un estudio sobre la fenomenología del poder, de cómo se alcanza o cómo hacer para mantenerlo. Lo de las tácticas y estrategias del poder se lo dejamos a otros. Hay océanos de textos muy lúcidos; algunos sobrios, otros más cínicos, más altruistas, más generales o específicos. Para esos entretelones están desde Sun Tzu, Maquiavelo, Brown, Goodin hasta Green y sus 48 leyes, y muchos más. No es la revelación del poder lo que aquí se explora; si no la brega untada de pueblo y de profunda vocación social que implica el oficio. Porque una cosa es el servicio social, el trabajo comunitario, la vocería popular, y otra diferente es el ejercicio del poder. Cada situación supone retos intrínsecos y dimensiones singulares.

Sin embargo, algo puntual digo sobre el tema en el entendido que el ejercicio del poder es política; pero política es también mucho más, no es solo ejercicio del poder. En ese sentido, el ejercicio del poder presenta unas variables que maximizan la tensión, porque se ha de ver de frente la sempiterna pugna de intereses; cada uno de los cuales maniobra para ser favorecido por encima de los demás.

Cada uno de esos grupos de interés apuesta (la mayoría de los casos con agresividad y determinación) por ser beneficiado con privilegios que quiere para sí pero que no soporta que se dirija a otros. Si las aspiraciones no son correspondidas de acuerdo a sus expectativas y ambiciones, es altamente probable que "desenfunde la espada", para convertirse en un enemigo acérrimo del dirigente que no atendió sus requerimientos. Estamos pues, ante la actividad de "tablas duras" de la que se hizo eco Weber. Entonces lo obvio: lo más agudamente complicado es que no se puede complacer a todos como cada quien quisiera. De allí que la fricción es fuerte; por lo que toca lidiar con ella como una constante. A las elites les obsesiona su beneficio, por lo general no les importa nada más, les es indiferente el requerimiento o vulnerabilidad de otros; la indiferencia es el signo de los poderosos para con el resto. Además, en medio de una sociedad frívola, a cada grupo o sector muy poco le interesa la suerte de la otredad. De allí que para determinado sector un gobierno será bueno si y solo si cuida, defiende y promueve sus privilegios. Solo desean ser complacidos sin importar más. Si no lo son tal y como lo desean, se preparan para ir a la carga contra el dirigente político que no les benefició.

Entendido esto, la acción política en el ejercicio del poder siempre generará crueles detractores que no tendrán miramientos ni conocerán límites al tratar de destruir a ese que no les colmó de privilegios o al menos, les benefició en algún sentido, apostando que al salir éste, puedan gestionar un reemplazo que sí les favorezca. Así sucesivamente una y otra vez. Entre tanto, los noticieros "independientes" se llenan de nubes negras, "malas noticias" lanzadas a mansalva a la psique colectiva en actos de manipulación a modo de venganza de grupos de intereses que buscan prebendas sin cesar, que operan con expresa influencia en esos medios de (des)información porque son anunciantes principales por lo que ayudan a su financiamiento, cuando no son directamente los propietarios y decisores absolutos de la línea editorial.

Otros noticieros dependientes del aparato estatal bajo el control de autocracias, faltan a la realidad haciendo una presentación apologética que procura crear un mito del autócrata y sus ocurrencias, mostrada como gestión audaz, en un delirante culto a la personalidad. Como vemos, los extremos se tocan y retroalimentan.

El del político en ejercicio del poder (que al ser tal es democrático por naturaleza) es un terreno plagado de minas a cada paso. El desempeño exige coraje, paciencia franciscana y el arte del malabarista para buscar equilibrio en medio de intereses y fuegos cruzados. Territorio irregular en el que los prejuicios poco ayudan. Porque en ese difícil reto de procurar balances al tiempo de transitar un sendero lleno de desproporciones y despropósitos, hay que ser maestro de la construcción de consensos, como lo demostró con creces el testimonio vital de Nelson Mandela en su épica lucha contra el *apartheid* surafricano.

Digámoslo con la palabra del expresidente del Congreso de Colombia, Roy Barreras, "para gobernar hay que tener capacidad de hacer acuerdos. Los dogmáticos, los fanáticos, no son capaces de construir. Se necesita el pragmatismo".[13] No obstante, a toda esta tensa dinámica, el actor del ámbito público (el político) que es democrático, respetuoso de la pluralidad y la alternancia, sigue siendo humano; más allá de

---

13 *Roy Barreras entrevistado por el periodista Daniel Pacheco, mediante la plataforma informativa La Silla Vacía; publicado en línea en octubre de 2022.*

su cargo, responsabilidad o su exposición, continúa siendo una persona que se esmera por el bien común; aunque nadie le crea y muchos le recriminen hasta lo inimaginable. Por eso la que nos ocupa, se trata de una actividad tan noble como de alto riesgo.

Hay quienes se descarrilan, sí hay que decirlo, en especial cuando surge la obsesión por mantenerse en el poder a toda costa. El ego usualmente empuja hacia los desmanes en una persona que por tales ambiciones se desconecta de la realidad y se obnubila con torpes delirios de grandeza, saliendo a relucir un narcicismo oculto que refleja heridas emocionales en una psicología fracturada. Quienes así actúan, abandonan o nunca tuvieron la condición de político tal y como se conceptualiza en el presente texto.

Hablamos de políticos como sinónimo de demócratas que asumen la alternancia en la representación popular como un valor vertical; pero es cierto que en el ejercicio del poder nos encontramos con personas que distinto a lo que describen estas líneas, protagonizan macabras autocracias, arbitrariedades, sectarismos, violación masiva de los Derechos Humanos (DD.HH.). Personajes nefastos que colonizan el Estado para beneficio propio y de su grupo; que violan preceptos legales y límites institucionales sin el más mínimo recato ni pudor. Precisamente esos sujetos no son políticos en el sentido que este trabajo resalta.

En esos casos se trata de autócratas, psicópatas o sociópatas, con taras evidentes en su psique, frustraciones y complejos no resueltos, por lo que son seres aferrados al poder para aliviar complejos de inferioridad; individuos sin la armonía de vida necesaria como para liderar ningún proceso, institución o grupo. Sujetos que se convierten en una tragedia cuando asumen el timón de una infraestructura estatal, al echar mano de forma inescrupulosa al control de las instituciones, los servicios, las armas y las finanzas públicas.

Por lo general, son personajes histéricos que asaltan el poder, así sea por la vía electoral, pero que son ajenos a la política en el sentido noble de la palabra. Ajenos a ese procesar diferencias, agenciar y conciliar intereses, construir consensos, tolerar la pluralidad y comprender el tránsito de un tiempo limitado. Personajes que antes fueron espías, rígidos militares, obsesivos avaros; en corto, egocéntricos o frustrados de todo pelaje.

¿Qué hacer cuando a determinada sociedad le toca sufrir semejante infortunio?, no tengo ninguna duda: ¡Política! Sí, toca hacer política; novedosa, ingeniosa, siempre valiente porque es arriesgada; pero es en realidad política en el sentido genuino de la palabra, en tanto preocupación e involucramiento pleno en el destino de la *Polis*.

Los habitantes deben politizarse; quiero decir, ante la desdicha de tener a una persona psicópata al frente del mando estatal, la sociedad debe involucrarse activamente en lo público; movilizarse. Apelar al criterio propio, a su capacidad de ingenio; su olfato y discernimiento para superar las operaciones de propaganda y manipulación que un régimen autocrático siempre trata de imponer como mecanismo de deconstrucción de la realidad, para crear una "verdad" oficial, que pretende concebir una "realidad" a la medida de los intereses del autócrata y su camarilla. Versión que usualmente es apologética, donde se venera al sociópata al mando del aparato gubernamental, como salvador con visos de imprescindibilidad. Asociándolo al sinsentido de una supuesta e ilusa misión redentora que lo mantiene en el poder, porque debe "salvar a su pueblo" (Ojeda 2005).

Por eso la sociedad en sus distintos estamentos debe hacer política, actuando de forma decidida, organizando y activándose en movimientos de reclamo permanente ante todo lo que tenga que ver con la gestión, los servicios públicos, las funciones sociales del Estado. Abordar con actitud crítica la atención a la ciudadanía en los distintos espacios de la salud, la educación, identificación, oportunidades de inversión, justicia, seguridad, y demás servicios que presten las instituciones públicas. Se requiere que sea un accionar permanente; así como exprese la firme exigencia democrática en cuanto a transparencia y equilibrio de las instituciones [contrapesos y separación de poderes], periódica celebración de comicios electorales que además debe exigirse sea en condiciones de equilibrio y amplitud, en ejercicio de la pluralidad, con condiciones de respeto y reciprocidad para los diversos factores participantes.

Permítaseme un paréntesis, digo político y *siempre hago referencia a los dos géneros*, tanto ellos como ellas, pero no caemos aquí en la exégesis de estar colocando conjugaciones binarias en todo, y lo digo siendo orgulloso padre de dos niñas, defensor como soy, del mundo femenino por su insustituible capacidad.

Hecho el inciso, vuelvo al tema. Como se ha podido notar, en este trabajo la categoría de político se asocia consustancialmente a los valores del roce social, la empatía, solidaridad, prudencia, trabajo incesante, valentía; en suma, integridad y virtuosismo en un alma que sigue siendo humana; esto es, que igual siente dudas, temores; tiene inquietudes; experimenta incertidumbre, abriga tristezas, preocupaciones, tentaciones; que abraza esperanzas, que tiene ilusiones; pero sobre todo, se conmueve con el sufrimiento del otro; quiero decir, le preocupa como suyo el destino ajeno, al tiempo que comprende los condicionantes y compleja composición de la geopolítica tanto nacional, regional, como global, y aun así por norma idiosincrática le apuesta a la confraternidad.

El político y la política aquí referidos, están inherentemente vinculados al altruismo; y en especial a los valores democráticos, con su *leitmotiv* de la alternancia y la tolerancia conjugados a cada paso, entre otras cosas porque lo sabe asunto medular del valor de la democracia.

Es la política asumida como un valor superior de la existencia humana. Es el involucrarse en los asuntos que corresponde a todos, para evitar con ello que unos pocos se apoderen del espacio colectivo; apropiación con la que luego viene de suyo la arbitrariedad, el despropósito y el desconcertante sectarismo.

La política, como aquí se asume, es antídoto, profilaxis, remedio; también conjura contra autocracias establecidas o en planes de establecerse. Su ejecución requiere una condición humana muy especial. Como dice el expresidente uruguayo José Mujica, se trata de una pasión, que quien no la siente, no entiende lo que es la política. Para hacer política en favor del bien común; o sea, sacrificar el tiempo propio para dedicarlo a la otredad, a lo común, la persona requiere un sentido de trascendencia de la vida, como lo expresó Viktor Frankl en *El hombre en busca de sentido* ([1946] 1991). El político o política al que aquí se hace mención se sintoniza en una frecuencia que amerita esa perspectiva extraordinaria del tránsito humano, capaz de superar lo individual porque alcanza la conjugación plural del verbo ser.

Por tal motivo los fundadores del pensamiento occidental, como lo veremos más adelante en la sección *Los Clásicos, ¿qué dicen?* dedicado a los autores clásicos y otros, observaron la esfera de lo público como sinónimo de virtuosismo. Incluso, fueron mucho más allá. Los paradigmáticos filósofos griegos, a quienes debemos buena parte de las categorías con las que interpretamos el mundo; entendemos y procesamos la vida, comprendemos o nos explicamos el universo, asumieron el accionar en la Polis como la más elevada y eminente actividad en la que podía involucrarse una persona.

¿Que hay políticos malos? Lo hemos expresado desde el comienzo: sí, claro que los hay; y muy malos. Eso es palpable en una verdad que resulta de Perogrullo. Se trata de algo que a la luz de los hechos es incontrastable. Porque es un espacio abierto, donde algunos o buena parte de los buenos no se asoman. No lo hacen por la mala imagen que se le ha infringido a esta escena vital. Por eso se mantienen a distancia, que es precisamente lo que quieren singulares elites, para así poder manejar con mayor facilidad una sociedad en torno a sus intereses. También al espacio de la política llegan arribistas, trepadores, intrigantes, desleales, egoístas, manipuladores y estos por lo general, no suelen ser precisamente los que se ven en cámara o entrevistas; sino que estos actores siniestros suelen moverse sigilosamente tras bastidores, en anillos de poder e influencia donde maniobran de forma incesante.

Esto me hace recordar el estribillo de la canción popular latinoamericana de la agrupación *Un Solo Pueblo que dice: la cultura popular tiene amigos a montones, pero en ella se colean los zorros y camaleones*; o como reza el adagio, "es peor la corte que el rey".

Por eso al *rompe*, no tengo remilgos en decir que la política puede ser camino de la perdición, pero también de la santidad. Ambas cosas. Porque ambas son verdad; más por intereses creados se ha hecho ver como cierta solo una de ellas, la menos frecuente, pero si la más ruidosa, la que genera más titulares en medios y viralizaciones en redes, mientras produce una perniciosa asociación en el inconsciente colectivo que con tales especies refuerza creencias previamente establecidas. Pero son premisas falsas.

De lejos, la mayoría de seres humanos involucrados en política son gente honesta; de la mayor nobleza, generosidad y rectitud que se pueda imaginar. Esto no es lo que cree ni supone la opinión pública. Se reconoce que hay algunos equivocados en perversas andanzas, además que es un terreno que al tener que ver con el poder, la representación y la vocería popular algunos lo ven propicio para cosechas desviadas, malvadas y arrebato de funestas mezquindades; pero no son todos ni siquiera la mayoría. Actuando en política hay desviados y correctos; igual que en el panorama religioso hay sacerdotes malos; o abogados, docentes y en el transporte taxistas que también lo son. Pero eso en nada minimiza, por ejemplo, la importancia extraordinaria que tiene la vocación del apostolado sacerdotal; o el ejercicio del derecho; la sagrada e inspiradora actividad docente o el vital servicio de transporte que presta el taxista. Igual con la política. Los ha habido malos, pero eso en nada desmerita a la referida actividad como unos de los ejercicios humanos más hermosos, nobles, cruciales y trascendentales a los que alguien pueda dedicarse.

También como queda dicho; un asunto es la política, en referencia al servicio social que implica, y otra la referida a los cargos de representación, al ejercicio del poder crudo y duro. Como he señalado, son cosas distintas. Hay quienes, teniendo una labor política cargada de aspectos positivos y sumamente encomiables, al llegar al desempeño del poder incurren en actos negativos, errores, perversidades, alguna práctica indebida o mal vista por determinado sector, hechos innobles o sencillamente han estado equivocados. No obstante, la política como servicio social y como ejercicio ciudadano sigue ahí, intacta, significativa y tremendamente altruista como lo subrayaron Sócrates, Platón, Aristóteles y una legión de mentes que se han esmerado en pensar sobre la vida, el individuo, el ser social, la historia y la humanidad.

Se admite: hay políticos desviados e involucrados en acciones desproporcionadas, incluso hay organizaciones criminales tratando de infiltrar, controlar y apoderarse del Estado; pero de ahí a que se descargue la culpa de todos los males existentes en la sociedad a la actividad política constituye un enfoque impropio de la civilización; es una ceguera dañina, peligrosa (porque sin darse cuenta promueve la antipolítica, la desmovilización, puerta franca a las autocracias que se alimentan de la no participación). Ahora bien, tal yerro no es casual, tiene tras de sí específicas razones, y vamos a ir sobre ellas. Pero antes, reflexionemos lo que significa abandonar a la familia todos los días, para dedicarle tiempo, energía, y especial vitalidad a los demás; todo esto con la más vulnerable exposición al escrutinio público y al señalamiento ligero que nadie pueda tenerr. Se trata de un esfuerzo humano que implica dedicarse por entero y con entusiasmo a la otredad. Empaparse de todo con rasgos empáticos mientras se desempeña lo mejor posible en la práctica. Al mismo tiempo que actuar, pensar y promover lo más conveniente para la comunidad.

No es una pose, porque no puede serlo, aunque algunos lo crean y atrevidos lo pretendan. El expresidente de Estados Unidos Barak Obama describe esto explicando que siente desprecio por cierto político distante, acartonado, y al mismo tiempo expresa admiración por la política abajo, con la gente, "como el actuar heroico de los movimientos sociales, de gente que se junta para cambiar las cosas" (2020, 2023).

A la persona que con generosidad está en la política le toca, como hemos dicho antes, conjugar un ser reflexivo capaz de concebir una nación, un modelo, un sistema, simultáneo a estar sumergido cotidianamente en los quehaceres de la calle. Como casi ningún otro oficio, a excepción de determinadas misiones religiosas, al dirigente político le toca combinar pensamiento e infatigable acción con el mismo entusiasmo y la más rigurosa disciplina.

La labor social y la campaña electoral no son sinónimos. Hacer tal labor con esa misionera entrega, tampoco garantiza éxito electoral en unos comicios que pueden estar marcados por la calidad de las herramientas, tácticas y estrategias mercadotécnicas usadas, así como de los fondos de los que se disponga para cubrir los angustiantes e incalculables costos de una campaña.

Los que no están en estos menesteres sociales, sino que se ocupan de asuntos exclusivamente privados, simplemente se levantan cada día y salen de su casa a buscar su peculio, a procurar su mejora económica, a emprender cuantas iniciativas estén a su alcance en beneficio del estricto interés personal o familiar, cosa que aplaudo porque es muy meritorio; elogiable al más no poder; en especial por la responsabilidad de procurar la prosperidad para sí y su familia; también porque los emprendimientos particulares ayudan de manera decisiva al desarrollo y evolución de la sociedad, fortaleciendo la economía y expandiendo el bienestar. Léase con todas sus letras entonces, ese trabajo individual y el emprendimiento, o llamemos empresa privada, constituyen algo bueno, algo muy positivo, por demás necesario, digno de reconocer porque entraña muchas acciones loables, y es imprescindible para la prosperidad y la smithsoniana riqueza de las naciones. Del mismo modo, tiene una gruesa diferencia con la vocación política.

Porque para el privado la misión central es preocuparse por sus negocios, por lo específico del ámbito particular, como ocurre con la mayoría de las personas. Eso no es criticable. Pero eso tiene una gruesa diferencia con la labor en los asuntos públicos, por cuanto el bregador de la política sale del hogar a diario a atender prioritariamente los requerimientos de otras personas, de los demás.

Así, en la noche, cuando llega a casa el ciudadano ocupado de su esfera particular ha hecho tal vez 3, 5 o más cosas, y es probable que el 100% de las mismas sean fundamentalmente para su bien, su negocio o el de su familia directa; o sea, para sí o para su entorno. Por el contrario, el político habrá hecho 5 o 7 diligencias, y es probable que el 0% de éstas haya sido para sí mismo o para su conjunto familiar. Llega cansado, la mayoría de las veces extenuado, con una fatiga en extremo difícil de describir, pero simultáneamente atendiendo requerimientos que no paran. El político asume que el bien común es asimismo bien para sí y los suyos, porque estando el conjunto mejor, la sociedad y la nación estarán mejor. Esto puede resultarle increíble a quien no lo haya vivido ni conozca de modo alguno esta realidad. Lo sé. Pero les garantizo que en la mayoría de los casos es tal como se los describo.

Claro, lo idóneo en las democracias, es que el político como cualquier otro ciudadano tenga su actividad económica, una labor profesional determinada; ese oficio con el que logra el sustento material suyo y de su familia, mientras que en sus horas libres dedica parte de su tiempo a los temas de la colectividad. Eso ha de ser así.

Como advierte Weber (1919) en su análisis de la vocación política,[14] una cosa es vivir "para" la política y otra vivir "de" la política. En la segunda categoría ubica a la mayoría del funcionariado público, al servicio de "el señor". Pero la realidad dista de ese ideal. En diversos países la actividad política exige una consagración integral en faenas de trabajo que no conocen fin.

Por eso, más fuerte que salir cada día a trabajar para la familia propia, es hacerlo para atender problemas de otras familias, del resto de las personas de una comunidad. Es lo más parecido al voluntariado y las Ongs que se dedican a ayudar a otros. Hay que tener una enorme vocación, un don de servicio portentoso y una esencia de espiritualidad resplandeciente, para sacar fuerzas físicas y entusiasmo a diario a fin de llevar a cabo semejante labor.

Seguramente al lector capcioso se le está dibujando una sonrisa de incredulidad en el rostro mientras lee estas líneas, pensando "¡no, que va, el político sale es a bregar por sus intereses!" Pues no es cierto. Mientras lee estas páginas miles de personas se encuentran sumergidos en los sectores más pobres, más desolados, llevando un mensaje, ofreciendo un apoyo, teniendo un gesto de acompañamiento. Lo propio en la franja de clase media que singulariza a buena parte de las ciudades principales. Día a día sin parar, hay una gente excepcional tratando de construir consensos, avanzar en organización, generar soluciones en el marco del bien común. Participando en movimientos populares, partidos, grupos sociales u Ongs, contribuyendo decididamente a favor del bien colectivo.

El 90% o más de mujeres y hombres que están ofrendando su vida a la política, dedica buena parte de todos sus días a bregar en favor de los demás, a ayudar, apoyar y gestionar cosas para otras personas de las distintas regiones o sectores.

---

14 *Disponible en http://www.copmadrid.es/webcopm/recursos/po11.pdf*

Es una labor titánica, desgastante, sumamente dura y en algunos casos, ingrata.

El que está en el servicio social de la política en ocasiones sacrifica buena parte de su mundo personal por el bien colectivo. Se priva del tiempo con su familia, el tiempo de desarrollar emprendimientos para su beneficio económico particular, de atender intereses específicos en su agenda personal, de dedicarse a avanzar en grados académicos propios, y si acaso decide avanzar en los estudios, tiene que redoblar horarios y trabajar noches y madrugadas. Es una labor indescriptiblemente titánica, dura, y para más señas, solitaria.

Me consta. En numerosos barrios y urbanizaciones de Suramérica conozco a multitud de personas que se entregan por entero, descuidando su propio beneficio, por ayudar a otras familias. Lo dejan todo, por entrega a la comunidad. Vi mujeres que no tenían casi nada de bienes materiales, muy poco que dar de comer a sus hijos, con la pena del abandono por parte de hombres envilecidos en la aberración de la paternidad irresponsable, y aun así tales heroínas se dan por entero para ayudar a los otros. Es algo tan increíble como impactante; muy difícil de comprender desde el lente del egoísmo individualista que caracteriza al sistema socioe - conómico predominante. Pero, aunque inimaginables, esas mujeres desprendidas existen. Yo mismo me he topado con cientos de ellas en pleno fragor del trajinar ciudadano.

Se podría decir que nadie las y los obliga, que quien lo hace es porque quiere. Es verdad. Para protagonizar tamaña gesta se requiere de una vocación y desprendimiento excepcionales. He ahí lo medular de la línea argumental de este libro. Estamos ante una vocación y condición espiritual únicas, de un valor inconmensurable en la arquitectura social, pero al mismo tiempo generalizadamente incomprendida, perversamente juzgada, miserablemente invisibilizada y para colmo, injustamente señalada y hasta dramáticamente criminalizada.

Por eso estas páginas, porque el ángulo presentado es rigurosamente cierto en tanto me consta de primera mano, a su vez que es una actividad de gran importancia, siendo que del desenvolvimiento de tal apostolado y del involucramiento masivo de la gente depende el avance de las democracias modernas y con ellas, la garantía de paz para el mundo. Aunque suene grandilocuente, es mera verdad. Sin embargo, a pesar de todo eso, la labor política de todos los días no se ve, y menos se entiende.

Quien no haya dedicado una semana ininterrumpida a llevar una palabra de aliento, de comprensión, un acto de solidaridad y acompañamiento al visitar barrios, veredas, caseríos y residencias humildes en comunidades céntricas, así como en alejados confines donde la pobreza agrieta hasta las esperanzas, no sabe de lo que estoy hablando. En un abrir y cerrar de ojos, pasé 20 años de mi vida en ese fragor y experimenté esa realidad en mi piel.

En muchos casos, no solo se trata de visitar a los más desposeídos; es visitar también, en las jornadas nocturnas de esos extenuantes días a grupos económicamente acaudalados quienes lógicamente tienen su propio enfoque y cosmovisión. Cada quien hará planteamientos, por lo general, movido por su interés personal o grupal, y el político a todos deberá atender, escuchar respetuosamente, agenciar e interpretar de forma comprensiva.

Pero eso no es todo, hay cosas más difíciles. En algunos casos a la persona dedicada a la labor política le tocará algo que es incluso peor, porque ni siquiera llega a ser recibido, sino que ha de soportar un reactivo y desconsiderado maltrato por parte de un desconocido que no tiene empacho en endilgarle su desprecio tan solo por "ser un político", transformándose así automáticamente en blanco de su vejación. Y todo hay que aguantarlo estoicamente, extrayendo serenidad desde lo más profundo del alma, porque la actitud de calma forma parte del carácter y la altivez espiritual que exige esta labor sinigual.

Llegados a este punto, vale subrayar que sobre la actividad política se hacen acusaciones injustas a raudales, éstas son rebotadas peregrina y masivamente por un público desprevenido, mordiendo el anzuelo de complotados a los que les conviene separar a la ciudadanía de los asuntos públicos.

Aquellos grupos que pretenden abusar del poder, necesitan y buscan apartar a la ciudadanía de la participación y el activismo, a menos que sean sus partidarios.

Sin embargo, es un deber decirlo y construir un puente de comprensión de lo que significa el sustantivo reto de, en términos toynbeanos, vivir en sociedad, como nos los planteamos desde hace seis mil años. Vida en sociedad que cada vez más requiere de nuestro involucramiento y compromiso para frenar a las autocracias y la devastación del planeta por la impresentable codicia económica vista como una insaciabilidad enfermiza. Esa participación ciudadana por el momento debilitada, al mismo tiempo, es imprescindible para enraizar y dinamizar el sistema de libertades.

CAPÍTULO II

¿Quiénes son los malos en todo esto?

Creemos que todo depende de un cambio de poder y, realmente, lo que se necesita es un cambio de cultura y de convivencia ciudadana muy grande, desde los detalles. Si no asumimos esto como una tarea en la que cada quien apoya en su área, y con una visión de conjunto, no habrá cambio. No hay salida política sin un cambio cultural
José Virtuoso, S.j.

Ahora bien, entremos a profundidad en el tema. Vamos a analizar el guion que se nos ha impuesto. Incómodos ripostarán los más airados: ¿Pero si los políticos son unos sinvergüenzas, irresponsables, corruptos, hipócritas? Tal especie, es exactamente lo que han hecho ver los factores de poder fáctico, donde verdaderamente está el mundo de las sombras, quienes han labrado con sigilo un guion que han sabido posicionar en la sociedad global, cuyo relato resuelve el drama al identificar los necesarios culpables; simplificación de relato por demás útil a la hora de construir una narrativa, y tener entonces a quien echarles la culpa de todo. Así alardean, sin pudor, en torno a la supuesta perversión infinita del mundo político y sus protagonistas.

Uno podría preguntarse si los malos toman consciencia realmente en cuanto a lo tóxico o dañino de lo que hacen. Sinceramente creo que no. Tal vez sienten que es su derecho (y también deber) defender sus intereses, sus formas de vida, sus privilegios. Eso los mueve con pasión, desarrollando un pensamiento cínico que es expresión elaborada del egoísmo; por lo que se convencen y convencen a los suyos que están haciendo lo correcto. Maniobrar e incluso delinquir para acaudalar, acumular, lo asumen como una "justa lucha" en una lógica donde la ambición y la codicia desconocen límites, transformándolas en inspiración –a veces criminal– en el marco de un delirante entendimiento acomodaticio.

Su puesta en escena debe incluir la coartada de un oficio y unos protagonistas que representen la perversidad. Y nada mejor en su intención que señalar a la política y sus actores como los grandes responsables.

Pero estamos obligados a superar la idiotez, porque esa narrativa la hacen debido a que en el esquema reinante del mundo actual, se necesita un chivo expiatorio al que la población entera responsabilice de lo caótico del sistema para canalizar el creciente malestar; mientras ellos, los verdaderos malos de la película, por no decir del sistema mundial, viven su tránsito envueltos en impúdicos privilegios; sigilosos, anónimos; e imponen el turbio dominio a la sociedad en un esquema de semi esclavitud (lo de semi es por generosidad semántica) y embobamiento, estupidización, llevando a que los ciudadanos se mantengan en la nebulosa y cubran con militante olvido los vitales asuntos referidos al destino de las sociedades y el curso de la humanidad (Chomsky 1974, 2013, 2017).

Así la población en general abandona el terreno de la aristotélica categoría de animal político, es decir, de grupo humano preocupado por el ámbito de la colectividad, de lo que es de todos, para llegar a la muy lamentable de animal consumidor empedernido, desaforado; en suma, entusiasta seguidor del relativismo materialista (Mastini et al 2020).

Nos encontramos envueltos en la dinámica seducción infinita de los sentidos, impulso ansioso de una humanidad sedienta de gratificaciones inmediatas, fáciles, rápidas. Maleable por las modas y las tendencias; alienada por la homogeneización. Para decirlo en palabras de Bauman, se trata de una sociedad líquida, fuertemente condicionada por los hilos del poder que se mueven con destreza en este inasible contexto.

Neoesclavitud

Es el sistema del capitalismo hiperfinanciarizado donde hemos desembocado, el que asocia éxito a tener, acumular, antes que ser. Las horas, los días, las semanas, el tiempo en sí es un mero trámite-ocasión para trabajar, es decir, ganar dinero para comprar, entonces valer, para alcanzar significado en el contexto de los estereotipos predominantes. Con esto asistimos al surgimiento de una nueva raza: la de los deudores, quienes en tanto tal, viven esclavizados (de una forma moderna y sin percatarse de su condición) a actividades que le permiten un sustento que a su vez les posibilita pagar las cíclicas deudas que marcan íntegramente su día a día, año tras año, y así la vida toda. Esto es lo que buscan (y en un importante porcentaje logran) los malvados del guion, aunque con la manipulación afortunadamente no alcanzan la totalidad ni la unanimidad que desearían.

El libreto que todos damos por hecho porque es el que consumimos, aprendimos, repetimos a ciegas sin cesar, establece que los políticos son los causantes de todo lo turbio, pero, ¿si en realidad no lo son? Entonces, ¿dónde están y quiénes son los malos de todo este asunto?

En mi lectura son siete. Y los ubico con claridad. Aunque pudieran realizarse miradas más extensivas y agudizar el enfoque; sin embargo, es probable que otros elementos surgidos a granel, no sean otra cosa que ramificaciones de este núcleo heptágono.

Me refiero a estos actores: los carteles de la industria farmacéutica (Big Pharma); los fabricantes, comercializadores y traficantes de armas; los carteles del narcotráfico; las redes de tráfico, explotación y esclavitud de personas, en especial el horror de explotar mujeres y niños; las grandes multinacionales de la economía fósil y extractivista que incurren en gigantesca contaminación medioambiental, contribuyendo a crear una catástrofe ecológica sin precedentes; los poderosos grupos financieros que viven de la especulación conjuntamente con algunos, como lo señala Anthony Robbins, brokers gestores de fondos de inversión que viven del anatocismo y la usura;15 con avaricia y codicia incontroladas, juegan de forma irresponsable al provecho permanente de los débiles económicos y con sus maniobras condicionan la vida de millones, así como se llevan por delante a otros tantos. Y para completar el conjunto, se incluye a algunos sectores de la industria de alimentos que por interés de lucro mezclan alimentos con preservantes, ingredientes sintéticos y ultraprocesados que son altamente nocivos para la salud, verdaderos venenos, sin importar que con su comercio intoxican y desgracian la vida de cientos, de miles, de millones. Veamos un poco más de cada caso.

El negocio de la enfermedad

Tenemos una poderosa industria farmacéutica (*Big Pharma*) a la que, con sus excepciones, no le importa la salud de los pacientes; no le interesa curar a los enfermos, como ha explicado el prestigioso científico Richard Roberts. Corporaciones que inflan precios a un valor de mercado superior al valor real, acumulando ganancias exorbitantes mediante métodos especulativos, presión para pagar menos impuestos y cartelización exprimiendo el supuesto derecho de patentes, a pesar que parte de sus investigaciones se respaldan con recursos públicos (Mazzucato 2019).

A estos poderosos carteles farmacéuticos poco les importa la salud de la humanidad, sino por el contrario les preocupa el garantizarse una clientela de por vida.Lo que pasa con diversos tratamientos terribles como la quimioterapia, radioterapia, prótesis insanas, inmunosupresores,

---

15 *Ver Anthony Robbins (2018), libro Dinero: domina el juego.*

insulina, antidiabéticos orales, antibióticos, analgésicos, antidepresivos y una lista inmensa de productos verdaderamente fatídicos, con precios al público y a los sistemas de salud por encima de diez veces el costo de producción constituye algo tan dramático como escandaloso.

A la industria farmacéutica no le interesa curar, le interesa hacer negocios, tal y como lo denunció el referido Dr. Roberts, Premio Nobel de Medicina 1993, prestigioso biólogo molecular que con sus descubrimientos sobre la estructura del ADN, contribuyó al impulso de la floreciente industria biotecnológica.

La *Big Pharma*, complejo de las más poderosas corporaciones farmacéuticas, está movido por su deseo de ganancias, no por la salud. "Los fármacos que curan no son rentables, y por eso no son desarrollados por las farmacéuticas que en cambio sí desarrollan medicamentos cronificadores que sean consumidos de forma serializada", afirma Roberts en entrevista publicada en el diario español La Vanguardia, y reproducida en cientos de plataformas de todo el mundo. El Dr. Richard John Roberts retrata a una industria perversa a la que en algunos casos le interesa, desde la lógica del capital, crear dependencia en los pacientes (simples consumidores) con productos (medicamentos) que alivian los síntomas (engañan al cuerpo alterando la percepción) pero que no los curan porque no les interesa curarlos, a fin de mantener la clientela de por vida. Parece una película de terror, más es lo real con incalificable crueldad de los protagonistas. Asegura que tales compañías gastan anualmente cientos de millones de dólares pagando a médicos para que promuevan sus medicamentos. Hay dolencias que se podrían curar del todo, pero los medicamentos para tal fin no los desarrollan porque se les estropea el negocio. Pone como ejemplo la tuberculosis que pudo estar erradicada del todo, pero que se ha dejado pervivir para garantizar el ingreso por la venta de sus productos aliviadores, a pesar que eso haya significado la muerte de cientos de miles de seres humanos en los últimos años. "¿Hasta qué punto es válido y ético que la industria de la salud se rija por los mismos valores y principios que el mercado capitalista?", se pregunta Roberts, advirtiendo que estos carteles farmacéuticos en su funcionamiento y en su lógica llegan a parecerse mucho a una mafia.

No les interesa curar, incluso con medicamentos potencialmente efectivos prefieren desecharlos antes de alterar los precios y su esquema de ganancias estimadas. Por eso renombrados laboratorios mediante su impresentable parámetro comercial prefieren que se venzan algunos de sus medicamentos antes que regalarlos a pacientes pobres en el mundo, incluyendo ancianos y niños, quienes en muchos casos los necesitan para sobrevivir. Las multinacionales farmacéuticas no los entregan a esas personas necesitadas por mero interés pecuniario, o sea para que no se altere el armazón del precio de dichos medicamentos en el mercado. Todo ocurre al mismo tiempo que los márgenes de ganancia, a pesar de tratarse de algo tan sensible como la salud, son ilimitados en una escalada de precios especulativa, arbitraria y con mero enfoque mercantilista, a pesar de tratarse de la salud y la vida de las personas. Es la lógica del mercado pura, ruda y simple, o tal vez una manera elegante de encubrir la perversión de la codicia, capaz de todo cinismo, incluso de ser indiferente ante el sufrimiento de los demás.

El Premio Nobel de medicina 1993 afirma que la salud no puede ser vista como un mero negocio mercantil, porque no lo es.

En el primer trimestre de 2023 vimos cómo un afamado laboratorio estadounidense hizo una rebaja en la insulina en cuanto al precio que ofrece el producto al público de $600 a $25 para los asegurados, o a $35 para los que no estando asegurados se registraran en un programa previsto para ello. La diabetes que se extiende como una pandemia, mayoritariamente se genera por la mala alimentación, debido a la ingesta de productos altamente procesados y con aditivos muy dañinos para la integridad fisiológica. Decenas de millones de pacientes en todos los países viven el suplicio de su desmejora física sin tener cómo cubrir el costo de la insulina para el tratamiento que, en algunos casos, supera los $1000 (mil dólares estadounidenses) de gasto mensual. Es una lenta condena a muerte, o a la ruina. Es la tragedia de millones, que significa el fastuoso negocio de unos pocos. Si Laboratorios *Lilly* pudo bajar su insulina de $600 a $25, entonces imaginemos el margen de ganancia de una industria que vive de los enfermos. ¿Dónde queda la solidaridad, empatía, la compasión? ¿Acaso porque sea el ámbito de la empresa privada se permite la barbarie? No se trata de ir contra el emprendimiento, los privados, o las empresas particulares; ni tampoco y menos aún de abogar por estatismos trasnochados que es el chantaje que *ipso facto* endilga el condicionamiento opinático generado en el mundo del pensamiento binario. Nada de eso. Solo se describe la realidad de cómo funciona un sistema a veces desalmado, salvaje, feroz.

El gesto de Lilly se produjo pocas semanas después que el presidente norteamericano Joe Biden hiciera, desde la tribuna de gran audiencia que es el discurso sobre el Estado de la Unión 2023, un llamado a las desaforadas farmacéuticas para mostrar un poco de racionalidad en el tratamiento para la diabetes, así como también impulsara ciertas iniciativas en el legislativo, a fin de obligar a las corporaciones a parar la especulación.

Suculentas ganancias por el sufrimiento de otros

Por otro lado, están los fabricantes y toda la cadena de comercialización de las de armas de fuego, quienes se mueven en un mundo paralegal, influyendo con dinero de sus gigantes ganancias en la toma de decisiones porque financian a los decisores; toda vez que se mueven abiertamente en la ilegalidad, porque circulan mediante traficantes en aquellas zonas o regiones donde la presión social les ha puesto límites.

Estos varones de los mortíferos instrumentos constituyen la esfera de lo insólito. Resulta espantoso que haya una élite mundial cuyos integrantes viven en burbujas de inimaginables fortunas siendo que su negocio no es otro que el de traficar con la tragedia, dolor y el martirio de la humanidad. Exceptuando el uso deportivo, ¿para qué sirve un arma de fuego que no sea para agredir a cualquier forma de vida? Son instrumentos diabólicos que se traducen en familias destrozadas por el dolor, la tragedia. ¿Cómo trabaja esta pavorosa industria su esquema de mercadeo? ¿Cómo promueven su clientela? ¿Qué situaciones sociales son beneficiosas para su negocio y la procura de mayor rentabilidad? Ante cada enfrentamiento armado y la matanza que deja una estela de llanto, dolor y desconsuelo a miles de familias, ¿ellos celebran porque aumentan sus ganancias? ¿Cuándo surge una nueva guerra se frotan las manos porque se expande su negocio, suben sus beneficios, se consolidan sus privilegios? ¿Si no hubiese guerras, las promoverían para así estimular su mercado? Todas las respuestas son expresión de lo más sombrío que puede anidar el alma o mejor decir, la corteza cerebral, circunstancia en la que parece abandonarse todo atisbo de humanidad.

Se sustentan en una lógica depravada que fomenta el miedo. Ante cada matanza aumentan sus ventas, en camino a un mundo donde todos desconfían de todos. A las madres y padres de familia se les pretende sugerir que tener armas es una necesidad para proteger su hogar. Es la idea del "sálvese quien pueda"; cada quien en lo suyo, expresión maximalista de un individualismo desolador para el que el mundo es una selva bajo los preceptos darwinianos de la sobrevivencia de los más aptos, cuando en el fondo esta línea de pensamiento esconde un desprecio por los encantos de la vida, las sutilezas de sus múltiples manifestaciones vitales, encajonados en el enfoque positivista materialista con tal obsesión que desemboca en un pensamiento unidimensional. La proliferación de armas, junto con el negacionismo frente al alarmante deterioro de la naturaleza, tal vez sean de las señales suicidas que más retratan en lo colectivo cierta tendencia demencial de nuestra humanidad.

La guerra a las drogas y la existencia de carteles: un negocio

Asimismo, los carteles del narcotráfico, estrechamente ligados con los fabricantes y vendedores de armas, como también vinculados con la miserable trata de personas. El diablo de las drogas es utilizado para esclavizar a millones mediante la adicción, que una vez en las garras del vicio acaban con su vida. Los enfermos adictos son capaces hasta de vender los electrodomésticos de su madre… y mucho más, por atender la insaciable necesidad (creada) de consumir las sustancias psicoactivas que los ayudan a evadirse de la realidad, a extasiarse efímeramente mientras en simultáneo se esclavizan.

A los narcotraficantes no les importa invadir todos los escenarios para tratar de garantizar su mercado a corto, mediano y largo plazo; incluyendo penetrar colegios pervirtiendo a niñas y niños, con tal de asegurar e incrementar su clientela a lo largo del tiempo.

En este asunto del tráfico de drogas, el mecanismo que se han planteado los Estados nación para enfrentarlo, es igual o peor que el mismo problema. Se ha desatado una guerra sin cuartel en la que los roles se cruzan y tal dinámica tiene como víctima a la población mundial mientras los vendedores de armas se frotan las manos. La insensata "guerra contra las drogas" hace rato la perdieron estrepitosamente los Estados.

Si apenas una ínfima parte del dinero que se usa por parte de los Estados para comprar armas, se orientara para educar a la población joven sobre el nefasto efecto de los estupefacientes en su organismo, ¿qué ocurriría? pues caería la demanda, y se debilitarían los carteles. Además, si como han propuesto varios autores y ha expresado abiertamente el presidente de Colombia, Gustavo Petro, se cambia el mecanismo de una guerra sin sentido; y se avanza hacia lo que se hizo con el alcohol y cigarrillos; por tanto, se legalizan de forma cuidadosa las otras drogas; de modo que el Estado pase a manejarlas con rigurosidad, por lo que procede a controlar su expendio como hace con las mencionadas drogas lícitas, con eso se acaban los carteles porque ya no hay tráfico ilegal. Se acaba la violencia (o se reduce al mínimo) y con eso se reduce el poder de la fauna armamentística.

Para combatir la adicción a las drogas en vez de armas, debe invertirse en educación. Si fuera así, se podrían hacer las campañas más masivas, inteligentes, dinámicas, multiformato, atractivas y convincentes jamás realizadas, y aun sobraría dinero a borbotones. Dinero que hoy va a parar a los bolsillos de los fabricantes y comercializadores de armas.

Con apenas una ínfima parte de lo que se gasta en armas se puede realizar la más espectacular campaña educativa para toda la juventud a escala global. Es muy claro, grupos privilegiados se benefician de las montañas de dinero que se gastan en armas y accesorios para la supuesta guerra contra las drogas y el narcotráfico ¿Cómo es que no se dan cuenta que es una guerra perdida ya que gastan más y más dinero en armas cada año y el consumo de drogas [que aseguran combatir] no hace más que aumentar? Porque es un negocio. Si se asume que esa absurda guerra de los Estados nacionales contra los carteles con la que vienen ensangrentando a la humanidad desde hace décadas, la han perdido claramente los Estados, claro que podría ser posible una despenalización de las drogas. Y la persona mayor de edad que a pesar de todas las campañas educativas y sanitarias aun así decida drogarse, como lo hace ahora, esa es su responsabilidad. Pero al igual que se prohíbe en la actualidad asistir a cualquier actividad productiva, o actividad de servicio público bajo los efectos del alcohol, igual pasaría a prohibirse el roce social y laboral para alguien que esté bajo efectos de estupefacientes.

Por ejemplo, un piloto no se puede presentar borracho a pilotar un avión; ni un conductor de transporte público o privado; ni un docente se puede presentar ebrio en el escenario académico; ni un periodista, presentador de noticias; ni un abogado ante un juzgado tampoco se puede presentar en condiciones etílicas, igualmente nadie debe presentarse drogado en ninguna actividad.

Durante parte de la primera mitad del siglo XX, mediante la llamada Ley seca, en Estados Unidos era prohibido el consumo y tráfico de alcohol. Tal criminalización creó carteles y mafias de las que, por ejemplo, la historia de *Al Capone* puede dar testimonio. En 1933 se legalizó el consumo de ese fermento, con las respectivas campañas educativas sobre los riesgos de su ingesta excesiva. Hoy el consumo de alcohol en algunos casos es sinónimo de estatus, así como es una responsabilidad personal de quien decida o no intoxicar su cuerpo en menor o mayor medida ingiriéndolo. Es legal, pero al mismo tiempo se restringe implantando férreo control en torno a actividades que no se permiten bajo efectos de esta droga líquida, como lo mencionado de conducir medios de transporte, dar clases, dar asistencia médica o atender al público.

¿Qué resultó con esto?, se acabaron las mafias en torno al tráfico, expendio y consumo del alcohol. Hoy existen corporaciones establecidas, regladas, que pagan impuestos y forman parte de un comercio formal que mueve favorablemente la economía en todas partes del mundo. Lo mismo ocurriría si se legalizan las drogas y se invierte en campañas educativas para reducir al máximo su consumo.

Da la impresión que a los fabricantes y comercializadores de armas no les interesa que se cambie el claramente fracasado esquema de guerra que tienen los Estados contra las mafias del narcotráfico que abastecen a un gigantesco mercado de consumidores, porque es así como funciona su gran negocio.

¿Por qué no se cambia el enfoque?, es decir, en vez de gastar fortunas en perseguir a los comercializadores, mejor se disminuye la demanda con la más fuerte, creativa, portentosa y convincente campaña de concientización al público que se pueda imaginar e impulsar. Aquí precisamente entra lo que estamos describiendo: hay unos malos de la película que se dedican a impedirlo, actuando tras bastidores con mecanismos muy sofisticados siempre en defensa de sus perversos intereses.

La bestialidad más cruel: tráfico y explotación de niños

Parte el corazón saber que existen millones de personas esclavizadas y sometidas a todo tipo de tratos crueles e inhumanos en plena tercera década del siglo XXI tan solo por tener la desdicha de pasar por situaciones de vulnerabilidad, especialmente socioeconómicas. La trata de personas ha aumentado en los últimos años debido a las alteraciones generadas por la pandemia; la acción de la guerra y las oleadas migratorias que por distintas razones se han incrementado en todo el mundo hacia los países industrializados.

Los grupos, individuos y organizaciones que se dedican a este crimen espantoso se benefician de llevar a cabo uno de los delitos más despiadados que se puedan describir. Más aún si se dedican a lastimar la inocencia y la pureza de niñas y niños, personas que por su condición frágil de infantes no se pueden defender por sí mismas.

Es sencillamente repugnante e insólito la existencia de grupos dedicados al secuestro, venta y esclavitud de menores que luego son sometidos a explotación sexual. Es un tema tan duro que conmociona, enmudece. Trae a colación y nos interpela moralmente en otros asuntos como el valor insustituible de la familia, la protección de nuestros niños, los valores de nuestra humanidad.

La historia del agende de la seguridad nacional de Estados Unidos, Timothy (Tim) Ballard cuyo trabajo y dedicación fue recreado en la película *Sound of Freedom*, ofrece una muestra del mundo del horror que se mueve en ese tenebroso "comercio" criminal al que son sometidos los pequeños.

El film producido por Eduardo Verástegui, dirigido por Alejandro Monteverde y protagonizado por Jim Caveziel, retrata el submundo del vil tráfico de personas y toda la depravación que envuelve.

Es obvio y hay que decirlo: algo anda muy mal en la humanidad cuando existen al parecer numerosos consumidores de pornografía infantil. Que tamaña perversión tenga, según relata Ballard, un nutrido grupo de sujetos que constituyen una demanda grande traduciéndose en un comercio milmillonario, es claro indicio de cierto apogeo de la maldad, el atropello y la perversión. Es estúpido colocarle a estas deformaciones criminales etiquetas ideológicas de derecha, izquierda o cualquier otra, cuando en realidad se trata de maldad y depravación pura y dura. La sola pretensión de ideologizar un tema tan sensible, es una forma de banalizar el mal.

El asunto es descrito en textos publicados por Ballard, cuyos títulos son *The Covenant* (2012); *The American Covenant* (2011 y 2014); *The Covenant, Lincoln, and the War* (2012); *The Lincoln Hypothesis* (2016); *The Washington Hypothesis* (2016) y *Slave Stealers* (2018). Es un tópico tan espantoso que llama a todos necesariamente a informarse, tomar consciencia y a actuar. Entre los malos de los malos, se acaban las categorías y las palabras para describir a estos depravados perpetradores de una fechoría tan grave; porque agrede y causa daño de por vida a lo más sagrado que puede tener una sociedad: sus niñas y niños.

Usando una metáfora que le escuché en una entrevista a Verástegui, esto es una especie de incendio en el que se están lastimando niños, todos debemos activarnos para hacer algo con urgencia e impedir como podamos el dolor infernal de las quemaduras que arden profundo en el alma. Aquí el retrato de los malvados habla por sí solo.

Devastando al planeta

Continuando con la identificación de los malévolos, entre los sectores que también incluimos en este grupo (o sea, los perjudiciales), se encuentra el gigantesco emporio de los combustibles y explotación de energía fósil,[16] que ha causado a lo largo de su desarrollo, funcionamiento y expansión, junto a otros sectores, la mayor tragedia medioambiental que se registre en la historia planetaria durante la presencia humana.

La contaminación sin precedentes es una catástrofe para los ecosistemas y un zarpazo tanto a las generaciones presentes como a las que están por venir. Es una agresión a sus esperanzas y derechos fundamentales de heredar un medio ambiente sano. Es un golpe fatal contra todas las otras formas de vida que habitan la Tierra por parte de un grupo económico que ha devastado la casa de todos, imponiendo una lógica de consumo ilimitado, crecimiento ilimitado, explotación ilimitada de bienes naturales, en un planeta de recursos finitos como el que habitamos. Ecuación que ha llevado a los límites del colapso a nuestro refugio en el universo.

La matriz de combustibles fósiles y la economía extractivista causa devastación y una gigantesca alteración en el entorno natural, porque se están violentando los límites biofísicos planetarios (Meadow 1997 y Rockström et al 2009), lo que altera los ciclos del agua, violenta la cadena trófica y socaba la posibilidad del medio ambiente de proveer los invaluables servicios ecosistémicos.

Parte de la humanidad sensibilizada por el asunto impulsa la opción de energías limpias, pero las corporaciones

---

16 *Incluye fundamentalmente petróleo, gas y el extractivismo minero desmedido en su variedad de modalidades.*

del mundo fósil maniobran con todas las herramientas de poder a su alcance para que se siga manteniendo la matriz energética "sembrada" como hábito insustituible por el sistema predominante.

En ese marco surge la pregunta: ¿Cómo es que un chico audaz proveniente de Suráfrica logra como inmigrante en Estados Unidos ingeniárselas y ofrecer la posibilidad de un vehículo 100% eléctrico de calidad, atractivo, funcional; y lo hace con una delantera de más de 10 años antes que la poderosa industria automotriz mundial? ¿Por qué si la industria automotriz tiene alrededor de dos décadas asomando prototipos eléctricos, incluso híbridos, esa colosal maquinaria del automóvil a escala mundial no los había comercializado masivamente? Lo que ha pasado con Elon Musk y *Tesla* ha dejado al descubierto algo que presentíamos: hasta el momento (aunque cada vez menos) seguimos montados sobre el combustible fósil porque hay unos intereses que así lo determinan. Elites que se benefician desfachatadamente de esa contaminante matriz energética y han maniobrado para prolongar su permanencia, aún a costa de la salud de nuestra casa común. Es una fastuosa maquinaria de contaminación que traga tesoros naturales, expide contaminantes y genera fortunas para los bolsillos de sus promotores.

Como lo dejó claro el presidente Joe Biden,[17] las grandes corporaciones petroleras han obtenido en el tiempo difícil de la pandemia, post pandemia y el lapso del despiadado ataque de Rusia contra Ucrania, entre 2021 y 2023, las mayores ganancias de su historia; sin embargo, inmisericordes siguen cobrando el combustible caro a los usuarios; siempre maximizando el beneficio corporativo.

Cuento una anécdota ilustrativa de cómo el tema de los combustibles fósiles es movido obsesivamente por el interés de lucro, como para que se mantengan vigentes, aunque

---

17 *En distintas alocuciones durante el 2022, así como en el discurso anual sobre el Estado de la Unión, celebrado el 9 de enero de 2023, el Presidente de los Estados Unidos ha develado que las grandes corporaciones petroleras, en medio de la crisis global, han obtenido ganancias como nunca antes.*

degradan al planeta ya que la quema incesante de CO2 altera la capa de ozono de la atmósfera que nos protege de cierto nivel de los rayos del sol lo que a su vez posibilita la vida en la tierra como en ningún otro lugar del universo hasta ahora conocido.

La anécdota que paso a narrar describe cómo los grandes márgenes de ganancia hacen que los magnates de la energía fósil se muestren indiferentes a la devastación terrestre. Ocurrió así: un ejecutivo le cuenta a un amigo que la empresa energética para la que trabaja tiene un lote de terreno importante en el estado de Texas, Estados Unidos. Como su negocio es la energía, procedieron a hacer los estudios y cálculos para decidir qué desarrollar. Y este es el resultado que arrojó el estudio sobre posible retorno de la inversión.

Un parque de energía eólica les significaría un retorno de inversión del 16%, lo que es atractivo ya que está por encima del rendimiento promedio anual de las inversiones en la bolsa de valores y el área inmobiliaria. Segunda posibilidad, usar el terreno para instalar una granja de energía solar lo que les generaría un 23% de retorno de inversión, más atractivo aún, con el agregado que serían energías limpias que no contaminan el planeta.

Pero la variable medioambiental pasó a no tener importancia; cuando la tercera opción estudiada, explotación petrolera, en el cálculo ofrece un retorno de inversión del 140%, lo único es que perjudica como ya hemos dicho, de manera nefasta al medio ambiente incidiendo en el calentamiento global y con ello en el cambio climático, lo que a su vez desencadena las citadas alteraciones del ciclo del agua, tormentas, inundaciones, al igual que sequías y otras tragedias [pequeño detalle]. ¿Qué decidieron los ejecutivos? Simple, pues aquello que les ofrece más ganancia, sin importar lo demás. Solo la variable económica, la avaricia, solo eso importó.

Estafa, especulación y monopolio de los dividendos del proceso productivo

Sigamos con la enumeración de los malos de la película. El otro protagonista de la maldad al que hacemos alusión, en algunos casos marcado por cruel indiferencia ante el dolor o carencias del mundo, son los multimillonarios grupos financieros que, de acuerdo a expertos como la economista Mariana Mazzucato, poco valor aportan a la economía real y han distorsionado la economía porque sus ingentes ganancias en vez de reinvertirlas en la economía la usan para especular con sus propias acciones y hacerlas subir, inflarlas, y con eso seguir en su espiral de magníficas ganancias (2019). Es la perniciosa utilización del capital con propósitos especulativos y no como debiera de ser, con fines productivos e incluyentes (Mazzucato 2014). Visto así, el crecimiento del sector financiero no se vuelca a la economía real, sino que son ingentes beneficios que van fundamentalmente a los bolsillos de los banqueros.

También se incluye en este sector a empresas auditoras que deben velar por la sana administración de gigantescas corporaciones detrás de cuyos balances se deposita la confianza de millones de ahorristas e inversores, pero que incurren en trucos y maniobras aprobando como bueno lo que no es tanto, debido a que estas firmas auditoras tienen su mayor facturación e ingresos mediante servicios de asesoría que ofrecen a las mismas empresas que auditan. Como dice DW en su documental sobre las cuatro más grandes firmas auditoras del mundo a las que se les conoce como "los perros guardianes el capitalismo, conciencia del libre mercado, pero también la mafia de traje a rayas". Y agrega la plataforma comunicacional alemana sobre las empresas auditoras lo siguiente: "El escándalo Wirecard ha puesto a las grandes auditoras contra las cuerdas. Sus informes pretenden dotar a las empresas de credibilidad, pero ¿verifican realmente bien las cuentas? ¿O es todo pura fachada?"[18]

---

18 *DW Documental. Auditores y servicios financieros bajo sospecha. Documental que explora y evidencia las indebidas maniobras realizadas por las corporaciones multinacionales de auditoría EY, PwC, KPMG y Deloitte. Disponible en https://www.youtube.com/watch?v=42FPnvg81u4*

Así las cosas, integrantes de los distintos grupos financieros, sus auditores y brokers viven en una burbuja, ajenos a la realidad del planeta. Muchos de ellos transcurren sus dispendiosas vidas encapsulados en la pompa de sus palacios, envueltos en prerrogativas, mientras sus esquemas financieros se dedican al anatocismo, la usura, legalizadas estafas, avaricia, especulación ilimitada, así como asfixiantes esquemas de remuneración a su capital, mientras hacen lo posible por no pagar impuestos, igual se oponen y regatean cualquier reconocimiento remunerativo al trabajo del mundo productivo; además viven afincándose en las familias a las que les prestan a cuentagotas algunas pequeñas sumas de sus fortunas, a cambio de entrega de tiempo permanente, traducida en cuotas casi de por vida.

Cosas del costo del capital, siempre mejor remunerado que el trabajo y otros factores de la producción; porque el secreto del sistema es que se remunera más al capital que al trabajo, y al mismo tiempo se aplica mayor carga impositiva al salario que a los dividendos; con lo que, como explica Piketty (2013), la brecha diferencial entre ricos y pobres, esto es, la oprobiosa inequidad, no hace más que aumentar.

Intoxicando a escala global

Siguiendo en el desenmascaramiento de los sombríos, es menester mencionar a los señores de la industria alimenticia, alguna parte de la cual genera productos ultra procesados, con ingredientes nocivos que envenenan (espacio de tiempo mediante) el organismo humano causando verdaderos estragos. Con males a veces irreversibles para un público que consume estos productos pensando que se están alimentando, cuando en realidad se intoxican, perjudicando a la postre su salud.

Tenemos en los distintos expendios bebidas y "comestibles" con algunos preservantes cancerígenos, productos excesivamente azucarados; con ingredientes sintéticos y ultra procesados, todos elementos condicionados para que duren largo tiempo en los anaqueles y así les permitan producir más, almacenar más, distribuir más, vender más, con el fin de ganar más, acumular más, sin importar el desmedro de la salud y la calidad de vida de los incautos consumidores. Solo interesa alimentar el pecunio que dicta la infinita codicia de sus fabricantes.

Derivados del petróleo mezclados con azúcar se transforman en golosinas que impúdicamente se les da a los niños. En otros casos preservantes de pinturas se utilizan para estirar "la vida" en los anaqueles de potenciales venenos que son ofrecidos masivamente en llamativos empaques para el consumo de un público desprotegido. O bebidas "energizantes", "refrescantes", jugos imitación de frutas y vulgares sodas que no son más que groseras porciones de azúcar en presentación líquida ofrecida a una población ingenua o desinformada que consume semejantes pócimas venenosas con la candidez de corderos que caminan al matadero. Y esto se sabe. Se conoce. Y aún así se permite en nombre de la libertad de empresa, libertad de comercio y de ganancias, cuando en realidad es libertad de hacer daño a otros justificando la extorsión en la excusa de la creación de empleos, generación de dividendos y otras especies del mismo tenor.

Al revisar el septeto de actores y/o grupos perversos que tanto daño causan se evidencian varias cosas. La primera es que están entrelazados; se interrelacionan en un esquema que se retroalimenta y potencia entre sí. Por ejemplo, el negocio de los carteles de droga está estrechamente vinculado al de venta de armas y también a la miserable trata de personas, al inhumano tráfico y explotación de menores. Por otro lado, es muy clara y directa la relación entre la industria alimenticia y la farmacéutica: la presencia de una ayuda a la otra y viceversa. Por supuesto, también resulta muy evidente la vinculación de las grandes corporaciones fósiles con los grupos de especuladores financieros, que a su vez tienen que ver con todos los otros sectores mencionados. En suma, se trata de un sistema integrado con sus características y dinámica propia, que junto a otros factores, estructuras y componentes, conforman el sistema económico mundial. Basta una mirada medianamente aguda para darse cuenta de lo malsano de todo este andamiaje.

Esta lectura crítica no significa que se esté en contra de la empresa privada, ni en lo más mínimo. No se pretende promover, ni mucho menos, a esa peste que es el comunismo y el estatismo feroz. El comunismo es un absurdo que debe ser rechazado con toda firmeza por cuanto su implementación se transforma en limitaciones, sufrimiento y maltrato a la sociedad por parte de una odiosa élite burocrática.

Por el contrario, de lo que se trata aquí es desentrañar que el modelo imperante es perverso, funciona muy mal, con unos claros responsables que usufructúan con ese estado de cosas reinante tan perjudicial, y que la solución es más democracia, más participación, más libertad, más seguridad, más familia y también más equilibrio; o sea que seamos capaces de concebir un sistema democrático pero cuyo fundamento de libertad económica beneficie a la población y no meramente a una elite pervertida, un conglomerado cínico, con unos factores que solo piensan en sus beneficios a costa de devastar al planeta y sus habitantes.

La toxicidad de los grupos descritos es evidente; sin embargo, estos factores han sabido moverse para que otros sean per- cibidos como los malos del guion: los tontos políticos que son blanco de todo señalamiento. Golpeando al mundo político, los malos verdaderos consiguen el perfecto chivo expiatorio, para que a los servidores públicos se les voltee a mirar, a ellos se culpe; por tanto nada cambie, el sistema se profundice, con lo cual los grupos perversos aumentan su esquema de beneficios, privilegios, crímenes y excesos.

Plausibles excepciones en una sociedad del apresuramiento

Pero ante todo este panorama hay excepciones, y es necesario tanto mencionarlas como destacarlas. Reitero que el mundo del emprendimiento, el comercio, la creación empresarial, industrial y la irremplazable iniciativa de los particulares son necesarias para el desarrollo y el progreso de la humanidad. No quepa ninguna duda de eso y aquí lo ponemos de manifiesto. Así lo es desde el más humilde emprendedor hasta el más portentoso de los banqueros, y eso es perfectamente conciliable con el bienestar general.

Como una muestra de que la condición de persona que trabaja en el mundo de las finanzas a gran escala no necesariamente es alguien meramente movido por el egoísmo, más adelante reflexionamos sobre la tendencia de capitalismo y negocios "con propósito", entre los que destaca el caso del fundador del Banco Grameen, el Premio Nobel y profesor de economía Bengalí, Mohammad Yunus; así como también el increíble cofundador de la cadena de tiendas Duty Free, Charles Feneey; o el inversionista estadounidense de origen húngaro George Soros, quien ha comprometido su vida y la mayor parte de su fortuna en ayudar a mejorar las sociedades en distintas partes del mundo, entre tantos otros.

No obstante; vale señalar que la humanidad de ahora se distingue de la de otros tiempos, tiene sus propios retos y desafíos. Los emprendedores atraviesan por el terreno fangoso de la transición acelerada hacia la sociedad digital global que ya es, pero que tiene en aprietos a nóveles y veteranos empresarios para acoplarse a los desafíos, escalas e innovaciones que ella demanda.

Asimismo, con la nueva era de la humanidad que emerge en la sociedad hiper digitalizada actual, se presenta un fenómeno de dos vías. Por un lado, se hacen más accesibles a través de Apps al alcance del teléfono personal (smartphone), financiamientos y servicios de inversiones, con plataformas como *NuBank, Paypal, Xoom, Stripe* o *Robinhood* y muchas más, que permiten hacer de manera personal, directa y (en algunos aspectos) gratuita, operaciones que antes dependían del pago de intermediarios como de onerosas comisiones. Por el otro, esta sociedad digital marca más aún la diferencia entre una élite que cuenta con la formación, herramientas y el conocimiento, ahondando la brecha entre el grupo que ahora encabeza y dirige la emergente sociedad digital, y el resto de la población.

Con las características propias, porque una población como la de nuestros días vive apresurada, asfixiada en el hacer; envuelta en el vértigo del *multitasking*. Es un conglomerado que vive a expensas de recompensas inmediatas, por lo que perdió el valor de la pausa. Sacudida por un bombardeo de información que le envuelve hasta el aturdimiento. Hay tanto afuera que queda poco tiempo para revisar adentro.

Grupo humano para el que casi todo es desechable e inmediato, incluso las relaciones. Por tanto, el nuestro es un conglomerado con ausente o muy frágil sentido de la trascendencia. Terreno abonado para una "vida pasajera, escurridiza y mortal" como lo es ahora. Para decirlo en palabras del autor de *Vida Contemplativa. Elogio a la inactividad*: "nos apartamos de cualquier forma de para siempre. Rechazamos todas las prácticas que toman mucho tiempo, como la fidelidad, la responsabilidad, la promesa, la confianza, el compromiso. La vida está gobernada por el corto plazo, lo provisional e inconstante" (Han 2023).

Es en este terreno viscoso donde toca hacer la política de estos días. También donde deben moverse los empresarios con propósito. Donde han de tomar impulso los nuevos emprendimientos, las expansiones empresariales, todo lo que debería marcar una nueva era de prosperidad económica más integrada e integradora; menos disociada.

Distorsión en la narrativa

Visto lo anterior en relación al verdadero aposento de la maldad, en medio de tanta confusión, queda claro que el cuento que nos han dicho se encuentra distorsionado. Buena parte de los grupos antes identificados en tanto verdaderos malos del guion componen parte sustancial de la élite económica, financiera, industrial y comercial de la escena global de nuestra época. En estos grupos, que forman parte del lamentablemente famoso esquema del 5%–95%; esto es que, quienes representan el 5% (o menos) de la población mundial disponen del 95% de las ganancias –algunas de procedencia cuestionable o por lo menos discutible– que se producen a nivel mundial; cúpulas que disponen del 90% de los recursos del planeta.

En ellos pareciera haber muy poca conciencia de la necesidad de balances. La captura de las ganancias generadas por el funcionamiento del sistema está escandalosamente desequilibrada. Resulta moralmente impresentable.

Por eso hemos dicho que "el guion de la película" no nos lo han contado como es, sino que, como dice Mazzucato parafraseando a Platón, los que cuentan historias gobiernan al mundo y en este caso, nos han impuesto una narrativa en la que ellos se escudan, se ocultan, son inadvertidos. Coartada perfecta porque construyeron la imagen del "chivo expiatorio" y la masa lo compró. Devoran, acumulan, especulan, esclavizan, derrochan, contaminan, devastan y con su narrativa logran camuflarse, pasar desapercibidos; para colmo logran que la opinión pública apoye el sistema imperante necesario para el estado de cosas que les favorece de forma alevosa. Es el reino donde se encuentran "los malvados" de todo este asunto, mientras el público –la población mundial– se entretiene mirando para otro lado, consumiendo a raudales y generando montañas de desechos.

De las elites y grupos criminales en cuestión se desprenden una serie de instrumentos comunicacionales que dictan los valores, categorías y conceptos a ser digeridos como la "realidad" por parte de los consumidores de información (a escala global), sin percatarse que se trata de una realidad prefabricada, una mediación maliciosamente intencionada, concebida para que ellos no aparezcan por ningún lado, mientras construyen la versión que les es útil.

Como en todo relato debe haber un malo a quien endilgarle las culpas, todas las responsabilidades del tiempo actual repleto de incertidumbres y malestares frente a la inequidad, las injusticias, la barbarie y la desolación, nada mejor que construir entonces un blanco al que recriminar señalando a la política, apuntando con el dedo acusador a la figura de ese sujeto que está en la calle poniendo la cara, a veces día y noche; asechado por los riesgos; expuesto a todos los denuestos, siendo el responsable perfecto sobre cuyos hombros depositar la excusa y razón de todos los problemas de las sociedades. Coartada perfecta. Relato concluyente.

Los poderosos se mueven anónimos por un mundo 5 estrellas, 7 Diamantes, con existencia tan acaudalada que resulta indescriptible; mientras la persona que está recorriendo barriadas poniendo su cara y su nombre, hablando a la colectividad de un proyecto de comunidad y de nación, con sus aciertos y errores, con sus luces y sombras, pero que está exponiéndose, entregada en una extenuante acción de encuentro con los otros, resulta el sujeto perfecto sobre quien cargar las culpas. Pero ellos, no quepa ninguna duda, los malos verdaderos, también actúan en política.

En ocasiones, con representantes directos de sus grupos buscan y obtienen el poder institucional y estatal, desde donde no hacen otra cosa que entronizar las condiciones que les permiten sus esquemas de beneficios a expensas del resto de la sociedad. Revisten de legalidad sus mecanismos de usura, sus devastadores organigramas de avaricia. Así surgen leyes que privilegian a la banca; que hacen pagar impuestos fuertes a los que menos ganan, mientras que a las corporaciones multimillonarias las protegen con exoneraciones, excepciones, beneficios.

También ocurren casos, en los que personas de la noble acción política, una vez en el ejercicio del mando representativo, terminan siendo instrumentos ejecutores de los intereses de los sombríos aquí descritos. En cuyo caso abandonan el accionar de la política propiamente dicha, en el sentido de actividad para construir consensos, procesar las diferencias, agenciar soluciones en procura del bien común, búsqueda permanente de equilibrios y de una gestión inclusiva, integradora; para en cambio transformarse en herramientas de la poderosa arquitectura del mal. Tema grueso este del ejercicio del poder propiamente, que se ha tocado en otros libros y que partiendo de aquí da para nuevos títulos; pero por escapar del objetivo central que me he trazado, no desarrollo con detenimiento en el presente texto. Valga la asignatura pendiente para otras iniciativas.

Identificados los protagonistas esenciales del sistema imperante, subrayo que el político, con sus excepciones y circunstancias, no es el victimario, sino en muchos casos parte de los afectados. Quien, por atesorar una vibrante vocación social, en unos casos vocación real, así como en otros, legítima vocación de poder, de representación popular, termina siendo centro de una andanada de ofensas, naufragando en un océano de descalificaciones que llegan a ser incluso delirantes, en medio de una sociedad de la era digital que olvidó la paciencia y contrajo la ansiedad como norma. Que paradójicamente, en muchos casos cree casi a ciegas cualquier cosa que llegue por las redes.

Pero recordemos que contra los políticos y por extensión contra el propio arte de la política hay una campaña cuasi religiosa de aniquilación. Hipnosis colectiva tan envolvente, que pretende arrasar con todo a su alrededor, hacer añicos hasta a las familias de los protagonistas, con tal de que el estado de cosas que sirve a los poderosos, los malos de la película, quede intacto, se mantenga y más bien se profundice. Ante tanto descontento, termina poniéndose en tela de juicio la democracia misma.

Con el guion promovido por los malvados (de acuerdo a la tesis aquí descrita), se están deshaciendo las bases esenciales de la democracia, corroyendo la vital participación política, alimentando en su lugar la antipolítica y con ello fomentando un neo autoritarismo disfrazado de ideología, en el que, como dicta el libreto cínico, se promueven los sentimientos más básicos del miedo y el odio. Uno consecuencia del otro; ambos destructivos.

Las autocracias ocupan su espacio y generan cierto atractivo en parte de un público torpedeado por señales incómodas; arrastrado hasta la desesperanza, sin luz en el túnel de esa cosa incómoda –la política– que lo convoca a participar, a involucrarse, a bregar en conjunto; mientras los autócratas de nuevo cuño prometen una cómoda salvación general. Sin tener que hacer nada más que no sea apoyarlo incondicionalmente a ella o él. No hay que hacer nada más, solo darle el poder total, el autócrata se encarga de lo demás. Autocracias que ahora hasta difunden "noticieros" realizados mediante las nuevas herramientas de la explosión tecnológica, con presentadores que parecen humanos reales cuando son avatares construidos mediante inteligencia artificial, que narran las maravillas de la gestión del autócrata de turno. La sociedad acude a la despolitización que es una forma de estupidización generalizada, sin darse cuenta que la desmovilización, el aturdimiento y la maniobra de esos poderes fácticos junto a ciertas franjas envilecidas promueven una trampa descomunal.

Radicales obsesivos-compulsivos (roc)

Al hacer la identificación de "los malos de la película" en el mundo actual, pudiera tenerse la errada impresión de una postura antiempresarial o contraria al sector privado de mi parte, cuando en realidad es todo lo contrario. Considero a los empresarios y emprendedores honestos de todo tipo como a unos héroes que, con su constancia, inventiva, férrea disciplina, creatividad e inspiración han logrado que la humanidad avance y conozca estadios de desarrollo que de otra manera no habría alcanzado. En buena medida los emprendedores ayudan a resolver problemas. Por lo general, con sus productos y servicios mejoran la vida de otros.

Mi respeto por el sector empresarial es claro. Los empresarios me generan admiración. El mundo de los particulares, sector privado y sus brillantes emprendimientos tienen en este libro un sitial de honra. Les aplaudo y les reconozco.

Me maravillan esos hacedores que tanto se esfuerzan; a pesar que al comenzar un proyecto tropiezan con cantidad de obstáculos, sin embargo no se amilanan, sino que los superan uno a uno con una entrega y perseverancia admirables.

Mujeres y hombres que orientan sus dones divinos a crear productos y servicios espectaculares, haciendo uso de lo mejor de sus capacidades, destacándose con creatividad e innovación; haciéndole con ello la vida mejor a otras personas. Obtienen dividendos por su encomiable tarea, pero al comienzo en la mayoría de los casos se privan de placeres, lujos, comodidades; más bien comienzan ahorrando con mucho sacrificio para reinvertir y hacer crecer su propuesta comercial, su empresa, o industria.

Eso lo admiro de corazón, genuinamente me asombro con el derroche de talento de esas personas; tanto como me distancio de la codicia insaciable.

Rechazo sin medias tintas la obsesión de ganancias infinitas que, en el desespero de la acumulación desmedida, oculta miedos e inseguridades. La avaricia obscena es una actitud ciertamente enfermiza que cosifica a todos y a todo por una ambición de lucro enceguecida, a veces perversa, y a ratos desesperada.

Aquella actitud que antepone como única prioridad el interés de lucro y ganancias, sin importar nada más, ni siquiera el proteger la casa de todos que es el planeta; porque actúan sin importarles el agredir el ambiente: contaminar ríos, acabar con bosques enteros, asfixiarnos en monóxido de carbono, alterar suelos, torturar y asesinar animales; en suma, aniquilar a mansalva la vida. Lista a la que se suma el explotar y maltratar a seres humanos, en una máquina insaciable que devora casi todo a su paso.

Debemos alejarnos de la trampa imbécil de los extremos, tan dados al pensamiento binario, enajenado. Valorar, apoyar y creer en la empresa privada no es permitir que el mundo corporativo devaste al orbe terrestre y esclavice a la población. Abogar por mayores equilibrios y equidad económica no es ser estatista, comunista, izquierdoso ramplón ni ninguna de esas etiquetas insensatas. Como tampoco celebrar la actividad política es apoyar la corrupción, el arribismo o el clientelismo.

Usualmente los radicales obsesivos compulsivos (roc) apelan al chantaje pueril en cualquier discusión. Tienen un dogmático y encajonado pensamiento binario. Ven el mundo en blanco y negro. Para ellos no existen matices, no existen los claro-oscuros.

Si son extremistas de valores conservadores, cualquier idea a favor de la pluralidad, la equidad y el medioambiente la acusan de comunista. Si son extremistas fanáticos de la visión estatizante, cualquier idea favorable a la empresa privada la despachan con el mote de neoliberal y otras sandeces. Son personas incapaces de percibir ese secreto que sostiene al planeta, al universo, y a nosotros dentro de él: el equilibrio.

Al respecto varias cosas. Primero, que los extremos se tocan y en ese sentido los *roc* de uno y otro bando desdeñan los argumentos por igual; porque su pensamiento dicotómico no parte ni se elabora en la dialéctica o contraste de las ideas, sino que se concentra en dogmas, y acomodan la interpretación del mundo a sus prejuicios.

Utilizan el miedo como herramienta de persuasión; intoxican a la sociedad y promueven el sectarismo como neocultura xenofóbica que se aleja de la razón y la sana emoción, para descender a las sombras de los adjetivos, de los ataques, de la irracionalidad. Con un patrón conductual sectario que no esconde la obtusa tendencia a la exclusión.

Segundo, que le sirven, en algunos casos sin proponérselo, al *status quo* ya que tanto extremismo termina generando una especie de inamovilidad que ralentiza el cambio social. Suelen ser pesimistas, derrotistas, exagerados, fantasiosos y en cierto modo frustrados; así como recitadores de "verdades" que no son tales. Hacen de la esfera pública un púlpito para sus actos de fe. Nada para ellos es gradual ni complejo, sino que tiene una lectura simple, lineal, esa que le explica el lente de su cosmovisión tan sesgada como unidimensional.

CAPÍTULO III

Los clásicos, ¿qué dicen?[19]

La política no es una opción para los ciudadanos
es una obligación;
entendida como una faceta de la vida
de la que no se puede prescindir.
Fernando Savater

La política en tanto oficio y arte de atender lo colectivo ha sido importante desde siempre. Apasiona percatarse cómo pensadores destacados de todos los tiempos en la historia de las civilizaciones, y en especial de la contemporaneidad, han asociado el quehacer político con lo más virtuoso; identificándole como la realización más elevada de ser humano. Es el brillo de la vida, que tiene su máxima realización en sociedad.

La política en tanto ciencia, es una rama que ha dado grandes pasos, aunque aún con retos por delante para consolidar escenarios no violentos y desplazar el obsesivo belicismo (Paige 2009). Su estudio académico se ha expandido a escala global, como también ha ampliado su objeto de estudio y profundizado su rigor analítico (Zamitiz 1999). A

---

19 Esta sección se ha conformado mediante la consulta a diversas fuentes, desde libros, artículos, archivos, y documentos varios, así como el recurso digital de canales especializados dentro de la plataforma YouTube, detallados en la sección de Referencias.

su vez, esta disciplina científica ha desarrollado metodología propia de alta tecnicidad; con modelos cualitativos de gran calado y agudeza, sin contar la aplicación y estudio de la retórica, también la hermenéutica. Del mismo modo en lo cuantitativo cosecha avances destacables con sofisticados modelos matemáticos de alcance y precisión extraordinarios (Pateman en Goodin y Klingemann, 1996).

No obstante, todos los razonamientos y el alcance intelectual, el oficio de la política tiene un componente humano consustancial que le es irremplazable. Porque es en el interactuar humano y la percepción colectiva donde estriba su esencia; el núcleo de su razón de ser. Es la actividad medular de la misma entidad humana que somos, y que se realiza en relación con los otros (Gutiérrez-Rubí 2021). Es una manera de estar y habitar el mundo. Es ese ser individual, pero en contacto empático entre y junto a los otros; ese verse en lo colectivo y ser (social) en tanto se comparte e intercambia con otros. Es esa magia de conexión de la unicidad de todo con todos (Obama 2020).

Dicho de otra manera, el ser humano es un ser gregario por naturaleza. Puede habitar los lugares más inhóspitos. Desde las llanuras y sabanas más extensas, los bosques cargados de humedad, los sofocantes desiertos, el frío extremo de los polos o las montañas; todas estas geografías son habitadas por humanos, pero con una condición: nunca solo. El humano se reconoce en tanto humano en el compartir con otros, entre otros, porque en ese intercambio vive su humanidad.

El hecho social es un hecho humano, y es en esa dimensión donde, como se ha recalcado, alcanza una de las realizaciones de su esencia. Lo humano es sociabilidad.

Porque en la experiencia social vive lo que más le humaniza (Chomsky 2013; Savater 1991 y 2000; Hegel [1770-1831] 1976; Aristóteles [384-322 AC] 1999). En todo momento vive y representa la bidimensionalidad de ser que afecta e influye en el mundo, al mismo tiempo que ese mundo (entorno) influye en él. Así se nos va tornando lo político en una magnitud inherente a la propia existencia de nuestra especie.

Por tanto, la categoría "política" es uno de los aspectos cardinales de la vida de la persona humana. Que los maestros del pensamiento occidental, esos con los que forjamos nuestra cosmovisión, den relieve a la política como una de las formas más acabas del virtuosismo, representa una señal formidable de que estamos ante una actividad que apunta a lo medular de lo que somos; y también de gran importancia, no quepa la menor duda, para el buen desempeño y futuro de la humanidad.

No es baladí ni un dato menor entonces que un campo tan significativo, tan determinante, se encuentre en el sótano del menosprecio porque la anomia, el desgano y el repudio a la política es a su vez el caldo de cultivo ideal para quienes quieren abusar del poder y fomentar, sin los desganados darse cuenta, el entronizamiento de las nefastas castas autocráticas. Esta reflexión en busca de la mejor forma de llevar la vida individual y colectiva, es el núcleo que ha propiciado la filosofía política desde siempre. Veamos a continuación lo que dicen algunos de los clásicos sobre el fundamental asunto.

Sócrates, la virtud de la práctica

El ilustre pensador de la filosofía clásica griega es un personaje enigmático como el que más. No dejó testimonio escrito, y lo que se conoce de él es a través de lo dicho por otros como Aristófanes, quien se mofó de su legado; o Hermógenes quien por el contrario resaltó su templanza de carácter y sus valores que mantuvo hasta en el juicio que le condenaría a muerte; también resalta las virtudes Jerofonte, con su clásica Apología a *Sócrates*. Mención aparte, merece ese pupilo socrático destacado que fue Platón; quien se maravilla por su contacto, al punto que exalta abiertamente las virtudes del maestro.

Así que *Sócrates* (470 a.C.) no escribió pero, según cuenta Platón en sus muy citados diálogos, el precursor se echó a andar por las calles de Atenas para hablar con las gentes y estimular la inquietud intelectual en los ciudadanos; vale decir, para promover la virtud en los otros. Del pionero del pensamiento occidental podemos decir como dijo Miguel de Unamuno de *Cristo Jesús*, en cuanto a que no dejó nada escrito, sino que toda su obra fue testimonio y palabra. Es bíblico: primero fue el verbo, luego vino lo demás. "Una palabra es la esencia de las cosas, de tal modo las palabras llevan la esencia humana de las cosas."

Sócrates se impuso la tarea de influenciar a los demás convocándoles y llevándolos a pensar en la ética, la estética, la *Polis*, mediante una mayéutica que conminaba a desaprender lo aprendido para repensar los distintos asuntos de la vida individual y colectiva, los grandes dilemas de la existencia, la razón de ser de la vida; generando contradicciones a través del recurso de la ironía hasta hacer despuntar reflexiones e ir produciendo nuevas ideas en sus interlocutores.

El método socrático, basado en preguntas y repreguntas que hilvanan ideas mediante nuevas miradas, distintos enfoques, al responder con una pregunta; una y otra vez, buscaba hacer reaccionar a sus participantes; poner en entredicho dogmas y desmontar especulaciones; así como extraer la verdad y la sabiduría de dentro de las personas donde, según su consideración, reside esa verdad; donde hay una sabiduría adormecida que se libera con el pensamiento dialéctico, con la reflexión necesaria; de allí que cuanto hay que hacer es promover el brote; o sea, el surgimiento de tal sabiduría en cada ser a través de la reflexión.

Para este pionero de lo que hoy conocemos como cultura occidental, una vida "sin examen", es decir, sin reflexión, sin pensar en torno a los grandes asuntos de la existencia humana, no vale la pena ser vivida. De allí que su praxis ontológica es una praxis política. Es la iniciativa de ir al encuentro con los otros y promover un replanteamiento de las ideas, inducir a una nueva manera de pensar, interpretar y asumir lo colectivo; es en sí mismo un reenfoque de las cosas. Él fue al encuentro de los otros; a promover la reflexión en todos; incluyendo en los jóvenes entre quienes forjó seguidores movidos por la admiración. Estamos entonces, ante un accionar altamente político, en tanto la profesa vocación socrática en favor de Atenas (la Polis) y la ciudadanía en su ensayo de democracia.

Además, *Sócrates* con el quehacer de su actividad reflexiva y metodológica fue testimonio vivo de solidaridad; no cobraba por sus clases, sino que desarrollaba su significativa actividad por el mero hecho de promover la virtud, el discernimiento y la consciencia en las gentes. Actuaba por el genuino gozo de incidir positivamente y generar un pensamiento crítico en los demás.

El testimonio socrático llama la atención por demostrar una actitud desenfadada en todo momento, consecuente hasta en la circunstancia de enfrentar, a los 70 años de edad, un juicio sin sentido[20] en el que fue acusado de irrespetar a los dioses oficiales y promover otros distintos a los establecidos en la sociedad de su tiempo; además, de soliviantar a la juventud con ideas calificadas por el establecimiento como subversivas, inadecuadas, impertinentes. Como todas las maniobras de esta naturaleza, el trasfondo no es más que miedo. Sí, miedo de las élites a que se pueda cambiar el estado de cosas reinante y se pongan en tela de juicio o peligro determinados privilegios.

Siglos antes de la era de *Cristo*, el insigne pensador griego mostró un coraje excepcional, ya que una vez conocida la decisión condenatoria que lo sentenciaba a la muerte mediante el envenenamiento con cicuta, lejos de arredrarse, mantuvo su posición. Permaneció sereno, asumió el desenlace como si

---

20 *Ánito, uno de los acusadores en el juicio aplicado a Sócrates, confesó en plena presentación que no debieron haber enjuiciado al maestro. Sin embargo, altisonante ante la galería, pidió para él la pena de muerte. Poco después de la ejecución, Ánito hubo de huir de Atenas ante el repudio popular.*

de un deber ciudadano se tratara, y prefirió la muerte antes que irse de la ciudad o claudicar en su posición.

La labor política socrática que tuvo una llamativa expresión en el replanteamiento de los grandes temas de la sociedad de entonces, destacó grandemente en el modelaje de su impactante actitud ante el mencionado desenlace fatal, en el que mantuvo sus banderas, posturas y su reconocimiento a la ciudad –el espacio de lo común– como trinchera que merece todo, incluso hasta ofrendar la vida.

La mayor ironía socrática es que aun cuando no dejó obra escrita, influenció como pocos en la tradición filosófica posterior, así como la arquitectura del pensamiento y la cultura occidental, marcando significativamente la vida de sus seguidores, alumnos y todas las generaciones occidentales hasta el presente. Tanto impactó Sócrates, que su reconocido alumno Platón lo hizo eje central de sus afamados escritos.

La impronta socrática, como abanderado de los asuntos de interés público, partió aguas, dibujó un antes y un después del pensar filosófico. Al punto que la reflexión producida previa a su presencia en la escena intelectual, se le conoce como presocrática.

Al admitir su influencia, debemos asumir que cerca de dos mil quinientos años después filósofos como Sartre y Nietzsche han reconocido al curioso pensador griego como promotor de unos postulados en torno a los cuales es menester manifestarse. También respetados activistas y de gran influencia a escala global, como Mahatma Gandhi y Martin Luther King, hablaron de la inspiradora motivación que para ellos significó el molde de este maestro pionero de la Filosofía.

Aunque no le llamase política, para *Sócrates* la actividad en torno a la Polis, a la ciudad, al aspecto colectivo y social de la vida, representa la esencia de una existencia humana virtuosa. Por tanto, vemos aquí a la actividad en tanto escenario de la esfera social, como sinónimo de virtuosismo. La forma más acabada de hacer filosofía.

Es de subrayar, que para el contexto de estos pensadores y activistas decir filosofía, era hablar de un campo que abarcaba todos los órdenes fundamentales de lo individual y lo grupal. Decir filosofía era decir y abordar lo político, ético, científico y hasta lo religioso. Era el acto superior de una existencia virtuosa porque estaba marcada por la reflexión. Con este actuar, los fundadores de la acción filosófica como búsqueda del bien común, estaban dibujando asimismo la esencia del quehacer político.

Platón, del gobernante lúcido al predominio de las leyes

El pupilo de Sócrates, *Platón* (427 a.C.), hace de lo político un elemento central de su prominente teoría de las ideas, en tanto el asunto público es el escenario de la verdad, distinto al mundo de las cosas que representa una realidad aparente y además temporal. El mundo donde se hace la política es el inteligible que es el real, es allí donde las ideas o arquetipos de belleza, bondad, y sobre todo del vivir bien lo colectivo que es lo que denomina la justicia, tienen su despliegue concreto.

El enfoque platónico va más allá del aspecto físico material de las cosas y el mundo, ubicándose en el plano de la metafísica. Este mundo inteligible, o de las ideas representa un nivel o dimensión superior al de las cosas; ya que éstas, son una apariencia mientras las ideas son la esencia, lo verdadero, lo real. En la amplia dimensión y ámbito de las ideas se abarca la amplia gama del quehacer humano, desde el conocimiento, hasta lo antropológico, psicológico, ético y lo político; esto último en tanto accionar y desempeño de lo colectivo.

Las ideas a su vez las clasificó en cuatro subgrupos: ideas de cosas, ideas matemáticas, ideas de valores y una por encima de todas estas que es especie de fundamento o esencia del mundo inteligible, la idea de bien. La política entonces, es el ejercicio humano a través del cual se podrán ejecutar en lo colectivo esas concepciones tan elevadas como la de justicia y del bien.

No es en vano que uno de los textos más resaltantes de la obra platónica se titule *La República*, cuya traducción nos lleva a la acepción de *República*, refiriéndose a todo aquello que tiene que ver con lo público, o nos remite al concepto en griego de *Politeia*, aduciendo a la forma más adecuada, pertinente y apropiada de organizar la sociedad, de vivir lo colectivo. En *La República* se presenta un Estado, más allá de cierto corte totalitario, con un diseño de orientación ética en cuanto el mismo está concebido en favor del bien común.

La política en el planteamiento platónico resalta porque en la existencia de los seres humanos la esfera más importante es la colectiva. La política es el espacio relacional por antonomasia, de allí que es manifestación expresa de lo trascendente. Lo sustantivo del existir humano se encuentra, en suma, en esa parte de la vida que la persona comparte con los demás.

En sus *diálogos* el autor concibe una etapa inicial o temprana en la que el planteamiento se centra en la necesidad de unos gobernantes (reyes) que idealmente deberían ser filósofos; con la intención que pertenecieran al mundo inteligible que líneas antes se describe, por lo que estando dedicados a éste, lo estarían de suyo al cultivo del conocimiento, del análisis, de la mirada reflexiva; es decir, a la liberación o *romper las cadenas* a través de la *dianoia* o conocimiento superior; y con ello, dedicados a la manifestación de la mayor virtud que es la idea de justicia y la generosa idea del bien. Visto así, el gobierno de un rey filósofo sería por descontado un gobierno justo. Plantea el gobierno de los sabios; tratándose de sujetos equipados con la prudencia y la capacidad de, gracias a la dialéctica, reconocer la jerarquía entre las ideas y alcanzar el saber verdadero del *episteme* o ciencia de cómo se conoce, con ello –supone Platón– estarán más capacitados para hacer el bien.

No obstante, el mismo *Platón*, en una etapa posterior, en los llamados *diálogos tardíos*, tal vez marcado por la decepción del proceder de algunos monarcas y los intríngulis laberínticos del poder, va a revisar tal abordaje y ya no verá a las ideas como estáticas y autosuficientes, sino que éstas se interconectan y vinculan unas con otras.

Ahí cobra peso la experiencia alcanzada al sufrir la ciudad los excesos de mandatarios despóticos y tiránicos que el propio *Platón* pudo conocer e incluso intentar influenciar hacia el bien sin lograrlo, situación que le hizo replantear lo que consideraba como apropiado para el mejor funcionamiento de la sociedad, por lo que luego entonces se orienta hacia un enfoque menos individualista y más institucional, y propone el instrumento de las leyes para mejor organizar lo colectivo.

En términos generales, para efectos de este trabajo, importa subrayar cómo para el enfoque platónico; uno de los más influyentes de lo que hoy conocemos como pensamiento occidental, la política es sinónimo de noble compromiso. Es apuntar a un alto grado de consciencia ciudadana. Política para el autor, como lo entendió el pionero Sócrates, es sinónimo de virtud. Así entonces, la sociabilidad natural de Platón, es escenario propio de la política.

En términos de Savater, "la filosofía nace con un propósito político desde sus inicios, y *Platón* es uno de los filósofos con más consciencia y más exigencia política. Él lo que quería no era simplemente una reflexión sobre el mundo, sino una reflexión sobre el mundo que hiciera mejor a la ciudad, la convivencia y (a) la organización de los seres humanos. A esa organización mejor, la llamaba justicia; (es decir) que cada cual esté en su sitio."[21]

Visión Aristotélica en Política

---

21 Fernando Savater, *La aventura del pensamiento. Canal de YouTube, disponible en https:// www.youtube.com/watch?v=zM9zD0p1JJM*

Para *Aristóteles* (384 a.C.) la persona es lo que esa persona conoce; es decir deduce, aprecia o alcanza deductivamente en un procesamiento cognitivo. Desarrollo de razonamiento éste que dará lugar a una especie de saber provechoso o *danoia*, por lo que la dedicación al pensamiento y al intelecto son una muestra de, se ratifica el término, destacable virtud. Lo es también el valor de la moral, en tanto búsqueda del bien más allá de sí mismo, lo que va a determinar un tipo de carácter en el individuo. Tales atributos, combinados en la acción práctica, dan lugar a un grado de bienestar superior que es similar a la felicidad o *eudemonia*.

El conocimiento al que hace referencia no es un mero ejercicio reflexivo, sino que es el resultado de la meditación sumada a la práctica, lo que da lugar a una "sabiduría práctica" o *frónesis*; especie de conocimiento intuitivo producto del cúmulo experiencial, propio del aprendizaje que se produce y macera a partir de la acción; así como al valor moral de hacer el bien, y sentir placer por ese proceder asertivo. Es clara la necesidad de la acción práctica del valor moral. En el súmmum del hombre en su dimensión social está ese roce con la población en sus distintos niveles, lo que proporciona un acervo, cosmovisión, cultura de lo popular; esa profundidad en la mirada que, conjuntamente con el estudio y la reflexión, equipan a la persona de una visión más allá de lo visible. Es esa *frónesis* aristotélica que concede una capacidad empática que de otra manera difícilmente se logra conocer.

Tal encuentro y compenetración es insustituible. Una dolorosa muestra de lo que ocurre ante su carencia se observó con el lamentable episodio protagonizado por un inversor inmobiliario poseedor de fama y fortuna, pero carente del roce político, comunitario o social; quien electo en una primera ocasión en la Presidencia de un país poderoso e industrializado, durante cuya gestión se peleó con numerosos actores, instituciones, personalidades, y luego perdiendo en el intento de re-elección, no supo digerir la derrota y montó un espectáculo que el mundo entero vio con asombro y perplejidad. Ante su casi centenar de demandas judiciales infructuosas y otras maniobras, reinó un cierto sentimiento de pena ajena. Aunque salir del mundo empresarial y esforzarse en la política tuvo un mérito digno de reconocer, su falta de conocimiento profundo de lo social y el imbricado mundo de las interrelaciones humanas, dejaron las sombras de su personalidad al descubierto.

En la múltiple gama de posibilidades que presenta el accionar humano, lo óptimo será siempre buscar el punto de equilibrio en todo, un balance que los maestros griegos destacaron de distintas formas. Volviendo a *Aristóteles*, la buena decisión será la guiada por el conocimiento que la persona fortifica gracias a la práctica, adquiriendo una especie de percepción fluida u "olfato" para escoger lo apropiado, lo pertinente. Es síntesis de un actuar que proviene de un enfoque íntimo, pero con una visión plural.

Aristóteles, figura cimera de la filosofía comparable en magnitud a la de su maestro *Platón*, observa que difícilmente los jóvenes puedan ser destacados científicos o sabios, porque la capacidad deliberativa se afina con la experiencia, y para ello se requiere de tiempo.

A su vez, el tratamiento aristotélico destaca que la *cudemonia* o *eudaimonia*, o ese satisfactorio buen vivir, no se alcanza en el aislamiento, sino que el ser humano se interrelaciona e interactúa. Aquí cobra un rigoroso realce el quehacer político; porque en la red que es tejida en el vivir con otros, se manifiesta con claridad la política como la actividad humana orientada al valor de lo colectivo con todas las consideraciones objetivas que vienen consigo.

Para el pensamiento de *Aristóteles* las interrelaciones del individuo con otros van a constituir la *filia*, esa malla de inter- conexiones generada por las relaciones entre seres humanos, bien sean de carácter utilitario, placentero, bondadoso o altruista. El ser humano será capaz de generar relaciones bondadosas, en la medida que a su vez esté en armonía consigo. Lo que puede hacer en el ámbito colectivo, es un reflejo de cómo está su mundo interior. Es una extensión de sí mismo. Visto así, el bien que se procura a favor de la otredad, es al mismo tiempo un beneficio para la persona que lo promueve.

La felicidad aristotélica estará vinculada con la acción, el activar, con la praxis humana, de acuerdo a la vocación del buen vivir y el virtuoso uso de la razón, en cuyo propio desempeño se contribuye al bienestar colectivo e individual. En *Aristóteles*, este saber práctico en el que se expresa la política y también la ética, debe estar enmarcado por la virtud de la prudencia. Esto es, un sujeto será bueno para el ejercicio del mando si es prudente.

También de la fuente aristotélica es la frase "animal político", en la descripción de una entidad viviente como el ser humano, que es de esencia eminentemente humana, en cuanto se relaciona con los demás, y a su vez se preocupa por lo colectivo. Para este abordaje, no preocuparse ni actuar por lo colectivo es un oprobio, sinónimo de bestialidad. De idiotez.

El humano es entonces un *animal político* y también racional. Que se hace fundamental y realmente humano en el espacio compartido del mundo de las relaciones con sus congéneres. Como vemos, este planteamiento pragmático en favor de los asuntos de interés público y el virtuosismo que se le adjudica, se encuentra dentro de los elementos básicos del razonamiento aristotélico y a todas luces muestra con claridad esa posición radical a favor de la política, como ejercicio de agenciar y gestionar lo público. Con *Sócrates, Platón* y *Aristóteles* identificamos cómo la acepción de lo político se encuentra en los propios cimientos de nuestra civilización.

Estamos hablando de unos juglares de la cosmovisión que dio lugar a nuestra cultura, a una manera específica de asumir la existencia y explicarse el mundo. A *Aristóteles*, cofundador de la tradición filosófica occidental, se le adjudica además el carácter de pionero del conocimiento científico, en tanto conocimiento surgido a partir de la observación, la experimentación a través de los sentidos, la comparación y la contrastación, siendo que le interesaron todas las manifestaciones del plano físico como incluso el que va más allá de la física; o sea, la metafísica.

Para estos autores, como el caso de *Aristóteles*, de tanta repercusión en la historia de las ideas, el desempeño en el ámbito del interés general, esto que llamamos política, no es algo de lo que alguien pueda avergonzarse, sino por el contrario es un sinónimo de lo valeroso; de acción humana que procura la felicidad y dignidad de los ciudadanos. Es la manifestación práctica, decidida, de la ética; que concilia virtuosismo con labor pública. "La Política es la ciencia del bien más deseable y de los medios para obtenerlo. Ese bien más deseable es la vida noble y feliz."[22] Por supuesto que hay buenos y malos gobernantes, los maestros griegos no dudan en apuntarlo, reflexionarlo y manifestarlo, pero en todo momento aducen que involucrarse y bien participar en el destino de la *polis*, es un acto benevolente y supremo, propio de espíritus elevados.

De Francis Bacon a Weber: en procura de la esencia del Ser

El inglés Francis Bacon se movió con intensidad entre el pensamiento, la producción intelectual y el compromiso político ocupando en ese campo destacadas responsabilidades en las que hubo de untarse de ese fragor propio del epicentro del poder, en una sociedad como la inglesa de la segunda parte del siglo XVI y el XVII; apostando a la idoneidad entre las distintas esferas de lo cotidiano, abarcando la extraordinaria producción científica, filosófica e intelectual, compatibilizando éstas con altas tareas en los asuntos públicos.

---

22 *Ibidem*

Supera la idea de la ciencia como mero escenario de regodeo de saber, y la asume como mecanismo transformador, lo que hace más llamativa su esmerada participación en la dimensión de lo público, llegando a ser Canciller de Inglaterra, aunque con un final controvertido, propio del trapiche demoledor de intereses cruzados que la actividad implica.

Pionero en la experimentación como instrumento predilecto del método científico, *Francis Bacon* supo combinar su valorización de la política a la que dedicó energía y pasión; junto al aporte intelectual de gran calado impulsando el empirismo científico y filosófico, con lo que dio lugar a una nueva época en la reflexión humana occidental. Lo que a efectos del presente libro más se quiere destacar de *Bacon* es su convicción en favor de la ciencia, la técnica, y la producción intelectual al más acabado nivel, a la par de un involucramiento pleno con la acción política.

Thomas Hobbes por su parte, abandera la política calibrando la importancia del Estado como regulador y promotor de una convivencia que sería imposible sin tal institucionalidad, convencido de que "el hombre es un lobo para el hombre", ya que según el autor el humano es por naturaleza egoísta y vanidoso.

Es una lectura de la realidad impregnada por las masacres que presenció en medio de las guerras de su siglo XVII, entre cuyos horrores destaca la guerra civil inglesa. De allí que para *Hobbes* es necesaria la política y la institucionalidad del Estado para impedir la barbarie que en la condición originaria le es consustancial al humano, imposibilitado de una convivencia armoniosa a menos que se conciba el necesario pacto social.

En *Leviatán*, el ser humano *hobbesiano* es una máquina de búsquedas egoístas que requieren de un orden, una dirección, un gobierno que posibilite la concordia. Así para Hobbes la política es una imperiosa necesidad, en tanto formación de Estado y de gobierno, para ponerle coto a esa humana tendencia autodestructiva. O se promueve la autoridad mediante la política, o no hay convivencia posible.

En *Hobbes* se abandona la idea de gobiernos revestidos de poder por designio divino, y evoluciona hacia la formación de gobiernos cuyo origen es la soberanía y representación del pueblo. La génesis del mando ya no estará entonces en el cielo, sino abajo, en la tierra.

En otra experiencia, el francés *René Descartes* con su paradigmático *Discurso del Método* (1637), razonó sobre la necesidad de respaldar todo en las evidencias; pero comenzando por dudar de todo cuanto se afirma y desde la duda construir certezas mediante la aplicación de una serie de pasos y procedimientos capaces de conducirnos a lo más cercano a la verdad.

El planteamiento cartesiano se puede considerar a contracorriente de la hipótesis defendida en el presente escrito, en especial porque promueve la idea de una existencia que busca dentro de la propia persona, en sus pensamientos, en su razonamiento constante, metódico, la identificación profunda de la realidad. Aspectos biográficos reportan un *Descartes* que en algunos períodos se aislaba en función de esa búsqueda meditativa, para la aplicación de su método reflexivo. Por lo que el *Discurso del Método* podría suponer un antagonismo con la tesis de estas páginas.

Cierto es, el enfoque cartesiano se diferencia al que despliego aquí. *Descartes* fascinado por la precisión que encontraba en las matemáticas, buscó darle a la filosofía una parametrización que le permitiera asentarse como ciencia, más aun llamándose la madre de todas las ciencias, a fin de buscar un razonamiento en la labor filosófica que fuera comprobable, verificable, contrastable. Sin embargo, en el planteamiento cartesiano se da relieve a la práctica como elemento principal de comprobación, y ahí se observa, sin pretender ser acomodaticio ni exagerado, algo que coincide con la reivindicación de la política como ejercicio humano sustantivo que estas páginas privilegian.

Porque la política es reflexión aguda como la que más, pero al mismo tiempo es práctica incesante. Es pensamiento y es acción. Es asunción meditativa, pero es frenético ejercicio práctico como pocos. Es (o por lo menos ha de ser) metódica apreciación reflexiva, y contrastación práctica perenne que a su vez lleva a ajustes de dos vías: en lo que se analiza y en lo que se hace. En lo que se supone y en lo que se ejecuta. Entre lo proyectado y los hechos. Pocas dimensiones de lo humano se baten en la cotidianidad con la dialéctica tensión entre el analizar, planificar y el hacer; pocos ejercicios fusionan con semejante pasión el mundo de las ideas y de la práctica. De la suposición luego modificada o ajustada por el discernimiento que ofrece la experiencia en el terreno.

En otro autor de renombre considerado como racionalista radical, hay un determinismo complejo que, aunque tal, da una opción más allá a la especie humana: así pues, el hombre se puede liberar de lo preestablecido mediante el conocimiento. Es el supuesto del holandés Baruch Spinoza, para quien la esencia está en la naturaleza en tanto no necesita de nada más para existir, y esa esencia es propiamente Dios.

En *Spinoza* al hombre lo mueve la voluntad, y ésta a su vez es reflejo de una motivación. Impulsado por su propio interés y provecho el ser humano se puede liberar mediante el conocimiento; la facultad de raciocinio en torno incluso a sus propias limitaciones. Con *Spinoza*, un habitante de nuestro tiempo será libre si se dedica a cultivar el pensamiento, la reflexión, la sabiduría, si no lo hace no será más que un componente de la masa.

Por otra parte, *John Locke* desde su enfoque en pleno siglo XVII, también le concedió especial peso a la política, avanzando en la idea del acuerdo necesario en el seno de la sociedad y advirtiendo sobre el carácter imprescindible de la representación popular en la cúspide del gobierno, así como la profiláctica separación de poderes en la conformación y ejercicio del mando. Contrario a *Hobbes, Locke* parte de la bondad humana, admitiendo que se cometen errores debido a las debilidades inherentes de lo humano; entidad que a su vez tiene derechos inmanentes como son la vida, la libertad y la propiedad, para cuya protección la presencia del Estado, institucionalidad fruto de la política, cobra un papel esencial. Una sociedad política con normas, leyes, contrapesos, es una protección sinigual para el hombre (y mujer), reflejando lo imprescindible de lo político para el ser social.

Encontramos así en *Hobbes* y en *Locke* a la política como elemento imprescindible para la sobrevivencia de nuestra especie; por lo menos para poder tener una vida con arreglo a la consciencia y a valores. Una vida razonable de convivencia. Lo contrario es caer en el abismo de la barbarie.

Seguimos la mirada exploratoria, mediante valoración de la política de cada quien, de destacadas figuras del pensamiento y el compromiso reflexivo. Así resalta el francés Fracois-Marie Arouet, *Voltaire*, quien protagonizó una vida intensa, prolongada, provocadora y fructífera: superó los 83 años de vida nada menos que en pleno siglo XVIII. Fue figura descollante de la ilustración; así como especial apasionado defensor de la libertad, la justicia y la tolerancia (aunque embistiera con fiereza contra los que consideraba intolerantes de cualquier signo). También fue un crítico mordaz, lo que le valió exilio y encarcelamiento en varias ocasiones. En resumen, no fue indiferente a lo que pasaba en su tiempo. Se involucró, comprometió, opinó, confrontó, aportó; ayudó a los demás. Se hizo sentir. Hizo política.

Militante de la irreverencia, supo meterse en el espacio de lo público con asiduidad y asumió la ciudadanía del involucramiento con su examen y participación en entornos de toma de decisiones. Intelectual prodigioso, enciclopedista ilustre, no escatimó oportunidades de expresarse en torno al destino de la sociedad de su tiempo, a pesar de que eso acarrease consecuencias incómodas. Para *Voltaire* lo público es consustancial con su vida. Es esencia y sentido de su vitalidad. Es práctica y testimonio. Espíritu crítico indomable, además de genio individual. Con incidencia directa en lo que luego germinó en episodio de la historia de la humanidad: la Revolución Francesa; cuya categoría y valor de igualdad lleva la impronta voltaireana.

Por otro lado, y también claramente comprometido con la política, el escocés *Adam Smith* partió aguas con su análisis sobre cómo se crea *La riqueza de las naciones*, siendo que lo económico tiene un punto de partida moral, donde las in- terrelaciones de las personas y su enlace o encadenamiento en la producción ofrece una resultante en la economía. Para *Smith* la dinámica comercial es expresión de una armonía funcional de la sociedad. La suya es una vocación genuina por lo social. El egoísmo natural del hombre del que se hizo eco *Hobbes*, observa *Smith*, puede ser encausado en un deseo de superación, de mejora material y buenos negocios, por lo que a ese ángulo individual lejos de temerle, por el contrario se vislumbra como poderoso motor de la economía.

En *La teoría de los sentimientos morales*, *Adam Smith* le da un peso determinante a la experiencia, esto es, a la vivencia del ser humano con otros seres humanos. Por lo que en la médula de su planteamiento moral se encuentra la sociabilidad de la existencia humana.

La experiencia moral tiene su esencia en el valor afectivo de la simpatía. Esa identificación natural y espontánea que experimentamos los seres humanos frente a las vivencias y situaciones de otros: satisfacción ante los logros, y aflicción por los pesares. Aunque ésta va precedida por procesos cognitivos de juicios de valor, a su vez construidos por elementos como información previa, vivencias, cercanía. Destaca en la acción empática smithoniana un lazo que en forma fundamental se da en el contacto humano, porque la referida simpatía ocurre menos por lo que representa o siente la persona, y más por la persona propiamente dicha.

Otro autor relevante, el prusiano *Immanuel Kant*, dedicó especial examen y análisis al asunto político, partiendo de un central logicismo, logra un punto intermedio entre el racionalismo cartesiano y el empirismo emblematizado por Locke. En su planteamiento esencial en este aspecto, el accionar de la política propende en favor de la libertad. A través del *imperativo categórico*, acción con fin en sí misma, destaca el principio de dignidad esencial para todo ser humano. Este quehacer de lo público debe dar lugar a la constitución de Estados como columna de la República, garantes de la libertad de sus gobernados, y partícipes en la escena internacional.

El espacio de lo común es centro de las preocupaciones kantianas, por lo que su trabajo se ocupa, entre otras cosas, de examinar a profundidad las mejores condiciones para la vida en sociedad, porque ésta se encuentra en permanente amenaza por las potenciales hostilidades entre las personas. Identifica a la libertad como el único derecho natural, del que se desprenden luego los derechos civiles, de igualdad y autonomía. Plantea instancias jurídicas formales vinculantes para reconocer, agenciar y defender estos derechos.

Con determinación ejerció y actuó en lo público con su obra intelectual. Con su texto *Filosofía social y política*, también con *Ideas para una historia universal en clave cosmopolita*. En toda su obra combate el oscurantismo; apuesta a la ilustración, así como por una arquitectura política soportada en institucionalidad jurídica tanto a lo interno de las naciones, como en la escena internacional, con una interdependencia a escala global.

La observación kantiana plantea un razonar en materia política, conjunción de la razón pura y la razón práctica, que promueve *"la elección del punto de vista adecuado, para contemplar la marcha de las cosas humanas"* (Kant 1784).

Actor formidable en el accionar político, donde perfila una política institucional, mediante reglas del derecho, arquitectura contractual, que da lugar al Estado Civil, necesario para el pleno ejercicio del valor fundamental del Estado natural: la libertad.

Por su lado, uno de los padres de la sociología moderna, el francés *Emile Durkheim*, es especialmente enfático en los hechos sociales como determinantes de la vida humana, que se socializa en el transcurso de su existir. En *Durkheim* el hecho político se relaciona estrechamente con la concepción de leyes, cuyo despliegue y obligatorio acatamiento, so pena de la correspondiente sanción, posibilita el equilibrio y la convivencia colectiva. Revela la existencia de una solidaridad orgánica, apreciando las diferencias entre los individuos que componen la comunidad, quienes mediante la búsqueda de sus logros propios y en acción con otros, operan beneficiándose mutuamente.

Enuncia de este modo la teoría de cómo los individuos y los conglomerados humanos cumplen determinada función en la sociedad, dando lugar a una complementariedad e interdependencia virtuosas (funcionalismo). Si los individuos, por el contrario, no asumen y cumplen su rol en el espacio de lo público sea por quebrantamiento de la norma, ausencia o inutilidad de ésta; esa sociedad se desliza hacia el caos. Entra en un estado de desintegración, atrofiamiento, de desmoralización; lo que *Durkheim* define como *anomia*.

Max Weber por su parte, le entra al asunto de la política de forma directa y excepcional. Puntualizando a la política como "la dirección o la influencia sobre la conducción de una organización política como es el Estado".

Habló de la misma como una profesión con el calibre que tal consideración implica. De acuerdo al autor, entre los que se dedican al oficio hay dos actitudes: la de quien vive *de* la política y la de quien vive *para* la política. Quienes viven de la política, se involucran en su dinámica con la intención de configurar su fuente de ingresos. Por el contrario, están aquellos para quienes la política comporta un nivel de heroicidad y entrega especiales; haciéndola su principal motivación existencial.

La reflexión weberiana sobre el oficio de la política es prodigiosa. En especial en la célebre charla ofrecida en enero de

1919 ante la invitación hecha por un conjunto de estudiantes de Múnich. En la pieza oratoria (luego complementada y publicada como libro) *Weber* radiografía una serie de dones que ha de tener el cultor de esta disciplina. Entre ellos el de la mesura, con una capacidad de autocontrol para sobrellevar situaciones extremas sin que estos elementos externos hagan alterar su carácter.

En el político de profesión, afirma, debe existir la *"capacidad para dejar que la realidad actúe sobre uno, sin perder el recogimiento y la tranquilidad, es decir, para guardar la distancia con los hombres y de las cosas"*,[23] teniendo que agenciar y desenvolverse en medio de la "irracionalidad moral del mundo". El político, siguiendo el enfoque weberiano, también debe sentir y transmitir pasión por el proyecto o conjunto de ideas que promueve y, además, debe tener "responsabilidad por las consecuencias de sus acciones". Del mismo modo el político debe tener la capacidad de lidiar con la paradoja existente entre intención y resultados, que no son lineales. Frente a tal disyuntiva, *"lo único que puede darle consistencia interna a la acción política es su sentido de servicio a una causa"* (Weber 1919 en Abellán 2007).

Algunas referencias dan cuenta de haberse inscrito en el partido demócrata alemán (*Deutsche Demokratische Partei*) e incluso postularse para elecciones constituyentes de 1919. En todo momento se involucró con pasión y consciencia en el debate de una época como la que le tocó vivir: asediada por la primera guerra mundial y parte del período entre guerras, así como otras dramáticas situaciones que tuvieron epicentro en Europa, y especialmente en su Alemania natal. También inquietaba a sus connacionales entonces la amenazante posibilidad de expansión rusa; primero por el zarismo y luego por la revolución bolchevique. Ahora, en pleno siglo

---

23 *Apoyado en esta reflexión de Weber, el periodista chileno Daniel Matamala, realizó un interesante análisis de la actividad política como profesión, publicando en septiembre 2022, un agudo artículo ensayístico que tituló Amateur, como referencia crítica a la dirección de su país.*

XXI, la asechanza e invasión a Ucrania, da razón a aquellos temores europeos.

Consecuente, activo, *Weber* participó en la creación de una "fundación para una política de justicia", que por cierto se fundó en su casa, y fue miembro de la delegación alemana en las negociaciones de Versalles, para poner fin a la primera guerra mundial. De modo que su reflexión y aporte, estuvo condicionado por este contexto de alta tensión y partícipe incansable claramente involucrado en los asuntos de su tiempo.

Crítica a Weber

Varias aproximaciones del autor alemán, haciendo la salvedad del contexto histórico y geográfico de la era que le tocó vivir, me resultan discutibles; aun así, aplaudo que haya considerado a la política, como en efecto lo es, una actividad central del quehacer humano.

Del mismo modo es muy útil su observancia sobre el surgimiento de un funcionariado público al servicio del Estado, que ya no es dueño (como en la época medieval) de los medios de funcionamiento y dirección del asunto colectivo.

Líneas antes asomé reservas sobre específicas afirmaciones weberianas; ya que me resultan inapropiadas. Voy con algunas observaciones. Hacer del Estado una categoría que es sinónimo de "monopolio de la violencia" es un error. El tema de la violencia asimilada y consustancial con el Estado es una constante trabajada por otros con naturalidad, como elemento exclusivo, junto al miedo, de combate a la anarquía; lo que me parece conceptualmente desproporcionado.

Admito que este aspecto causa furor en ciertos grupos que aplauden entusiastas lo que consideran una dosis de realismo. Mas me distancio de esa posición porque esa infraestructura que es el Estado tiene una función multidimensional y harto significativa, que constreñirla al tema de la violencia, es un reduccionismo que no comparto.

Eso de atribuirle al Estado "el uso [y también monopolio] legítimo de la fuerza", encierra una desproporción porque supone a la política casi exclusivamente como un campo de batalla y espacio de tensiones naturales en función del control de esa instancia que ejerce control de la fuerza.

Los políticos, vistos así, son apenas gestores de una pugna permanente y en cierto modo infecunda cuyo propósito fundamental es el manejo y direccionamiento de la sociedad en representación de determinados intereses, personales o grupales, a través del uso de la "fuerza legítima". Como queda plasmado, tengo serias diferencias con este criterio. En primer lugar, el uso de la "fuerza legitimada" es punto de partida para el abuso y la violación de derechos humanos. En ocasiones se usa indiscriminadamente cuando quien o quienes están al frente del aparato estatal se atemorizan o se sienten amenazados por cualquier razón, o quieren imponer un rumbo a la sociedad producto de su dictamen personal. Es un absurdo, que en ocasiones lamentablemente frecuentes, esta situación desemboca en abusos indescriptibles.

Además de lo dicho, este punto de la violencia y su uso lo consigo arcaico, por lo que discrepo de ciertos pasajes de la mirada weberiana, que más allá de explicarla por el contexto de su época, recién saliendo del agitado siglo XIX, me resultan inadecuados y necesarios de contrastar. Veamos:

> *Al igual que las instituciones políticas que lo precedieron históricamente, el Estado es una relación de hombres que dominan a otros hombres, una relación apoyada por medio de la violencia legítima. Para que el Estado exista, los dominados deben obedecer la autoridad que reclama el poder.*[24]

---

24 *Weber charla ofrecida en 1919. Publicación de 1958, en Essays in Sociology.*

Dos consideraciones frente a semejante afirmación. En primer lugar, el Estado no es apenas una relación de personas que dominan a otras; como tampoco todo el que participa en política, en el espacio de lo común, es porque aspira al poder. Eso en nuestro tiempo no es verdad. Por el contrario, tanto el Estado como aparato institucional; así como muchos participantes de la escena colectiva (políticos) tienen un fin de servicio en la mayoría de las ocasiones marcada por la solidaridad, benevolencia y la bonhomía. Una encomiable vocación de servicio que hace más humana a la humanidad.

En segundo lugar, la política y los abnegados que dedican su vida a ella son mucho más que unos pugnaces sujetos que se encuentran en una batalla de intereses, "en las corrientes cruzadas de la lucha por el poder". Hay en mi acepción, un componente de labor social, de solidaridad y empatía por los demás, que le es inherente a la acción política, y que nada tiene que ver con este criterio weberiano de "relación de hombres que dominan a otros hombres".

Esto puede que coincida con la lectura marxista de lucha de clases, como escuché argumentar al ex vicepresidente del gobierno español y fundador de la formación *Unidas Podemos*, Pablo Iglesias, quien en uno de sus programas transmitidos en línea,[25] aseguró que política no son sonrisas, ni coqueteos, sino que es una brega fuerte, una confrontación, una lucha de clases propiamente dicha. Disiento de tal conceptualización restrictiva, porque la misma se limita a la lucha del poder; a la consabida pugna de intereses. Que sí las hay y son muy evidentes, pero política es algo mucho más allá de eso; es el desempeño vocacional, aunque en aguas tormentosas. Es, como he dicho en el transcurso del texto, una entrega, una valoración del espacio de lo común, una preocupación genuina por el otro y por el destino de la sociedad.

---

25 *Podcast de análisis sociopolítico La Base, incluido en la plataforma de información y análisis Publico.es, dirigido por el politólogo Pablo Iglesias, colgado en línea en octubre de 2022.*

Sobre la concepción del Estado, que es una infraestructura que se da una sociedad a sí misma en procura del bien común, y esto no es un arrebato de romanticismo de mi parte, sino antes bien es el pragmatismo de la orientación específica que, a mi juicio, es necesaria para que ejerza de antídoto contra sujetos o grupos que se convencen de su "derecho" a apropiarse del Estado para hacer con él y desde su aparato, todo cuando les venga en gana. Por eso aquí también hay distinciones; ya que la visión más acabada del aparataje estatal se diferencia con claridad de la del Estado como entidad opresora, multiforme, y reina del abuso. Hablaré más adelante sobre el papel del Estado como *facilitador* e incluso *emprendedor, armonizador*, ubicado en las antípodas del enfoque de ente monopolizador, porque así visto el Estado, da pie a una errónea interpretación de su papel esencial.

Retomando la línea weberiana, el debate es abierto, porque las diferencias son palpables. El politólogo *Glenn Paige*, promotor de la noción de una ciencia política de no matar, por ejemplo, marca distinción gruesa con Weber, porque considera que el alemán asocia a la política como una vocación que ha de aceptar la inevitabilidad de matar. Y eso para el catedrático es sencillamente antihistórico.

Advierte Paige, que tal argumentación es un error garrafal que ha llevado, junto con otras sentencias y otros autores, a hacer de las ciencias políticas una rama académica que acepta la violencia con cierta naturalidad en una lógica de incesante fricción por el poder, que dista con la realidad que él observa en el devenir de la historia de la humanidad, lo contemporáneo y diametralmente opuesto al sentido que Paige asume para esta disciplina científica.

Sin embargo y a pesar de las críticas aquí referidas, a la hora de reflexionar formalmente sobre política el enfoque weberiano es imposible de omitir porque tiene consideraciones de gran relieve, dándole peso a un oficio a todas luces esencial para la vida en sociedad: "La política es un fuerte y lento aburrimiento de tablas duras. Se necesita tanto pasión como perspectiva. Ciertamente, toda la experiencia histórica confirma la verdad de que el hombre no habría alcanzado lo posible a menos que una y otra vez hubiera buscado lo imposible" (Weber 1958 [1919]).

También hay que decir que el autor alemán reconoce que el sujeto político debe ser poseedor de "firmeza de corazón" a fin de encarar escenarios más allá de toda esperanza. Estamos entonces ante una persona, la o el político, que es capaz de ver más allá de lo visible. De desafiar las situaciones más intimidantes y asumir las posiciones más temerarias en búsqueda de un ideal. Arriesgado, decidido, y a su vez empático como el que más.

> *Sólo tiene vocación para la política quien está seguro de que no se desmoronará cuando el mundo, desde su punto de vista, sea demasiado estúpido o demasiado vil para lo que él quiere ofrecer. Sólo quien sea capaz de soportar todo esto, es de quien se puede decir ¡A pesar de todo! tiene la vocación de la política.*[26]

Como al comienzo subrayé, en *Weber* es rescatable esa distinción al referirse a la persona que vive para la política, que hace de ésta "su vida, su sentido interno… alimenta su equilibrio interior y su autoestima con la conciencia de que su vida tiene sentido al servicio de la política."[27]

En ese curso de análisis, el autor germánico muestra preocupación por el aspecto económico, lo que le da pie a distinguir en el mundo político, como se señaló párrafos antes, entre quienes viven de esta actividad y quienes viven para actuar e incidir en ella; en el entendido que el primero concentra su fuente de ingresos provenientes de la política mientras el segundo tiene otras y no depende de la acción política para

---

26 *Weber, Ob. Cit.*

27 *Ibidem*

mantenerse y proveer a su familia. Así lo expresa Weber:

> *El que se esfuerza por hacer de la política una fuente permanente de ingresos vive 'de' la política como vocación, mientras que el que no lo hace vive 'para' la política. Bajo el dominio del orden de la propiedad privada, deben darse algunas condiciones previas muy triviales para que una persona pueda vivir 'para' la política en este sentido económico. En condiciones normales, el político debe ser económicamente independiente de los ingresos que la política le pueda reportar.*[28]

En el transcurso de este texto expongo mi posición sobre el tema económico con claridad: los ciudadanos deben tener sus actividades, oficios, trabajos, ocupaciones, emprendimientos empresariales; ejercicios profesionales varios o cualquier labor legal remunerada, con el que percibe ingresos para cubrir necesidades materiales; y en el tiempo extra dedicarle al espacio de lo común.

Como se ve aquí, permítase el paréntesis, me parece manipulación de baja ralea pretender que un dirigente político no pueda ser empresario o viceversa. Lo único que el buen proceder ha de dictar, es que no utilice la función pública para beneficiar su empresa o emprendimientos particulares, ni perseguir u obstaculizar a competidores comerciales. Para el funcionario lo público debe estar separado de sus intereses privados. Se trata de un simple ejercicio de sentido común, como bien expresa el adagio "no se puede ser juez y parte al mismo tiempo".

Junto a lo anterior creo, sin miramientos, que las responsabilidades públicas han de ser bien remuneradas, porque el individuo debe tener cubierta la manutención propia y la de su cuadro familiar inmediato, para dedicarse por entero a dar lo mejor de sí en esta invaluable labor de lo público. Asimismo, toda nación debe procurar alcanzar un

---

28 *Ibidem*

sistema de protección, pensiones y jubilaciones adecuado de forma que cuando disminuyan las aptitudes y destrezas físicas, la persona pueda consagrar una vida digna, con sus requerimientos mínimos debidamente atendidos; y que este sistema integral sirva también como profilaxis frente a la calamidad de la corrupción, que en ocasiones es inseguridad ante la vulnerabilidad o precariedad del retiro a la hora de la jubilación.

De Strauss a Jean Paul Sartre: esencia y propósito del SER

Una vez abordados estos paréntesis, ahora seguimos con los autores. Volviendo a la revisión de varios de los personajes destacados y su atención al crucial asunto de la política, otro clásico a considerar es el estadounidense de origen germano, *Leo Strauss*, quien desplegó su genio durante buena parte del siglo XX, subrayó el calibre de la filosofía política, en el marco de toda acción filosófica, en la que la formación en valores, ideales y carácter tiene un lugar prominente.

Su tratamiento de la formación (filosófica, analítica) va más allá de la "instrucción y adiestramientos", de manera que no se deja asfixiar por el historicismo a secas o el positivismo científico que tiende a rechazar todo aquello que no pasa por su tamiz. En ese sentido, es un autor contracorriente en su época.

Desmonta "un tipo de ciencia social científica" tendente a cierto juicio apriorístico, por lo que va un paso más allá del enfoque weberiano; siendo, por el contrario, partidario de la reflexión amplia y profunda que más bien se sirve de la mirada multidisciplinar, propia de la filosofía política que tanto esgrime, valora y promueve, para comprender y aportar. Los analistas no pudieron encasillarlo, por lo que infructuosamente se devanaban en asimilarlo como liberal,- conservador, trotskista, sionista u otros carriles. Hay quienes lo perfilan en uno u otro sentido impulsado por la constante dialéctica propia de su obra. Su preocupación consecuente por el ser humano en sociedad y la mejor forma del *vivir colectivo*, hizo que su exploración e influencia se paseara por distintos ámbitos.

Strauss le confiere tal peso a la política que la considera hilo conductor de la filosofía y de todo el constructo filosófico; al punto que valora a la filosofía política como la matriz de toda la filosofía. Es decir, para él la política es en sí la "filosofía primera". Ese evento cognitivo de preguntarse el por qué se está en el mundo; cuál es el sentido de la vida; qué es la vida buena, qué la vida justa; cuál es la mejor forma de vivir y convivir entre todos los seres humanos; qué sucede con la conflictividad humana y con ello, ¿cuál es la mejor forma de gobierno? Son interrogantes que en el autor germano estadounidense constituyen un hecho sustantivo tanto filosófico como político.

Para otro autor alemán y contemporáneo del siglo XX, *Martin Heidegger*, por su parte, se presenta la necesidad de darle la connotación verdadera al Ser, y esto pasa por superar el enfoque que se queda en el ente, por cuanto el Ser no es simplemente naturaleza, sino que es una totalidad fundamental, consustancial. El Ser no es los entes que pretenden darle forma o expresarlo.

En *Heidegger* la especie humana, en tanto conciencia de muerte, se enfrenta con el retador hecho de saberse transitorio, con toda la incertidumbre y ansiedad que eso pueda suponer, tanto más si el Ser es solo lo dado en la existencia misma o existencia material de la persona. Por consiguiente, la muerte es para el humano la conciencia del fin o el imposible del Ser. Es la posibilidad, según el autor germano, del imposible.

Ofrece el concepto del *Dasein*, planteado en el célebre texto *Ser y Tiempo* (1927), a objeto de apuntalar la manifestación del Ser, porque el *Dasein* es la presencia o vida material, pero, en camino a la conciencia de su Ser. Conciencia de lo que implica, de lo que es. Entendido así, el humano es un ente que se distingue de las demás entidades existentes, porque es capaz de preguntar por el Ser, de pensar su propia existencia. Con esto, habla de superar el planteamiento metafísico, que según argumenta, ha sido escenario de grandes errores o confusiones en el devenir filosófico.

Desde el postulado de *Heidegger*, asumo que ese *Dasein* como discernimiento sobre la existencia real del Ser y su rango o papel en el mundo, cobra un matiz de especificidad insustituible cuando la persona se piensa a sí misma, pero en función de los otros, en relación con los otros, en perspectiva del ser colectivo. Es otro modo de habitar el mundo; es una manifestación, permítaseme el atrevimiento, trascendental y sustantiva del Ser.

Ni ontológico ni teológico, el pensamiento heideggeriano apunta a superar el enfoque metafísico que, considera, se regodea en los entes, y olvida profundizar en lo que realmente ha de hacerse, en el Ser.

Si el Ser, lo verdadero, lo real que va más allá de un mero ente, se manifiesta en el hombre plantado en la existencia porque medita para comprender su propio Ser, un valor muy especial tiene para tamaña reflexión ese ente humano pensándose en su esencia gregaria; es decir, en la escena consustancial con su propia existencia como especie, porque es un Ser fundamentalmente social.

Venir de la nada y avanzar inexorablemente hacia ella al final de su vida física, implica para el humado existente en tanto *Dasein*, un entendimiento que aturde, que le deja perplejo, pero que a mi modo de ver cobra un redimensionamiento único cuando enfoca esa meditación del Ser en una vida que es vida realmente o más profundamente humana, cuando se asume a la luz del encuentro con otros, en la acción política, pues.

En consecuencia, la mediocridad o lo fútil no está solo en pasarse la vida esclavizado en un trabajo que nos permite subsistir, y desvanecer los años en ese laborar para cobrar algo, que a su vez nos permita pagar unas pueriles cuentas, reincidentes, continuas, en un ciclo recurrente hasta que termina todo, obstinados en el juego de los roles sociales; o gastar los años en la prisión de los vicios con los que se procuran llenar vacíos pero cuya dinámica va cavando hoyos cada vez más hondo que martirizan a la persona en espiral descendente, sino que está además en no preocuparse de lo que se es o puede llegar a ser como especie, como género humano; o como país, sociedad o ciudad.

Visto así, no es con la frivolidad, el consumo desaforado, la codicia o la embriaguez de los sentidos como podemos consolarnos ante esa temporalidad que nos desencaja, esa transitoriedad inherente que nos angustia y perturba; sino con apasionante referencia del Ser en otros, y con otros. Desde ahí toda reflexión cobra un sentido distinto. Un profundo sentido que todo lo transversaliza y resignifica.

Podemos seguir este hilo conductor, para desembocar en el existencialismo y la necesaria mención del enfoque sartreano. Para uno de los autores más destacados del existencialismo, incluso señalado como máximo representante de esa corriente, Jean Paul Sartre, el Ser está determinado por el propósito existencial en el sagrado ejercicio del libre albedrío que asume cada persona en el transcurso de su vida. Esto es, la esencia se manifiesta con la existencia y no la precede. La esencia no antecede a la existencia.

Es en el desarrollo de su propósito que está el despliegue de todas las posibilidades humanas. "El ser humano está condenado a la libertad", se atrevió a decretar el autor francés. Con semejante concepción optimista hizo de su biografía un acto de militancia en causas que asumía como trascendentales, y que entraron en la esfera eminente de la política.

Para *Sartre* esa vitalidad se configura en el hacer de la existencia y en la defensa de los valores supremos que dicta el libre albedrío, cosa que se defiende y conquista en el escenario, en el arraigo irremplazable de los hechos, en la política.

Stglitz, Sen y Fitoussi: entre mayor participación política mayor bienestar

Saliendo de los clásicos, extendamos la mirada brevemente hacia otros expertos. Durante la primera década del siglo XXI el gobierno de Francia, a través de su centro de investigación de ciencias económicas, tuvo el acierto de convocar y reunir una comisión de prominentes académicos y científicos para pensar el modelo más apropiado en el marco de los desafíos propios de la escena global. En especial habían de examinar "la medición del desempeño económico y el progreso social".

El estudio de los avezados especialistas estuvo encabezado por tres nombres altamente reconocidos: *Joseph Stiglitz; Amartya Sen y Jean-Paul Fitoussi* (los dos primeros sendos premios nobel de economía y el tercero creador del departamento de Economía del Instituto de Estudios Políticos de París); los tres, figuras destacadas y de alto relieve en el ámbito académico, científico y de gestión institucional.

Entre otras cosas, en su análisis se esmeraron en precisar cómo medir ese intangible (pero elemento esencial) que es "la calidad de vida", advirtiendo la carga subjetiva del bienestar, porque el mismo se encuentra condicionado por el contexto cultural y la carga filosófica del individuo o la comunidad humana que pretende describir aquello que le satisface; o sea, interpretar la sensación de felicidad, y así la impresión que cada comunidad tiene de bienestar; lo que de plano pone de relieve la importancia de la pluriculturalidad a la hora de abordar los temas y las políticas públicas.

Tal aproximación ofrece una mirada distinta, lo que a su vez da como resultado prioridades y diseños distintos; con lo cual se arriba a una gestión pública diferenciada. Aquí entramos de lleno en el terreno de la política. No basta una comprensión teórica; un diseño tecnocrático afinado; una ejecución apegada a esa tecno-visión. Es menester el roce directo con la gente; el encuentro en territorio con la población. El palpar la experiencia y expectativa humana, así se apele a ayuda de las técnicas digitales, pero es ahí en la expectativa de la gente; en su acervo, historia y experiencia colectiva donde necesariamente hay que hurgar para diseñar la política pública. Y eso es esencial y fundamentalmente acción política clara y llana.

Los expertos, a la hora de examinar el tema de las ventajas individuales, ponderaron el componente de las "capacidades" o funcionamientos, que definen como el resultado de la libre combinación entre diversos "haceres y saberes". En este enfoque de la capacidad ponen especial énfasis en la libertad, por cuanto la ventaja de un individuo va a estar relacionada con la posibilidad de "hacer cosas que tiene razones para valorar" de acuerdo a su contexto, a su patrón cultural y libre albedrío. Y la libertad además de un valor humano esencial, es también un hecho político de gran monta.

Advierten, además, que hay capacidades básicas o elementales, como la de bien alimentarse, evitar morir de inanición, "mientras que otras pueden ser más complejas, como tener la alfabetización necesaria para participar activamente en la vida política" (Stiglitz, Sen y Fitoussi 2009). Con lo que queda dicho, participar en la vida pública es un bien supremo. Así definen sin cortapisas, el tener una voz política, como sinónimo de calidad de vida:

> *"La voz política es una dimensión integral de la calidad de vida. Intrínsecamente, la capacidad de participar como ciudadanos de pleno derecho, de opinar en la elaboración de las políticas, de disentir sin miedo y de hablar en contra del mal son libertades y capacidades esenciales" (Stiglitz, Sen y Fitoussi 2009).*

Los referidos investigadores apuntan aspectos políticos institucionales de gran calado en esa amplia reflexión sobre el bienestar. Subrayan la importancia que tiene la posibilidad de expresarse de los individuos; así como que susreclamos tengan eco, generen respuestas de las instituciones de los respectivos países, lo que será directamente proporcional a que las mismas no sean proclives a la corrupción, interferencias partidistas ni prejuicios sociales; y que a su vez rindan cuentas de su labor.

Por eso, para los referidos estudiosos bienestar es también sinónimo de "una democracia que funcione"; como por ejemplo tener acceso al sufragio universal; que haya funcionamiento de medios de comunicación libres y tener la posibilidad de libre desempeño para organizaciones de la sociedad civil.

Asimismo, incluyen elementos de la gobernanza como seguridad jurídica y efectivo funcionamiento del Estado de Derecho, lo que a su vez exige la equilibrada e imparcial actuación de la estructura funcional de soporte para tal fin, como el caso de la policía, el sistema judicial (tribunales, fiscalías y defensorías) así como del resto de servicios administrativos.

Para los autores bienestar y desarrollo de una sociedad van entrelazados con el contexto, el funcionamiento institucional, junto al pleno ejercicio de deberes y derechos de las personas, y el conjunto a su vez se encuentra estrechamente vinculado a su participación política.[29] Por lo que *Stiglitz* y sus compañeros consiguen grandes diferencias en la calidad del desempeño institucional entre los países que, por ejemplo, tienen largo trayecto de funcionamiento democrático "y los que han pasado de regímenes autoritarios a democráticos solo recientemente y que aún no han establecido todo el abanico de libertades y derechos".

De su lectura, tomo como reflexión concluyente esta relación directamente proporcional: en la medida que aumente la participación política de los ciudadanos, disminuirá la brecha existente entre cómo perciben el funcionamiento de las instituciones democráticas la población y las élites encumbradas

---

29 *La categoría usada por Stiglitz et al (2009) para referirse al activismo en los asuntos públicos; es decir, a la participación política es la de "voz política".*

en la toma de decisiones. Y viceversa. Lamentablemente, hay señales que en ciertos lugares el funcionamiento mismo del sistema, junto con la inconsciencia individual y colectiva embelesada en hipnotismos triviales, estimula una cada vez menor participación en la esfera pública.

Hickel y el desempeño político en la métrica de las naciones

Sin pertenecer propiamente al campo filosófico, el profesor africano formado en Illinois y Virginia, Estados Unidos, *Jason Hickel* ha realizado como Stiglitz y sus compañeros, análisis de los indicadores para medir el bienestar y el desarrollo. Tiene un trabajado destacado investigando de forma sistemática las contradicciones del modelo de desarrollo imperante, basado en crecimiento infinito.

En medio de sus exploraciones ha identificado cómo la métrica construida para ponderar el desempeño de las naciones es un instrumental que sirve a la inequidad así como también al sensible deterioro del medio ambiente, con índices como el PIB, que hablan meramente de flujos económicos con una obsesiva mirada economicista, que toma en cuenta apenas al movimiento de esos flujos en la búsqueda de permanente crecimiento, pero es indiferente a la catastrófica alteración del entorno natural y al agotamiento de los recursos medioambientales que supone tal proceso enceguecido de producción.

Existe una nutrida exploración en desarrollo a objeto de ofrecer métrica alternativa; con esfuerzos académicos, individuales, grupales e institucionales, buscando nuevos índices que permitan tener un sentido más integral del bienestar de los individuos y de los pueblos. En ese sentido son varios los esfuerzos en simultáneo, como los que llevan a cabo programas de Naciones Unidas, el Banco Mundial, numerosas universidades y también la Organización para la Cooperación y Desarrollo Económicos (OECD, por sus siglas en inglés), entre otros.

En la procura del instrumental pertinente, la incorporación de variables sociales es una constante, en el entendido de su imprescindible inscripción para tener ese relato y fotografía verdaderamente integral del bienestar, que como es ya hoy un lugar común, trasciende a lo meramente económico.

A su vez, dentro de tal dimensión social, lo político cobra un peso medular porque trae consigo elementos que se vinculan de forma básica con valores sustantivos de la vida humana y expresa de modo directo el logro o no de la emancipación ciudadana.

Hickel señala que toda actividad humana debe desarrollarse tomando en cuenta el marco de los límites biofísicos planetarios, a su vez que el instrumental de indicadores debe ser coherente con los principios de la ecología: Es autor de un enjundioso trabajo llevado a cabo a fin de crear un nuevo índice a modo de termómetro del buen desempeño de las naciones a escala global; por lo que crea y propone el interesante Índice de Desarrollo Sostenible (SDI, por sus siglas en inglés).

El referido trabajo parte de los componentes del Índice de Desarrollo Humano, más agrega un interesante cálculo de suficiencia en la renta, en atención a los límites planetarios; así como el impacto ecológico que se determina a través de las emisiones de CO_2, pero con una medida de rebasamiento. También incorpora en su propuesta la huella ambiental condicionada a límites planetarios per cápita (Hickel 2020).

Este planteo que le da un peso sustantivo a la sostenibilidad y hace aportes novedosos como el procurar un nivel de suficiencia en el ingreso con lo que marca diferencia con el modelo de acumulación infinita, tiene sin embargo una omisión política que lo invalida de algún modo como propuesta científica.

Ya que más allá de los aportes mencionados, deja de lado las consideraciones relacionadas a libertades civiles y el ejercicio del pluralismo político, al punto que al hacer el cálculo para 20 países que toma como muestra, el país que cobra mejor desempeño en el indicador SDI, es un país deficiente en cuanto a libertades civiles por cuanto en él ejerce hegemonía por más de 60 años un partido único y en el que abiertamente se castiga la disidencia y el intento de pluralismo político.

Visto así, el aspecto político no es solo una conmina- ción ética como claramente expresan los clásicos; es una necesidad intrínseca, conveniencia cívica y un hecho palpable de la esencia humana como queda dicho, sino además es un asunto insustituible para cualquier abordaje en el mundo de las ciencias sociales.

Savater: política, requisito para ser ciudadano cabal

Quiero cerrar esta parte con un traductor exquisito de la Filosofía. Aunque no es un clásico como los antes referidos, el emblemático profesor catalán si lo es en cuanto al intento de traducir argumentos desde el complejo lenguaje filosófico, al sencillo de lo coloquial. Es diestro en abrir las puertas de la filosofía a un público masivo.

A decir por el nivel de ventas de sus varios legendarios textos como *Política para Amador, El Valor de Educar, El Jardín de las dudas, Ética para Amador y Voltaire contra los fanáticos,* entre otros, ha logrado pasos significativos en el objetivo. Partiendo de allí, es un clásico por lo menos en esa legión de lectores que le siguen.

Para *Savater* la política es un derecho y un compromiso en tanto ciudadano que se preocupa por el destino de sí como de su conglomerado. Por eso, "la política no es una opción para los ciudadanos, es una obligación; entendida como una faceta de la vida de la que no se puede prescindir". Asocia la libertad al ejercicio del libre albedrío y en consecuencia, al "hacerse cargo". El individuo, en la medida que madura debe aprender a hacerse cargo de sí mismo, así como ha de tomar consciencia de su responsabilidad con los otros, con el colectivo.

Así la política en el postulado de *Savater* es un derecho a, y un deber de, involucrarse en el destino que toma la sociedad donde se está, de la que se forma parte. En el autor la política perfila como un referente esencial para la experiencia de una vida con arreglo a valores. A riesgo de parecer reduccionista, destaco en Savater una lectura de la política como consumación práctica de la ética.

Seguro de que "la vida vale la pena ser vivida"; para el profesor de filosofía la persona ha de procurar llevar a cabo o protagonizar una buena vida, esto es, enaltecedora. El individuo ha de buscar y promover acuerdos entre todos, para aquello que afecta a todos. Tratándose de seres humanos y de la vida en sociedad, aquí la forma y el cómo importan, y mucho. Por eso en *Savater* jamás el fin justificará los medios; sino por el contrario, los medios son los que justifican el fin o fines perseguidos.

Así pues, la vida en sociedad es una manifestación de la civilización humana y su emancipación. Involucrarse en ella, en su orientación y conducción; digámoslo de forma directa: actuar en política, es un accionar pertinente, deseable; tan digno como necesario.

Es verdad que hay quienes se envilecen, pero no es el ejercicio de la política per sé lo nebuloso como expresa la predica popular hoy día, sino el concreto desempeño en mal o buen sentido de sus ejecutores.

En un enfoque aristotélico de *Savater* no hay espacio a la duda. Somos humanos, somos seres sociales, y necesariamente somos políticos. Por cuanto la política es un desiderátum de nuestra esencia.

En consecuencia, dejarla de lado es renunciar a parte de lo que nos es fundamental. Es deslizarse hacia el terreno de la estupidez. Advierte que lo público constituye un escenario a veces árido, también que exige de informarse para poder participar. Pero no lo duda ¡la política es esencial! Es consustancialmente humana, e involucrarnos en ella nos regodea en nuestra humanidad, nos hace más humanos.

El autor español lo expresa de la siguiente manera:

El idiota es el que prescinde de la política, porque vive para él y no vive para los demás. Piensa que alguien pensará por él y alguien hará política por él. Si que- remos ser ciudadanos cabales, los ciudadanos tenemos obligación de participar en la política./1Es un error pensar que los políticos son una cosa aparte de los seres humanos comunes y normales. La política la hacemos todos. Es muy cansado intervenir siempre en política. No es agradable. No se trata además de si se interviene con integridad y honradez, es que hay que informarse, hay que conocer, hay que tra- bajar con otros, porque por supuesto no hay nadie que pueda trabajar todos los aspectos políticos de un asunto. Yo creo que eso (de participar en la política) hay que reivindicarlo, no como una especie de premio que que- remos obtener, sino como algo natural, im- prescindible. Porque lo mismo que la respiración es imprescindible para el cuerpo, la política es imprescin- dible para la ciudadanía. Tenemos que ser políticos.[30]

Al cierre del presente acápite en el que se pasa revista al enfoque de algunos estudiosos destacados en torno al tema que nos ocupa, cabe reconocer que este es apenas un somero asomo, no exhaustivo y a todas luces producto de una selección arbitraria, que al serlo, deja de lado a figuras prominentes del pensamiento filosófico que pudieran con- siderarse imprescindibles. Lo que de suyo, implica una debilidad no superada en esta redacción.

Son muchos los que por el factor espacio/tiempo he de- jado de incorporar y cuyas reflexiones, aportes, son luz en estos caminos de alta tensión. En futuros trabajos sería muy útil, tal vez indispensable, detenerse en los aportes rela- cio-

---

30 *Entrevista realizada a Savater por la Universidad Adolfo Ibáñez a través de la plataforma de YouTube y Disponible en https://www.youtube.com/watch?v–3nNflhy7G6o 48:45*

nados con esta línea de reflexión de destacados maestros como Epicuro, Pitágoras, San Agustín, Montaigne, Leibniz, Hegel, Comte, Rousseau, Marx, Schopenhauer, Nietzsche, Trotsky, Habermas, Ortega y Gasset, Huxley, Arendt, Aron, Deleuze, Rawls, Bauman, Taylor, Chomsky, Nussbaum, Harari, entre varios otros.

Pasa a ser una deuda pendiente, pero propia de otras iniciativas editoriales. En las páginas en sus manos, a lo sumo me propuse apenas dejar testimonio de que el hecho político en el mundo de las ideas es altamente considerado; ya que contempla una esfera propia de la producción científica, la reflexión y del deber ser; así como de la esencia de lo propia existencia humana. Testimonio de que la política como concepto, práctica y razonamiento es fiel expresión de todo el despliegue vital. Que pertenece a la más altivas de las condiciones de nuestra especie, y como dice Castells al referirse a la comunicación; es de las más humanas de las acciones humanas. Somos políticos, en tanto somos humanos.

CAPÍTULO IV

Sistema socioeconómico, emprendimientos particulares y papel del Estado

El Estado facilitador, Estado emprendedor y la casta burocrática

Al hablar del tema aquí abordado, es necesario tratar lo referido al Estado. Permítaseme no adentrarme en la historia del Estado antes y después del surgimiento de la República, sino que concentremos la mirada en la concepción del Estado para el presente tiempo y desde la perspectiva de las democracias modernas. Si bien se han destacado aquí los matices sociales, morales y éticos de un ejercicio vital como el que nos ocupa, debemos hacer varias consideraciones sobre la instancia conformada por cada país en representación de la sociedad en el mundo contemporáneo.

Es de hacer notar las dos afirmaciones anteriores: "conformada por cada país" y en "representación de la sociedad", lo que se enfoca en el *para qué*. El examen es necesario, porque esa instancia es el instrumento usado por autócratas y otros profanadores del poder para cometer sus desmanes. Y el Estado no es, jamás y en ningún caso, propiedad privada de quien temporalmente tenga la responsabilidad de codirigirlo.

Vamos al principio. ¿Qué es el Estado? ¿Cómo lo podemos conceptualizar? Hay numerosas acepciones, pero coincido y destaco aquí la planteada por el Área Sociopolítica del-

Centro de Estudios del Desarrollo (CENDES), encabezada por los profesores *Nelly Arenas y Luis Gómez Calcaño*, quienes definen al Estado como una infraestructura que se da la sociedad a sí misma para su bien común.

El Estado desde la concepción de nuestra cultura occidental no es o no debe ser, como queda claro, una parcela de usufructo de una élite para sí; ni para que un grupo se imponga, persiga o segregue al resto de la sociedad. Tampoco lo es para el privilegio de una cúpula determinada. Su función es distinta a todo eso y se orienta a lo más pertinente. Resulta oportuna la hermosa descripción del rol estatal que han trabajado muy bien Arenas, Calcaño y otros: el de *Estado Facilitador*. Esto es, que el papel del Estado es precisamente ese, facilitar la vida de la población, hacer más dinámico y viable el ejercicio pleno de la ciudadanía.

Así entonces, el Estado existe no solo para garantizar la paz según el enfoque de Hobbe, Loocke, Weber u otros autores; sino, más aún en las democracias modernas, el Estado fundamenta su razón de existir en facilitar, agenciar, hacer más simple y ágil la vida civilizada.

Hay razones de soberanía; defensa del territorio; de posibilitar la existencia misma de cada nación y con ello la dinámica del entrelazado internacional que define y conceptualiza el sistema-mundo imperante, mas no detengo en esa disertación que admito trascendente, por ser propia de otros escritos.

El *Estado Facilitador* tiene como misión hacer de los trámites públicos algo simple, sencillo, fácil de realizar y lo más amigable posible. Ahora con la digitalización de la sociedad su funcionamiento debe volcarse al plano digital con aplicaciones que permitan a los ciudadanos realizar la mayoría si no todos los trámites desde la pantalla de su teléfono smartphone o computadora personal.

Con la ciencia de análisis, almacenamiento y procesamiento incremental de datos (Big Data), junto a algoritmos altamente intuitivos y (ese *sumun* trasversalizador de técnica, hardware, software y comandos que es) la sorprendente inteligencia artificial, la versatilidad de la microsegmentación también ha de llegar al desempeño instrumental del Estado para mayor dinamización y amigabilidad en el cumplimiento de sus funciones. No para controlar más a la población a favor de una cúpula con pretensiones hegemónicas; sino para servir mejor y facilitarles la vida a los ciudadanos.

Un Estado así de amigable implica un funcionariado público con otra cosmovisión, otra cultura. Con las habilidades de la informática, programación y la ciencia de los datos; con el foco en la agilidad, la simpleza y el servicio amigable. Volcado, como se dice en el mundo del emprendimiento particular, al servicio al cliente; valga decir en este caso, servicio al ciudadano; atención que ha de ser, enfatizo, dinámica, simple, amigable, efectiva.

Existen casos en los que esto se encuentra dramáticamente tergiversado. El funcionariado público actúa a modo de casta burocrática que se asume endosada de un privilegio; con un estatus mayor que el resto de la población, por lo que hace de sus obligatorios servicios una especie de favor que le confiere al usuario; condescendencia condicionada a la variable antojadiza de su estado de ánimo.

Ha dicho el expresidente uruguayo José Mujica que cierto anquilosamiento burocrático es peor que la corrupción, porque hace de toda acción pública un entramado infinito de asfixiantes pasos y procedimientos, buena parte de ellos sin sentido, que ralentizan e imposibilitan.

Pesada burocracia que todo lo complica al punto que los trámites los van limitando y enredando más y más, hasta llevar a lo inmóvil; a lo paquidérmico; a la parálisis de las funciones propias de cada entidad. Se transforma así la burocracia en una pesada carga especialista en obstruir. Entrabamiento asfixiante que es promovido por (y favorece a) mecanismos de corrupción. Entre más simple menos espacio a maniobras de corruptela, y viceversa.

A semejante absurdo le salió al paso el profesor Douglass North con sus estudios sobre el costo de la legalidad,[31] demostrando que entre más engorrosos sean los procedi mientos legales e institucionales, mayor es el costo de la legalidad. Al aumentar el costo de la legalidad aumenta el costo transaccional. Si son costosas, hay menos transacciones; con lo que se perjudica y apoca la economía.

Por defecto, si los trámites y procedimientos son simples, sencillos, fáciles, ágiles y accesibles es menor el costo transaccional. Al ser este costo menor, hay más transacciones, y con esto se impulsa la economía creando prosperidad.

Llegados a este punto, toca reiterar que el Estado no es en ningún caso el privilegio del que echar mano unos pocos. Si no que los funcionarios que en él se desempeñan son unos servidores cuyo papel específico es hacer las cosas cada vez más fáciles y sencillas para los ciudadanos, sin dis- tingo de ninguna naturaleza; vale decir, sin discriminación racial, étnica, social, de género, intelectual y mucho menos ideológica o partidista. Por lo que las personas que temporalmente tienen la responsabilidad de su dirección, sean estos presidentes, jefes o jefas de gobierno, ministras, ministros o directivos de cualquier tipo al servicio del Estado, deben saber que la sociedad les dio esa responsabilidad de manera temporal para desarrollar un programa, agenda o propuesta de orientación de esa infraestructura; y que la misma población puede decidir cambiar por otra agenda o propuesta que le parezca más atractiva o interesante en la siguiente rendición de cuentas (elección), y no pasa nada.

Ha de ser natural, porque ese es precisamente el gran logro de la democracia y la vida civilizada. Así, entra otro grupo de ciudadanos y toma la dirección de la citada infraestructura que es y pertenece a la sociedad, a fin de desarrollar la mejor gestión posible y con esto facilitar la vida en so-

---

31 *Douglass North fue premiado con el Nobel de Economía 1993 por su trabajo sobre el papel de las instituciones en el desarrollo económico. En él profundizó sobre el costo de la legalidad, y lo valioso de hacer más simple y accesible la legalidad en función de reducir el costo transaccional, y con ello estimular e impulsar los procesos económicos.*

ciedad. Subrayo pues, la alternancia en el poder es algo natural con la democracia y debe siempre promoverse.

El Estado Facilitador es lo opuesto al Estado totalitario cuyo signo es la arbitrariedad, así como al Estado sometedor weberiano, cuyo signo es el "uso legal de la fuerza" para evitar que los ciudadanos se aniquilen unos con otros. Debe dar y garantizar la seguridad ciudadana, eso es indispensable, pero no debe ser el sometedor o perseguidor de la sociedad en aras del dominio de elites acomodadas, sino propender a la igualdad de oportunidades para todos en aras de una sociedad lo más integrada posible. El del papel del Estado es un asunto clave, porque al definir el Estado de una u otra forma, surge una práctica de gestión que tiene consecuencias directas en la vida de las personas.

Los funcionarios públicos de carrera, a su vez, deben estar conscientes de que lo medular de su función es servir, no a la infraestructura misma de un Estado burocrático, sino en función de una reglas, normas y leyes, a los ciudadanos que son el mandante, cuyo poder originario le confiere mandato (temporal) al mandatario, que no deja de ser un encargado o encomendado. Resulta evidente que en las autocracias todo esto se tergiversa, y vemos sujetos surgidos de entre los ciudadanos, que quieren convertirse en ungidos mandamases de todos haciendo uso inescrupuloso del aparato estatal como si algo del dominio propio se tratara.

Escudriñando en un ángulo económico, también es destacable y debe tomarse nota del rol que ha identificado y explicado en detalle la doctora Mariana Mazzucato, el del *Estado emprendedor o promotor*, en el que el aparato institucional no es necesariamente apenas un ente que regula y gasta, sino que es un creador de valor (Mazzucato 2019).

La académica estadounidense de origen italiano rescata el también aristotélico concepto de "valor público", recalcando que el Estado no solo invierte en áreas que no lo hace el privado porque no las considera rentables, sino que además crea y promueve mercados, como según afirma, ha posibilitado con el internet y toda la dinámica digital que hoy cubre el planeta.

Trae a colación que hay un valor intrínseco en el papel que juega el Estado en la economía. Como ya lo demostró la teoría y la política keynesiana en el siglo XX, recuerda que existe un conjunto de inversiones que hace la esfera pública como las que realiza en sanidad, formación vocacional, nuevas tecnologías e investigación y desarrollo, que a la postre resultan en mejora de la productividad en el conjunto de la economía.

Desarma con solvencia la narrativa liberal de la austeridad, para posicionar la idea de un Estado que promueve desarrollo gracias a varios tipos de inversión. Una es la llevada a cabo en sectores sensibles y cuyo rédito no es meramente monetario, sino humano, social, pero que tiene impacto positivo para la economía porque entre otras cosas permite expandir la demanda. También postula la idea de inversiones asociadas con sectores privados en el que ambos se apalancan y consiguen desarrollar escenarios positivos en la industria, el comercio, los servicios, con los que generan un impacto efectivo en la economía, solo que con la salvedad de que las ganancias no llegan solo a bolsillos particulares, sino que también son percibidas en el sector público para –como ha de ser– beneficio de todos los contribuyentes.

La académica, que imparte cátedra sobre *economía de innovación y el valor público* en universidades norteamericanas y del Reino Unido, reposiciona ese enfoque keynesiano en el que el gasto público tiene un efecto positivo en la producción. "Hay que creer en la capacidad gubernamental para crear valor", argumenta.

Se opone a la idea de Estado meramente *facilitador* descrito líneas antes, considerando que es una manera de fragilizarlo. Porque a su entender el aparato público debe atreverse a más. "La obligación de un Gobierno consiste en pensar a lo grande y enfrentarse a las dificultades".

La especialista en ciencias sociales contraría la idea de apartar al Estado para que la economía sea más dinámica, competitiva e innovadora "es un contrasentido, es una farsa"; por cuanto la institucionalidad pública tiene un papel crucial que jugar, además de otras dimensiones, en el ámbito de la innovación, la economía del conocimiento que potencia a la economía y permite al propio Estado cumplir un papel de *emprendedor* en la sociedad (Mazzucato 2014).

Para respaldar sus afirmaciones la autora abunda en datos, no precisamente de sociedades con gobiernos considerados sectarios, sino de gobiernos referentes en el ámbito de la economía capitalista global como Estados Unidos y el Reino Unido, donde el Estado ha servido en numerosos casos de estímulo para el conjunto de la economía.

Coincide tal enfoque con la preocupación expresada por Martin Barbero (2014) habida cuenta que el Estado no puede ser un mero reproductor de las normas del capitalismo estandarizado, ciñéndose apenas a las reglas de juego que establecen las instituciones de la unificación de la economía global, lo que hace al Estado en cierto modo inviable, porque le impone "una enorme dificultad para responder a las necesidades, demandas y dinámicas de su propia sociedad".

El accionar va más allá de la economía, otros aspectos son harto sensibles para los habitantes de una nación. La seguridad personal, la integridad física y el resguardo de los bienes, por ejemplo, del mismo modo constituyen eje central de la preocupación de las familias. El enfoque hobbesiano concibe un Estado con poder absoluto, de rasgo autoritario, habida cuenta que ha de garantizar la paz ciudadana frente a la criminalidad de cualquier tipo, como también de las amenazas externas; sin embargo, ese planteamiento debe contextualizarse en las circunstancias de la segunda parte del siglo XVII, cuando fue expuesto.

En la actualidad el aparataje estatal cuenta con el sistema de administración de justicia para tales fines, conformado éste no solo por los jueces o tribunales, sino también por fiscalías, policías, sitios de reclusión y defensorías. El tópico seguridad es tan fundamental para la población que, en Centroamérica, El Salvador, el presidente Nayib Bukele alcanzó a comienzos de 2023 cifras récord de apoyo popular superiores al 90%, como resultado de su política de desmantelamiento de las pandillas criminales de los maras salvatruchas que tenían agobiada a la población. Haciendo la salvedad de que en democracia y los procesos sociales el cómo importa. Ante la delincuencia la represión es necesaria, pero así mismo debe haber políticas que apunten a las causas de manera que enfrenten a la paternidad irresponsable, los desequilibrios económicos, la inequidad; al tiempo que se generen oportunidades de estudio, empleo, deporte, cultura, integración, recreación y otros en un universo de oportunidades para la juventud.

El Estado en el siglo XXI existe para hacer mejor la vida en sociedad. Salud, educación, seguridad, identificación, y como hemos visto también cierta promoción económica, son entre otros rubros esenciales de la labor estatal en los que puede actuar unilateral de acuerdo a sus posibilidades, o combinado con el sector privado y asociaciones civiles en una conjunción de esfuerzos por el bien común.

En resumen, no se puede pensar en política y en ejercicio del poder, que eventualmente se hibridan, sin reflexionar en torno al rol y la función primordial del Estado. Asumir esta discusión con seriedad, acuciosidad y amplitud es medular, propio de una actitud ciudadana responsable. Reflexionar se- renamente sobre la función del Estado es muestra de pensar la política con sensatez; de actuar con juicio, para ajustar y mejorar todo cuanto haya que mejorar.

Capitalismo inclusivo, negocios "con propósito" y virtuosismo en la esfera privada

Ahora, más allá del Estado hablemos de emprendimiento de los particulares. Avaricia, codicia y desmesura no son sinónimo de capitalismo. Creo en la necesidad de marcar la diferencia al tiempo de resaltar la actitud encomiable de emprendedores que se destacan en la esfera privada y las inversiones, que promueven valores y creen en una forma edificante o cuando menos simbiótica de hacer negocios. Les importa el éxito de sus iniciativas particulares, así como también les importa el destino de la sociedad.

La distinción la hago para enmarcar los actos sectarios en lo que son: una trinchera reduccionista contraria a la visión amplia, ponderada. De allí mi crítica a la codicia como lo hace Falconí (2017) que con justificada razón la declara indeseable, mas al mismo tiempo me detengo a reconocer el capitalismo que no se deshumaniza, sino que ofrece soluciones y prosperidad en armonía con el entorno natural.

El mundo está repleto de emprendedores particulares que son héroes de la audacia y el trabajo creador. En todos los campos, en todas las áreas; así el comercio y la economía perviven gracias a esa extraordinaria legión de bregadores que dan lo mejor de sí para fructificar una idea, y con ésta a sus usuarios, a ellos mismos y a sus familias, sin causar daños al entorno natural ni a la sociedad, sino más bien promoviendo el beneficio del conjunto.

Los ejemplos abundan y merecen ser mencionados con énfasis. Se ganan el reconocimiento de una colectividad que ve con respeto las iniciativas que más allá del afán de lucro, actúan para mejorar la vida de otros, y con eso afectan positivamente al todo que somos. Aquí, por restricciones de espacio, apuntaré unos pocos casos a modo de referencia. Veamos.

En España surgió un tipo de crédito que un sector bancario comenzó a potenciar, orientado a "negocios con propósito", en el que destacan la prioridad que le dan a los solicitantes crediticios que tratan mejor a su personal; en ambientes de trabajo respetuosos, estimulantes; también que ofrecen productos que no contaminan, o servicios solidarios para las comunidades.

En Alemania el Deutsche Bank[32] ofrece a los inversionistas una gama de opciones relacionadas a iniciativas socialmente responsables, ecológicamente sustentables, a la par que destacan la aceptación y creciente demanda que tiene este enfoque para los inversores, todo en aras de un nuevo modelo de sostenibilidad en los negocios.

Es la tendencia de los *purposeful business* que va ganando terreno en la medida que aumenta la consciencia en las personas sobre la necesidad de un modelo de sociedad y de negocios sostenible, que apunte a un beneficio integral, y no solo al lucro de los dueños o algunos accionistas a quienes para alcanzar sus objetivos poco les importe avanzar a costa de la sociedad, el medioambiente y de las futuras generaciones. Una empresa que crea riqueza y prosperidad en sus entornos, haciéndolo de forma amigable en todos sus procesos. Hago referencia a ese *capitalismo inclusivo* del que habla el pontificado de Francisco, en el entendido de "unir los imperativos morales y del mercado para transformar el capitalismo en una fuerza poderosa para el bien de la humanidad".

Todos deberíamos involucrarnos. Debemos promover el clima propicio para el salto cualitativo. En aras de consolidar ese *capitalismo inclusivo* se amerita la promoción de un/a audaz hombre o mujer de negocios con propósito, con una consciencia y visión integrales. En ese marco, y a modo de ejemplo que resulta inspirador, pasemos revista a algunos casos puntuales, que nos sirven para recordar que existen muchos casos de gente maravillosa en el mundo empresarial con enfoque social y una visión integradora. Ganan dinero, sí; pero sin causar daño a terceros.

---

32 *Este banco germano incluso ha implementado la iniciativa de Deutsche Bank's global footprint. Este y otros pasos de la institución que refuerzan lo señalado en el texto se puede encontrar en https://www.db.com/who-we-are/strategy/?language_id=1&kid=strategy.redirect-en.shortcut*

Grameen Bank y el valor político de Yunus: cuando se hace de la valentía rutina y brújula

He dicho que los casos abundan. Por lo limitado de estas páginas y para no desviarme del objetivo planteado en ellas, apunto apenas unos ejemplos puntuales. Comienzo con el académico y empresario Yunus.

Conocido mundialmente como "el banquero de los pobres", el profesor y economista de Bangladesh, Mohammed Yunus, ha destacado por la valoración de lo colectivo y la promoción efectiva de la solidaridad. Formado en India y Estados Unidos, regresó a su país como profesor de economía en la Universidad de Chittagong, donde al salir de sus actividades académicas cada día observó una imagen que le impactó: seres humanos que perecían de hambre. Se desfallecían por inanición; personas que se iban apagando poco a poco hasta morir.

Aquello generó una conmoción en el alma de Yunus. Supo que no podía quedarse de brazos cruzados ante el horror que vivían algunos de sus compatriotas. Decidió entonces crear una institución financiera orientada a los más pobres de los pobres.

Mediante la figura de microcréditos se ideó una fórmula para preparar, dar herramientas personales y mecanismos de construcción crediticia a los más vulnerables. Literalmente comenzando desde cero y con los que no tienen nada más que su palabra. Concentró el esfuerzo orientado en especial a mujeres que aún en extrema pobreza, eran cabezas de hogar, lo que extendía la miseria y calamidades hasta sus hijos.

La fórmula consistía en que las personas tenían que formar grupos de solidaridad en el barrio donde habitaban, conformados por cinco personas. Las preparaban para llevar anotaciones sistemáticas de sus cuentas y les estimulaban para que emprendieran en eso que sabían o podían hacer. En tales quintetos, les prestan dinero primero a las dos más necesitadas para que emprendieran en ideas concretas de acuerdo a sus destrezas y en la medida que estas iban cancelando el respectivo préstamo, se le daba también al resto. Todo esto fue creando un círculo virtuoso. Mujeres que trabajaban bajo esquema de esclavitud vieron una luz que les transformó la vida. Antes pasaban todo el día produciendo cerámicas, por decir un ejemplo, bajo una explotación que consistía en recibir a cambio pocos centavos que ni siquiera les alcanzaba para comer ella y sus hijos. Yunus les ofreció a estas personas abandonadas, los créditos (además de preparación, adiestramiento y acompañamiento) para que compraran el material, y realizaran sus piezas, que luego vendían ellas directamente a un precio que valoraba y reconocía su trabajo. Fue una verdadera liberación. El banco incluso desarrolla ahora un proyecto que da préstamos pequeños y libres de intereses a mendigos, con mecanismos de flexibilidad temporal que transforma la vida de estas personas desvalidas.

Cuando las personas reciben y luego pagan sus créditos, experimentan una sensación de autoconfianza e inspiración, reforzando la fe en sus capacidades. Adquiriendo hábitos de responsabilidad financiera y construcción de crédito. Es un proceso que fortalece la autoestima, empoderamiento y emprendimiento de las gentes. Distinto a la caridad, que está muy bien y se aplaude, pero pudiera generar en algún sentido dependencia. Por el contrario, estos microcréditos estimulan a las personas a hacer, a mejor desempeñarse en las que ya son sus destrezas; sean éstas hacer pan, reparar bicicletas, dedicarse al cuido de otras personas, moldear cerámicas, pintar o cualquier actividad loable que se traduce en bien para otros y para sí mismas.

La empresa social impulsada por el valiente emprendedor, ahora respaldada por cantidad de colaboradores y accionistas donde están mujeres pobres de Bangladesh, ha dirigido su energía justo a esas personas que no tienen acceso a créditos, ni a banca ni institución alguna del sistema financiero. La misma generó tal impacto que fue y sigue siendo noticia a escala global. Incluso Mahammed Yunus recibió, entre otros galardones, el Nobel de la Paz (2006) así como más de una decena de doctorados honoris causa y otros reconocimientos.

Echemos un vistazo a sus palabras, con las que refleja la filosofía detrás de las acciones que emprende:

En este mundo de abundancia, dejamos que un bebé diminuto, que no entiende todavía el misterio de este mundo, llore y llore hasta dormirse sin la leche que necesita para sobrevivir. Y puede que al día siguiente ya no tenga fuerzas para seguir viviendo… Las personas pobres me enseñaron una economía completamente nueva. Aprendí desde su propia perspectiva los problemas a los que se enfrentan. Probé con un montón de cosas. Algunas funcionaron; otras no. Una que sí salió bien fue la de ofrecer préstamos destinados al autoempleo. Aquellos préstamos constituyeron un punto de partida para la industria artesanal y otras actividades generadoras de ingresos que aprovechaban las habilidades que las personas prestatarias ya poseían (Yunus 2007, 12-13).

El propulsor de los microcréditos y las microfinanzas advierte que la pobreza es una paradoja inaceptable en medio de una sociedad civilizada. Si verdaderamente evolucionamos esta ha de desaparecer, porque "el lugar que le corresponde son los museos".

Cité el caso de Yunus en mi publicación de 2017, porque su proeza me parece tan encomiable que merece destacarse, lo hice entonces en algunos párrafos que incluyen al final la mención del costarricense Ramón Mendiola, texto que copio a continuación:

"Parafrasea imaginando que cuando los escolares en el futuro visiten los museos de la pobreza, se horrorizarán al contemplar el sufrimiento y humillación que padecían los seres humanos a causa de las limitaciones materiales de unos, justo al lado de la opulencia de otros. Considera que después del primer tramo del presente siglo, estas desigualdades pudieran ser superadas. Imagina que los estudiantes del tiempo venidero culparán a sus antepasados por haber tolerado aquella situación que califica de inhumana y de haber permitido que afectase a un sector tan amplio de la población y se prolongase hasta comienzos de esta centuria.

Yunus cree en la efectividad de potenciar empresarios sociales; es decir, de emprendedores movidos por razones sociales antes que puramente las ganancias personales. Esta nueva modalidad de empresarios, según dice, trabajará en el mercado con todos los demás competidores, pero inspirados por un conjunto de motivos sociales; claro que puede tener una rentabilidad económica personal, pero ésta será un factor de interés secundario; buscará que cada dólar invertido tenga el mayor impacto posible en la reivindicación de las personas. Para esto, la métrica imperante, basada en un reflejo del rendimiento asociado meramente a lo monetario, no sirve. Es necesario construir nuevos instrumentos de medición que reflejen otra cara de la realidad que va más allá del exclusivo enfoque economicista. Se trata de otras miradas, apreciaciones que ponderan distintas prioridades. Difícil de entender para quien haya hecho de la obsesión acumulativa una religión. Para el materialista adicto compulsivo, que ha hecho de la acumulación de dinero un dogma de fe, así el político que tan siquiera asome una idea distinta es un hereje.

Con valentía Yunus comparte una mirada amplia. Plantea que puede haber emprendedores que se desenvuelvan en las dos aguas, que tengan iniciativas movidas por las ganancias personales y también emprendimientos sociales; éstos, afirma Yunus, pueden perfectamente contribuir a la consecución de algunos objetivos sociales en los países. Su propuesta apunta a crear una nueva economía donde el componente social tenga un espacio e institucionalidad potente. Sugiere la creación de un mercado bursátil (social) independiente para los inversores motivados por objetivos sociales, al igual que agencias de valoración de riesgo propias; instituciones financieras específicas; fondos de inversión sociales; capitales de riesgo sociales y así sucesivamente; vale decir, creación de toda una arquitectura institucional, auditora y financiera para las empresas impulsadas por objetivos sociales, casi a la par de la institucionalidad construida para las empresas movidas por la mera búsqueda de rentabilidad económica; eso sí, advierte que ha de ser "en un contexto diferente y también con metodología distinta". Lo importante de su testimonio es la demostración de una posibilidad patente.

Pudiéramos decir que habla respaldado por la evidencia de los hechos. La iniciativa del emprendedor bangladesí ha generado una influencia luminosa a nivel mundial, siendo el Grameen uno de los bancos con mayor amortización; esto es, banco entre los de mayor nivel de cumplimiento de cartera crediticia en el mundo. Con un porcentaje de recuperación por encima del 98%. Maestra del microcrédito y las microfinanzas, la institución ahora cuenta con sedes u oficinas en varias regiones y países a escala planetaria, acaparando hasta el presente el interés y admiración de todo el que conoce la experiencia.

Así como la de Yunus, existen cantidad de iniciativas en diferentes campos, como la de la empresa costarricense de bebidas FIFCO, que maneja un portafolio de más de 2.700 productos entre bebidas y alimentos y cuyo director general, Ramón Mendiola, asegura que una prioridad del siglo XXI es "compartir mejor la riqueza que se crea" y aseguró que su gestión puso en el centro de las premisas a la responsabilidad social empresarial, por lo que mide "con la misma rigurosidad el desempeño económico y las dimensiones social y ambiental" (2017). Por cierto, en el caso de toda empresa de alimentos y bebidas de venta masiva, dentro de la responsabilidad social sería bueno revisaran su catálogo de productos para mejorar los ingredientes que los componen, velando que su consumo a largo plazo no cause problemas de la salud a sus consumidores habituales.

Charles Fenney y su impresionante valor de desapego

Otro ejemplo notable es el del empresario Charles Fenney, quien junto con un socio fundó la hoy portentosa cadena de tiendas libre de impuestos, Duty Free, ubicada en la zona internacional de los aeropuertos.

Gracias a su agilidad comercial, el visionario atesoró una fortuna superior a los ocho mil millones de dólares, y sin que nadie lo supiera, registró una fundación (Atlantic) para a través de ella poder dedicarse anónimamente a donar su fortuna con el fin de transformar para bien la vida de otras personas en el mundo.

Así estuvo por varias décadas transfiriendo clandestinamente su patrimonio a dicha fundación, la que se encargaba de donar en distintas partes sin que se dijese quién aportaba los recursos. Solo se sabía que la fundación donaba, apoyaba, ayudaba; lo demás era un secreto. Tres décadas después se despejó el acertijo. Se conoció la misteriosa historia cuando el socio, fundador junto con Fenney de Duty Free, se propuso vender la cadena a un conglomerado dedicado a productos de lujo.

Fue la forma como descubrió la historia del acto filantrópico sinigual por parte de un empresario que amasó millardos, pero que demostró una prioridad distinta a las exclusivas ganancias económicas y el consecuente afán de acumulación. Para Fenney la prioridad fue ayudar a los demás. Impactar positivamente la vida de otros. Ha declarado que espera al morir todo lo haya podido entregar en vida. Al momento de redactar el presente texto, vive en un apartamento alquilado en California, EE.UU., junto a su esposa Helga; disfrutando de una vida frugal, discreta.

The Given Pledge, el éxito que se comparte

La historia de Fenney ha marcado honda huella, al punto que dos empresarios tan exitosos como multimillonarios, Warren Buffett y Bill Gates, confiesan su admiración por él. De allí que, inspirados en la hazaña, decidieron crear en 2010 la institución The Given Pledge (TGP), atendiendo el llamado sobre que es importante orientar parte mayoritaria de su riqueza a generar efectos positivos en tantas personas como sea posible, y hacerlo en vida.

Los fundadores de TGP predicaron con el ejemplo, y ellos mismos pusieron decenas de millardos de dólares de sus fortunas personales para hacer el fondo de esta gran plataforma de ayudas y donaciones. Apelan a una alianza de filantropía, en la que invitan a los más ricos a donar una parte de sus fortunas, para implementar proyectos en favor de la justicia social; reducir el cambio climático y tender una mano solidaria a individuos y grupos con iniciativas que procuran un mundo mejor.

"Se trata de un compromiso moral", expresó Gates cuando explicó la entrada en escena de la iniciativa que, al comenzar la tercera década del siglo XXI, ha aumentado a más de un centenar el número de figuras de entre los más ricos del mundo, que se han incorporado a esta cruzada con fines benéficos.

Entre ellos el emprendedor tecnológico latinoamericano, David Vélez, quien en entrevista de 2022 cuando le preguntaron por su riqueza material, aseguró que más que aparecer en la lista Forbes de los más ricos, para él era mucho más merecedor aparecer en la lista de The Given Pledge (de quienes más donan y comparten sus bienes). De hecho, el fundador de NuBank confesó que su ídolo es Charles Fenney y que también se propuso donar la mayor parte de su dinero para ayudar a personas y grupos en distintos lugares; y, sobre todo, hacerlo en vida, cosa que anunció junto a su esposa en 2021 y lo hizo públicamente para estimular a otros a hacerlo.

Llama la atención que en esa y otras intervenciones el colombiano dijo que quería evitarles a sus hijos la tragedia de vivir con excesos materiales y no tener que luchar por sus sueños, por las cosas que le apasionan.

Con la mención de estos pocos casos, advirtiendo que en realidad hay ejemplos a borbotones, apenas quiero dejar claro que ser empresario no es sinónimo de ser egoísta; como de político tampoco es ser hipócrita. Que existen numerosos casos demostrativos de bondad, conciencia y generosidad en todos los ámbitos. Que el capitalismo y la democracia liberal no tienen que ser la parcela de los avaros o usureros, de los enfermos obsesionados por acumular sin límites; que las ganancias económicas no son un terreno donde no existe parámetro alguno. Por el contrario, que se pueden promover las ganancias, valorar su sana obtención, sin dejar de tener claro el foco, que ha de ser tratar de mejorar a la humanidad. De tener una vida mejor para todos; no solo para una élite en detrimento del resto de la población.

De especulación financiera a ayudar a mejorar el mundo:
Georges Soros

También merece mención el estadounidense de origen húngaro, George Soros, quien ha donado cerca del 80% de su fortuna a distintas causas que considera nobles. Aplaudido, admirado por muchos, y al mismo tiempo demonizado por extremos del conservadurismo. Soros, con gallardía, defiende lo que cree justo y paga el precio de involucrarse sin complejos en el destino de la sociedad; porque hace de los asuntos de interés público algo central de su vida.

Comenzó la contundente acción filantrópica en 1979 apoyando con gallardía a parte de la población oprimida por el sistema segregacionista Apartheid instaurado en Suráfrica. También promovió el avance de la democracia en las oprimidas naciones de Europa del este sometidas bajo el yugo de la órbita comunista soviética.

Su organización sin fines de lucro inspirada en la teoría de Karl Popper sobre sociedades abiertas, donde los individuos tienen mayores posibilidades para su realización, es una institución presente en 120 países alrededor del mundo. *Open Society Foundations* promueve la paz y la democracia incluyente, y no tiene complejos a la hora de defender esos valores en voz alta.

Soros ha dedicado más de 32 mil millones de dólares de sus finanzas personales en un esfuerzo como pocos en el mundo a favor de una sociedad mejor. En una entrevista declaró, pareciera que con cierta frustración, que era más fácil hacer dinero que intentar cambiar al mundo. Su trayectoria profesional tiene un hito que marcó la historia, cuando en 1992 con agudeza y olfato financiero excepcional tuvo la capacidad de prever que la moneda inglesa descendería por lo que apostó en corto contra la libra esterlina, logrando con la trepidante jugada una ganancia millonaria. Tal especulación financiera generó numerosos debates. En todos los centros de discusión y de estudio del mundo se analizó la audacia de Soros. Su figura aún más alcanzaba niveles casi míticos, despertando las pasiones más intensas. En algún momento hizo una declaración desafortunada cuando afirmó que no podía estar pendiente de las consecuencias sociales de sus inversiones, lo que aumentó el abanico de reacciones en torno a su nombre; más aun siendo que la opinión pública se ha encontrado sensibilizada ante la figura de los llamados "capitales golondrina" que en ocasiones invaden la economía de ciertos países de sistemas financieros frágiles y luego salen abruptamente generando desempleo y desolación en sus habitantes.

Las histerias u obsesiones conspiranoicas de un conservadurismo cerrado, fanático y en cierto modo anacrónico, construyen leyendas tan insólitas como fantasiosas sobre este emprendedor, debido a que ha sido un hombre que estando en el mundo de la empresa privada, siendo un inversor afamado, reconocido, exitoso como pocos, se ha atrevido a involucrarse en los asuntos de interés público con una gallardía que a los extremistas les cuesta demasiado comprender; ergo, rechazan a rabiar.

Lo que más me importa destacar aquí, es que se puede actuar profesionalmente en el campo de la esfera privada, y al mismo tiempo ser un protagonista de la vida colectiva; actor encomiable en los asuntos de interés público. Que la política trasciende a la vida partidista, o al desempeño burocrático; antes, por el contrario, la función pública es la asunción de la vida virtuosa sea cual sea el camino por el que transite la existencia de cada quien.

El Sistema Económico y el ejercicio de la política

Un asunto grueso que es menester abordar, es el del sistema económico imperante; en especial el que se ha ido decantando en las últimas cinco décadas cuando la explosión del mundo tecnológico ha transformado la economía y el comercio, siendo que todo se reconfiguró en dimensiones colosales, se acortaron tiempos y distancias… para los capitales y las mercancías. Irónico, porque hoy se mueven trillones de cualquier moneda con tan solo pisar una tecla, mientras a la movilidad humana se le imponen rigurosas restricciones.

Al mismo tiempo, vivimos la paradoja de un mundo de abundancia de recursos, donde más personas pasan hambre a un nivel como no había ocurrido antes en la historia, combinación de antípodas. Un mundo en el que el Estado-Nación cedió espacio al Estado-Región pero ahora vive un reflujo anodino al Estado-Nación, con un enfoque global, donde se exalta lo cercano pero se apunta a una necesaria vocación global. En algunos casos la vocación es sustituida por el fenómeno de homogeneización de los gustos propia de una cultura mediatizada, estandarizante.

En la actualidad se produce más, se consumen más recursos naturales, se despilfarra más y como resulta lógico, se contamina más. La tóxica matriz de los combustibles fósiles creó una lógica de la que dependen diversas dinámicas. Todo para que se consuma más, y con ello se venda más, y así aumenten las ganancias de quienes llevan el timón. Mientras las grandes mayorías poblacionales se empobrecen más. Como apunté páginas antes, lo medular financiero del modelo es que al capital se le remunera más que al trabajo y a su vez, al sueldo se le aplica mayor peso tributario que a los dividendos. Al capital se le paga más y se le cobra menos. Al trabajo se le paga menos y se le cobra más. Esquema esclavizante porque a su paso empobrece más a los pobres mientras enriquece más a los ricos. Tal vez una salida, además de por supuesto equilibrar el tema de los tributos, es avanzar en la economía del conocimiento donde un super programa educativo mundial pueda equilibrar un poco la balanza. Pero tal y como es ahora, representa un modelo insólito; que por decir lo menos, es sencillamente demencial.

El comercio y los negocios viven una expansión que satisface el consumo creciente, pero el entorno natural muestra numerosas manifestaciones por las que la ciencia enciende las alarmas debido a que estamos violentando los límites biofísicos planetarios (Meadows et al 1992; Rockström et al 2009, 2021); dando lugar a una catástrofe atmosférica de múltiples proporciones, en las que las primeras y más sensibles víctimas son los pobres; pero de no cambiar, se afectará todo. De hecho, ya lo estamos viendo.

¡Es "el Titanic" medioambiental! La producción desmedida que devora recursos naturales inconmensurables asesta daños que podrían ser irreparables para nuestra nave planetaria. La embriaguez de la acumulación, el derroche y el despilfarro impide a ciertos sectores ver la realidad del deterioro general. Uno de los síntomas más preocupante es la alteración de los ciclos del agua, con su consecuente par de caras que son la misma moneda: inundaciones y sequías. Veranos asfixiantes y holas de frío entumecedoras.

Los más vulnerables viven la tragedia primero; si no hay cambios en el modelo, todos seremos vapuleados. Todos. La sexta extinción de especies que ya identifica el mundo científico podría incluir, si no se aplican correctivos, a la especie humana. El gremio académico incorpora en sus análisis la noción de una nueva era geológica, el Antropoceno, como la primera en la que se ha infringido alteraciones estructurales al planeta y todos sus sistemas de vida, provocadas por un factor biótico: el humano (Hickel 2020).

Además, como queda dicho, en lo social el sistema es una fábrica de pobres. Genera inequidad y desigualdad creciente que se traducen en tensiones y desasosiego generalizado. Está suficientemente probado y sustentado con cifras patentes que en la medida que el modelo avanza la desigualdad no ha hecho más que crecer. Numerosos estudios demuestran con evidencias estadísticas, portentosos hallazgos cuantitativos y también cualitativos, que la inequidad se profundiza. Queda claro que el pequeño grupo de los súper ricos son cada vez más ricos mientras la mayoritaria masa de pobres es cada vez más pobre (Piketty 2013, Atkinson 2016 y Oxfam 2016, 2017).

Es un asunto grueso, y hay que abordarlo. Lo ha dicho con claridad meridiana, entre otros, el economista y presidente de Colombia Gustavo Petro. Otro tanto ha expresado el antes mencionado profesor Mohammed Yunus quien con toda franqueza advierte: "La pobreza la crea el sistema, por lo tanto hay que rediseñarlo". Asegura además que esto que hemos creado, el modelo capitalista actual con sus características de inequidad y devorador del planeta, no sirve. Hay que cambiar, "debemos asegurar una nueva economía de tres ceros: pobreza cero, desempleo cero y cero emisiones netas de carbono".[33] No se trata, y que quede

---

33 *BBC News. Entrevista a Mohammed Yunus, consultada el 25 de noviembre de 2022. Disponible en https://www.bbc.com/mundo/noticias-internacional-54629349*

claro, de promover nefastas estatizaciones, y menos aún de impulsar el socialismo o el comunismo; no, no, ni de vaina. Tales ideas fueron derrotadas por la historia. La evidencia incontrovertible de los hechos demostró su estruendoso fracaso luego de naufragar en un mar de desincentivos, autoritarismos, dictaduras, barbarie. De lo que se trata es de impulsar el capitalismo con un nuevo enfoque, con nuevas prioridades. Algunos autores hablan de "capitalismo con rostro humano"; otros como mencionamos en líneas previas "negocios con propósito"; también "capitalismo consciente"; el dirigente socialcristiano Eduardo Fernández habló de "economía social de mercado"; Petro menciona a un "capitalismo verdadero", que sea "realmente democrático"; el Papa Francisco habla de "capitalismo con imperativos morales". Hay quienes se refieren a esa búsqueda como "capitalismo solidario".

Esa búsqueda parte de la comprensión que no se trata solo de ganar dinero, sino de mejorar la vida de las personas y preservar nuestro medio ambiente, nuestro medio de vida. Se combina en implicaciones de todo con todo: vitales, sociales, morales y también económicas. Pero no, como algunos piensan, tan solo económicas.

Salta a la vista de una nueva consciencia humana en su trato con el planeta; reflexión o re-enfoque que se extiende hasta la economía y su funcionamiento, arropando la sobrevivencia y eventual fortalecimiento de la democracia misma, como modelo pertinente para la dinámica de nuestras sociedades, que tal y como lo explica la teoría del Capitalismo Inclusivo que postula Austan Goolsbee, Profesor de la Universidad de Chicago, considera imprescindible mejorar al capitalismo a fin de que genere un crecimiento inclusivo.

Presentado en la plataforma de la Fundación Obama por la democracia, el autor asegura que el *capitalismo inclusivo* es ese capaz de crear una realidad económica equitativa e incluyente para todos y cada uno de los pobladores, en el entendido que una democracia que pretenda ser fuerte debe prestarle especial atención a lo económico. Sustenta su tesis subrayando la necesidad de implementar tres puntos:

1. Cambiar los textos y regulaciones que están concebidas solo para beneficiar a pequeños grupos; ya que la perspectiva económica debe implicar crecimiento estable y sostenible para todos.
2. Esforzarse por acortar la inequidad económica que genere el sistema, ya que la misma produce una creciente tensión social.
3. Detener la destrucción cínica de las instituciones como el voto y la democracia.

Es una constante la búsqueda de un modelo socioeconómico que sirva al ejercicio de la democracia y la libertad, con la actividad privada desarrollando todo su potencial creador, apoyando el cuido del planeta donde habitamos todos, y acompasando iniciativas con el valor social y la conminación moral de la inclusión, en cooperación e intercambio con el potencial del Estado. Pero, así como para formar repúblicas se requiere tener republicanos, tal y como expresó Simón Bolívar; hemos dicho una democracia próspera e inclusiva exige consciencia de la población… que no es precisamente en la antipolítica donde se encuentra.

Más allá del debate, importa admitir que el capitalismo requiere ser replanteado, mejorado, profundizado; expandido con nuevos criterios. Debemos aceptar que lo que hay está perjudicando a la humanidad y es inviable porque nos conduce al colapso. Por el camino que va el sistema lleva al planeta entero a la catástrofe. Lo dice la ciencia con cifras e investigaciones claras, contundentes como las que más. Un modelo de consumo infinito en un planeta de recursos finitos en insostenible. Es devorador. Es irracional.

Por eso Yunus critica con rigor que nos basemos en una economía del egoísmo, en la que "entre más tenemos más queremos", por lo que asegura que el altruismo se puede convertir en una fuerza creativa más poderosa que el interés propio.

Revisar el modelo significa adentrarse en hábitos, patrones culturales, percepciones. Está claro que hay grandes distorsiones porque, a todas luces, los lentes con los que leemos la realidad están alterados. Como también reclaman varios autores, no puede ser que para nuestra sociedad éxito solo consista fundamentalmente en conseguir dinero, porque eso así es propiamente el reino del sinsentido. Asociar "éxito" solo al hecho de acumulación material, es tal vez la mayor tergiversación en la que nos encontramos envueltos (Nussbaum 2010). Esta situación crea en general una ceguera, en la que la ilusión del acaparamiento monetario lo es todo; mientras en tal carrera vamos acabando con la vida misma.

Es la embriaguez del deslumbramiento material. Como ese constructo (de prosperidad supuesta) justifica la propia existencia, hasta se crean índices a modo de espejismos que falsean la realidad para procurar generar la sensación de prosperidad. El ejemplo protuberante es el Producto Interno Bruto (PIB), aproximación economicista que solo identifica flujos monetarios de elementos, situaciones, productos o servicios, que son transables; es decir, que tienen un valor monetario. O sea; lo que no se monetiza no existe. Así el PIB puede decir que una economía "es saludable", porque creció determinados puntos, pretendiendo transmitir la falsa sensación de bienestar y prosperidad, cuando en realidad dentro de ese país aumenta la inequidad, la contaminación, la precariedad y el malestar general de la población.[34] Está claro que la forma de medir cualquier cosa, y más aún la prosperidad de una nación donde se entrecruzan infinidad de variables no solo económicas sino también sociales, culturales y medioambientales, es producto de decisiones que

---

34 *Sobre la necesidad y búsqueda de índices alternativos hice un trabajo de la mano de la Profesora Miriam Lang, en el marco del Posdoctorado sobre América Latina y el orden global, en la instancia académica de la Comunidad Andina de Naciones (CAN), Universidad Andina Simón Bolívar (UASB), sede Ecuador, 2022.*

atienden a una escala de valores. Quienes construyen los instrumentos de medición, reflejan jerarquizaciones y prioridades de acuerdo a su cosmovisión e intereses.

El indicador que aún se usa para ponderar el desempeño de las naciones, gracias a la imposición de ciertos organismos multilaterales, el sistema de cuentas nacionales, y sobre todo el sistema financiero internacional, el PIB, habla del "crecimiento" como si fuera una religión; pero enmascara la pobreza, oculta la economía informal que en algunas economías tiene gran peso y como si esto fuera poco, invisibiliza los daños medioambientales con los que el sistema de crecimiento infinito basado en consumo infinito, está aniquilando a la naturaleza y creando una crisis climática sin precedentes en una demencial carrera suicida en la que vamos embalados, entusiastas rumbo al abismo. La solución, téngase claro, pasa por más democracia; por mejorar el capitalismo, por profundizar la libertad con responsabilidad.

Más difícil hacer política con un modelo insatisfactorio

Resulta obvio la enorme dificultad de hacer política en medio de semejante caos, frivolidad y confusión. Lo que ocurre por un sistema que genera las distorsiones mencionadas. La insatisfacción va en aumento en el avance de un modelo socioeconómico que es una fábrica de pobres; en sí mismo una crisis expandida; que produce miseria y contaminación a su paso, lo que le otorga a la tarea pública una complejidad intrínseca descomunal con garantía de insatisfacción en los pobladores. El propio modelo genera pobreza y miseria, pero como se necesita un chivo expiatorio serán culpados los dirigentes políticos (y peor aún a la política en general), de la responsabilidad de la crisis generalizada. En su mayoría los promotores de esa descarga de responsabilidad en los políticos provienen de "los malos de la película" a quienes hemos venido haciendo referencia en el texto, que, dicho sea de paso, son los beneficiaros del diseño del modelo imperante.

Hemos dicho que una cosa es la labor social, el ejercicio político en lo cotidiano, y otra el ejercicio del poder. Dentro del sistema sociopolítico, o mejor dicho socioeconómico-político, es difícil que los gobiernos no naufraguen en un mar de decepción, siendo que el patrón capitalista hiper financiarizado que prevalece, es una máquina, como queda dicho, de producir pobres y desigualdad. También riqueza, pero hasta el momento para una minoría. No es una opinión, los números lo confirman.

Así los gobiernos se mueven en unas aguas cuyo sistema eleva los niveles de desigualdad día tras día. Lo que se traduce en malestar seguro. Una inconformidad que atraviesa la vida toda. Más aún, la inequidad tenderá a aumentar con la sociedad digitalizada que emerge, en especial porque los trabajos menos cualificados podrán ser sustituidos por la robótica y la inteligencia artificial en expansión, por lo que los salarios para estas actividades tenderán a estancarse, mientras que los trabajos más cualificados recibirán una mejor remuneración, por lo que la brecha va a aumentar en lo inmediato. Es probable que, en aras de un equilibrio, a mediano plazo el sistema y la economía procesen estos cambios profundos de la revolución tecnológica en boga. Hay nuevos esquemas; la oferta laboral está sufriendo cambios significativos que demandan una serie de destrezas específicas asociadas a la vida virtual de la sociedad digital ahora envolvente, mientras el trabajo remoto redimensiona el concepto del trabajo, las remuneraciones, los salarios y las jornadas laborales.

Entre tanto, el malestar es creciente y generalizado. Hay una brecha gruesa entre expectativa de la sociedad global y la realidad de lo cotidiano. Como se trata de explicar a lo largo de todo el libro, ante semejante realidad, hay que buscar unos culpables a quienes echarle la culpa de todos los males. Está claro; es simple: los políticos. Aunque no lo sean de manera exclusiva como se quiere hacer ver. Pero a alguien hay que señalar para que hacia allá apunte todo el desprecio de una sociedad razonablemente frustrada en un mundo que le resulta antojadizamente injusto.

Los autores hablan del "estado general de insatisfacción"; de "la sociedad del malestar"; "sociedad líquida", de "vida líquida" porque se la sabe sumergida en constantes precariedad e incertidumbre, sin la misma forma por mucho tiempo ni rumbos claros o determinados (Bauman 2003, 2006). Es el reinado de la incertidumbre; cuando todas las certezas se desvanecen. Es asunto característico de la dinámica transición de estos días, porque la incomodidad y las expectativas insatisfechas abarcan a la mayor parte de la población, que es un conglomerado mayoritario excluido.

La exclusión pesa, se siente. Esto tiene papel reforzador en algunos componentes de la naturaleza humana que apuntan al caos; de una particular tendencia a la irracionalidad. Hay autores que lo identifican; por ejemplo, el escritor chileno Fernando Villegas, reflexivo con cierta inclinación hobbesiana por aquello del "hombre como lobo del hombre"; historiador destacado, a ratos nihilista y en cierto grado, si no pesimista, cuando menos receloso de la naturaleza humana, lo expresa así:

> [*vivimos un*] *estado permanente de insatisfacción, de frustración, lo central desde el punto existencial es el estado natural de inquietud, frustración, de insatisfacción que genera como resultado otro elemento característico de la naturaleza humana, la facilidad para el despliegue de la rabia y la violencia ... afán de llegar a un absoluto de felicidad y de logro que nunca conseguimos. El ser humano vive en un estado permanente de malestar…. Por esas condiciones, porque existe esa naturaleza humana, lo que se puede construir sobre esa base, tiene límites. Es lo que olvidan a veces los profetas de nuevos modelos sociales, de*

> *nuevas sociedades utópicas, que creen que se puede establecer un plan con perfecto funcionamiento de la sociedad, tipo buena onda… eso no funciona y nunca ha funcionado, porque la naturaleza humana es lo que es… Eso es un problema porque esos esquemas parten de la base de que la gente es capaz de solidarizar, capaz de hacer funcionar un sentido equitativo de justicia, que la gente es capaz de aportar para un objetivo del bien común y no para un fin personal, y esas cosas fracasan. No funciona porque hay una naturaleza humana (inquietudes, rabia, frustración). Tiene otro elemento que es la ley del mínimo esfuerzo. El ser humano se mueve por el tema egoísta de salir del tedio, y si hace algún trabajo o algún sacrificio lo hace por un bien o beneficio personal. En la antigua Unión Soviética los trabajadores decían que ellos fingían trabajar y las autoridades fingían pagarles. Y había un permanente problema de falta de estímulo, de indolencia, de trabajo mal hecho.*[35]

Partiendo de la reflexión sobre la naturaleza humana, mucho se puede escribir y se viene escribiendo sobre la idoneidad de los modelos sociopolíticos y económicos. Desde Platón que en sus primeros diálogos apostó por el gobierno de "hombres sabios" y después de la examinada experiencia termina apostando a la creación de instituciones fuertes, con arreglo a valores, precisamente para evitar los muy humanos devaneos humanos.

Acento especial le dedico a la métrica y su instrumental para medir la eficiencia de un sistema, por eso es de reconocer los pasos considerables que se han dado al crear índices sobre la distribución del ingreso; la justicia social; ingreso integral; índice de Gini; coeficiente de la felicidad; el PIB verde y así cantidad de instrumentos que responden a diferentes categorías, conceptos, análisis y reflexiones que

---

35 *Canal de YouTube El Villegas.*

ratifican la existencia de una búsqueda bajo la convicción de que hay que ir más allá; que lo actual no es apropiado; que algo mejor es posible. Búsqueda apuntando al equilibrio, la mesura y al balance como vértice, como necesidad urgida porque está claro que el modelo actual muestra lo contrario en medio de una armonización extraviada.

Sí, a la especie humana nos toca concebir (creo que aquí tiene más fuerza la palabra parir) un sistema democrático que incluya estricto respeto a la propiedad, al emprendimiento e iniciativa privadas; a la libertad como bien supremo del hombre y la mujer; de instituciones fuertes, con arreglo a valores; por tanto, instituciones no sectarias, sino respetuosas que atienden a todos por igual; que integre e incluya. Ese modelo debe necesariamente pasar por el requisito de generar menos desigualdad y ha de ofrecer más equilibrios, entre otras cosas no con la idea de reparto de riquezas, sino de generación sostenible de riqueza basada en el conocimiento y con una mejor distribución del ingreso. El reto está por delante. En otros textos abordaremos más sobre este desafío.

Desde ya hay que respaldar iniciativas que se están desarrollando. Acciones que apuntan a un capitalismo consciente, donde tiene lugar el concepto de "economía circular" con un aprovechamiento mejor de los recursos, impulso del reciclaje y que también promueve la mesura; los antes mencionados "negocios con propósito" donde se busca la sostenibilidad económica, social, ambiental. Enfoque en el que el dinero es un posibilitador, que representa energía, horas-hombre / mujer de trabajo, y por tanto amerita respeto, pero no es única referencia en cuyo núcleo gira la vida humana; ni menos un Dios al que rendirle culto.

Una historia nunca contada

Una parte de la historia, no contada, es que del político en ejercicio del poder todos se quieren servir, en una gigantesca operación de chantaje donde se cruzan los intereses más disímiles y las intenciones más variadas.

El político en el poder tiene que hacer gala de malabarista porque es rodeado por grupos de interés que juegan duro. Intentan seducir, pero si no consiguen sus intereses, intentan aniquilar, políticamente hablando.

Todos buscan sus prebendas. Todos buscan ser beneficiados y si el político en el papel de funcionario tiene una posición neutral, quiero decir que no es instrumento directo de grupos de intereses, se verá sometido a una presión indescriptible.

Desde el elector que aspira a ser recompensado por su voto con un favor personal, hasta la corporación x que por el apoyo en la campaña quiere a su favor determinadas prebendas, pasando por el gremio, dirigentes comunitarios o grupos corporativos, todos quieren que les favorezcan, por lo que el ser humano en una posición de mando ha de ser un equilibrista para mantener la armonía en medio de un escenario de maniobras extorsivas por doquier.

Muchas veces esa presión viene por vía de "la prensa"; medios informativos que al no recibir el favor al que aspiran comienzan una campaña endemoniada prometiendo acabar con el dirigente, tan solo porque "se portó mal" debido a que no les concedió el privilegio al que aspiraban.

Es una red muy entrelazada de intereses que buscan beneficio casi sin medida, sin mesura y las más de las veces sin el más mínimo decoro.

Muchas de esas individualidades y grupos, cuando la persona en el mando cae en el tobogán de la impopularidad a donde contribuyeron a empujar, se ensañan contra el dirigente caído hasta el aniquilamiento moral. Lo que pocos saben en la sociedad es que entre esos que levantan ufanos el dedo acusador, hay muchos que aspiraban a beneficios insólitos.

De nuevo el tema de la naturaleza humana digno de examinar. El asunto es la codicia, el ego, el narcisismo, la avaricia, no la política como accionar con los demás. Lo malo es cuando se instrumentaliza la política para las ejecuciones de una personalidad narcisista, codiciosa, y demás oscuridades del alma que por lo general están relacionadas con gente rota por dentro; con fracturas emocionales muy gruesas. Por eso Platón y digamos por caso los Estados Unidos terminaron asumiendo el asunto de las instituciones, de las leyes, de las normas, para ponerle diques de contención a cualquier arrebato perverso de una determinada persona o grupo de personas y así anteponer el clásico y a su vez siempre vigente concepto del bien común.

La cultura del electorado también cuenta; se teoriza mucho sobre la necesidad de un accionar que trascienda el partidismo, pero al final se termina votando por una agrupación partidista a veces a ciegas; o a favor de quienes han desplegado un discurso enardecido, y si es posible con dejos de sectarismo. Por lo menos en Latinoamérica, y ahora hemos visto que, en ciertas sociedades de países industrializados, sienten un íntimo atractivo por el caudillismo en la errónea concesión de la espera mesiánica y la poca claridad en la necesidad del esfuerzo y disciplina individuales y grupales para poder concretar cambios realmente significativos en la vida de cada quien y en la vida de los pueblos. A veces pienso, sin ánimos hobbesianos, que la existencia en colectivo si no tuviera signada por regulaciones y limitaciones podría tener manifestaciones selváticas o de barbarie.

CAPÍTULO V

Política como manifestación espiritual
y antídoto contra la violencia

El Liderazgo o es espiritual… o no es liderazgo

Conversando durante una mañana andariega con quien a la postre llegaría a ser alcaldesa de una importante capital suramericana; al igual que en otro momento con un chico representante de equipos estudiantiles y juveniles que luego se convertiría en Gobernador de la más emblemática provincia de su país (ambos posiblemente serán candidatos presidenciales de sus respectivas naciones), les decía que el liderazgo o es espiritual, o no es liderazgo. Porque el magnetismo genuino del líder, ese carisma natural que tiene un apogeo en determinados momentos de la vida de cada protagonista, trasciende lo meramente físico, y alcanza el plano metafísico. No pretendo tener una desviación esotérica, menos aún aplaudir los retorcidos escenarios de los cultos o sectas que por lo general son entornos de actos delictivos que operan a base de manipulación vil, pura y dura; más bien quiero dar cuenta de otra cosa, me refiero a ese fenómeno de empatía bidireccional que genera el liderazgo auténtico. Es algo difícil de describir, porque es una conexión que pareciera manifestarse en otras frecuencias distintas a las del transcurrir cotidiano.

El consultor político español, Antonio Sola, con destacada actuación en México y otros países, habla de ese nexo emocional que impacta al cerebro límbico y genera una confianza, un conocimiento, un afecto con el liderazgo que orienta a la gente en la toma de decisiones. Hace énfasis en el empalme que sucede entre las expectativas e inquietudes del líder y las del espectador, especie de correspondencia intuitiva que despierta solidaridad, empatía. Advierte Sola que el asunto es ir más allá de la razón porque ésta individualiza; más bien se trata de apelar al sentido de las cosas, porque el sentido, según afirma, pluraliza. "Necesitamos sentir más para ser plurales, para pensar en el otro".

Obama también habla del fenómeno en *La tierra prometida* (2020), al asegurar que ocurre un encuentro profundo en el plano energético entre el líder y sus seguidores; que hay un algo fenoménico que los envuelve y permite vibrar en la misma dimensión. Empatía profunda y genuina. Se produce una identificación efectiva entre el líder y el público. Es esa conexión que se expresa en la mirada de unos ojos vibrantes que trascienden lo visible. Por todo esto el liderazgo así entendido, incorpora los logros materiales, pero va más allá; hay una suerte de reivindicación del existir que se retroalimenta mutuamente entre el liderazgo y el conglomerado.

Esta fuerza especial debe ser estimulada para el compromiso, para la bondad, para la solidaridad, la emancipación incluyente, para el reencuentro, en procura de una sociedad integrada; y nunca para el revanchismo, la venganza, la división o el sectarismo, porque si así se desvirtúa; ese liderazgo deja de ser tal y transmuta en una toxicidad perjudicial para todos que termina siendo una mancha en la historia.

Es hora de desconfiar de esos "salvadores de la patria", vengadores que en su retórica vienen cargados de soluciones mágicas, usualmente excusando los males del sistema por la exclusiva presencia de otros, "los causantes", a los que hay que derrotar, segregar, hasta llegar a destruir; el enemigo pues. Esos vengadores en vez de fortalecer instituciones plurales, efectivas, con apego honesto de buen trato al público, por lo general quieren un tejido institucional al servicio de sus pretensiones, ocurrencias y antojos.

Basta de eso. Nuestros países están urgidos de líderes simples, ciudadanos sencillos que se conviertan en funcionarios públicos eficientes, abnegados, respetuosos, firmes, equilibrados, comprensivos y por supuesto honestos. Hace falta menos "salvadores de la patria", "redentores nacionales" y más ciudadanos comunes con vocación pública, que no pretendan cambiar el mundo con gestos estrambóticos casi siempre hostiles, sino que se dediquen a su gestión con entrega y carácter estadista; la cumplan a cabalidad, y terminado el período se vayan tranquilos a sus casas y actividades particulares.

Hago referencia a un liderazgo sano, útil, eficiente, compasivo. Ese que desarrolla plena identificación con el público, que genera respeto, consideración. Que muestra su tesitura espiritual al ponerse en la piel del otro y conectar con sus inquietudes, sin perder el horizonte del interés general.

La conexión energética a la que hago mención y que en el liderazgo político constructivo se puede palpar de forma clara, es la misma que tiene lugar en otras manifestaciones espirituales y de la que hacen eco voceros o autores reconocidos; tan respetados como Wyne Dyer, quien luego de miles de páginas de aguda racionalidad en el marco de una extensa obra, confiesa cómo comenzó a experimentar esa sensación de plenitud, de empatía profunda, de conexión extraordinaria en la parte madura de su vida. Otro muy relevante es el afamado Eckhart Tolle, autor del clásico El poder del Ahora, donde narra la maravilla de esa sensación de profunda unión con el todo, de gozo inexplicable e inigua- lable que le invadió, justo después de haber tocado fondo en el abismo de la ansiedad. Así también el brillante poeta y ensayista Rafael Cadenas, nada menos que Premio Cervantes de la lengua española, confiesa su maravilla ante la física cuántica, el fenómeno de la superposición y esa expresión básica e indivisible del universo que es la partícula subatómica quartz.

Sergi Torres, por su parte, autor y conferencista muy apreciado, habla en sus frecuentes charlas sobre lo que describe como la capacidad de vibrar en la misma frecuencia, a modo de fusión de la persona con el otro. Es uno hecho otredad y esa otredad contenida en uno. Como Jiddu Krishnamurti también explicó al hablar de sus eventos vitales de profunda consciencia donde sentía que él era el todo y a su vez todo se contenía en él.

Del mismo modo lo explica el maestro Sifu Rama, especialista en el arte milenario del Chi Kung, cuando comparte sus enseñanzas sobre la no dualidad, la unicidad fundamental en la magia de ser uno con el universo, al describir la interconexión que se experimenta en ciertos momentos de quietud y serenidad. Ni qué decir del extraordinario Walt Whitman, el conocido "padre del verso libre", quien luego de diversas ocupaciones en el transcurrir de su vida con trabajos varios como obrero hasta periodista, experimentó luego lo que puede verse como especie de iluminación plasmada en su escritura vitalista, entusiasta, libre como la que más; en la que se enmarca la obra cumbre *Hojas de Hierba*, y el hermoso poema *Canto a mí mismo*, en el que se percibe claramente la vivencia de unicidad referida, capaz de ver la vida toda como un encadenamiento deslumbrante de milagros que se resume en el gran milagro de la creación.

Mención especial también para el célebre autor super ventas Pablo d'Ors, sacerdote católico, autor de los magistrales títulos *Biografía del silencio y Biografía de la luz*; el primero como producto de su captación de grandes impactos hasta las más delicadas sutilezas en el proceso de meditación; mientras el segundo producto de su examen y vivencias a la luz de los evangelios cristianos.

Esa manifestación extrasensorial, capacidad de palpar lo metafísico, está en todos los planos; también en el liderazgo político genuino. Así, aunque muchos ni se lo imaginen, el aspecto espiritual tiene una expresión intrínseca en la tarea colectiva, muy especialmente en el liderazgo entregado al servicio público.

Por eso el observador agudo podrá identificar impresionantes coincidencias en ciertos abordajes entre una persona dedicada meramente a la espiritualidad y otra consagrada al trajinar exigente del liderazgo en la función pública. Por eso a mi juicio, el liderazgo o implica la dimensión espiritual, o no es liderazgo.

La mentira de Clausewitz

En esta sección que he abordado algo tan importante como lo es el componente espiritual del liderazgo, asociado a un carisma resplandeciente así como bondadoso, conectado a vibraciones altivas de la creación; paso a la contraparte, a esa visión a mi juicio equivocada, de la política y el liderazgo como expresiones de una guerra incesante. Es un anatema al que le salgo al paso sin rodeos ni vacilaciones.

Carl Von Clausewitz es tal vez el teórico de la guerra más citado hasta los momentos. Aunque vivió entre los siglos XVIII y el XIX, para ciertos lectores entusiastas de sus planteamientos su propuesta sigue vigente. Tiene el mérito de haber combinado teoría y práctica como pocos; ya que fue soldado en campo y también se dedicó a la reflexión del ámbito militar cobrando una relevancia considerable en esa área.

Lo menciono aquí para señalar la falsedad de la frase repetida incansablemente, que se atribuye a su autoría, y que da cuenta de un abordaje equivocado del arte de la política. Ese lugar común según el cual "la política es continuación de la guerra por otros medios" es una mentira que ha hecho mucho daño, porque alimenta el enfoque agreste, revanchista, hostil y hasta manipulador de la esfera pública.

Hay que rebatir semejante falacia. Es erróneo pensar que la política sea continuación de la guerra sencillamente porque no es verdad. Por el contrario, la política es lo opuesto a la guerra. Política es construcción de consensos, es la magistralidad de los acuerdos, la identificación de las coincidencias para apalancarse en ellas a fin de consolidar objetivos comunes. Es esforzarse en superar la dinámica de las trincheras. Política y guerra son antagónicos. Son conceptos y labor humanas ubicadas en coordenadas opuestas.

Y digo más. Es más fácil hacer la guerra, disparar, confrontar, aplicar táctica y estrategia en el arrebato de doblegar al contrario; que desarrollar un conjunto de habilidades para consensuar, persuadir, ceder, negociar, tanto construir como consolidar acuerdos, respetarlos y cumplirlos. Hacer política, aunque unánimemente se piense lo contrario, requiere de coraje cívico, valentía sinigual y una muy especial firmeza republicana.

La política encierra una heroicidad digna de grandes elogios, pero en la práctica, esa epicidad es mezquinamente desconocida. Los teóricos de la guerra y del poder piensan lo contrario, pero en estas páginas honestas, debo advertirlo con firmeza: la política nos salva, la guerra nos acaba.

Del error conceptual se generan cantidad de desatinos constituyendo un enfoque equivocado de la política, en el que se asocia este oficio (que es habilidad, entrega, pasión devocional, criterio, equilibrio y todo solidaridad) a la mera tensión de intereses, resumiéndola a la fricción común en el ejercicio del poder, con lo que se simplifica de forma alevosa al rico universo de su desempeño.

Son más de dos siglos con el error conceptual, que ha dado lugar a consideraciones de todo tipo, como la de Weber y su asociación de Estado y monopolio de la fuerza, en las que se hace de la política una bandera que la desdibuja, la falsea, haciendo ver que es lo que en realidad no es.

Lo que pareciera un asunto menor, remitido casi al segmento intrascendente de lo anecdótico, por el contrario es un asunto grueso, delicado. Es algo muy grave, como lo hace ver el profesor de ciencias políticas Glenn Paige, quien revela que hay una tendencia a relacionar ciencias políticas con la acción de matar (2009).

En su afamado texto Nonkilling Global Political Science denuncia que en la comunidad académica de las ciencias políticas, ha existido una errónea tendencia a naturalizar y normalizar la letalidad, cuando la dinámica social, más allá de algunos pocos episodios violentos, ha estado marcada por una tendencia predominante hacia la paz y la convivencia. Lo primero se destaca; lo segundo no es noticioso, pasa inadvertido.

¿Podemos tener una sociedad que no mate?, Paige no tiene dudas al respecto; "a pesar de las amenazas sin precedentes a la supervivencia humana, existen recursos globales compensatorios de espíritu, ciencia, instituciones y experiencia para reforzar la confianza en que, en última instancia, es completamente posible la sociedad que no mate" (2009, 37).

Seguidamente el autor asegura que nuestra base espiritual es de paz; tenemos una naturaleza hacia la paz que se pone de manifiesto en una resistencia natural a matar; en la que prevalece la vitalidad antes que la letalidad; además las tradiciones espirituales resaltan a modo de mandato y valor el "no matarás" como valor esencial.

Con cantidad de argumentos Paige demuestra que hay bases sociales, espirituales, biológicas y hasta neurológicas por las cuales el no matar, una senda pacífica y de convivencia, es consistente.

Resalta la importancia del liderazgo político para impulsar escenarios de paz en el mundo y superar cierta tendencia de algunos espacios de pensamiento (centros de análisis y asesoría) que muestran desvergonzada ligereza con la letalidad.

Destaca como los principales elementos que han de combinarse para alcanzar una sociedad del no-matar al cultivo de lo espiritual (compromisos certeros derivados de todos los credos y filosofías); aporte científico (con intervención de todas las ciencias que trabajan las causas de las matanzas y la procura de escenarios no violentos y en especial, no letales); desarrollo de habilidades (métodos individuales y grupales para la acción transformadora) y finalmente, la sublime sutileza de la creación artística, en el entendido que la expresión del arte en todas sus manifestaciones desplaza toda acepción lúgubre porque las artes son "una poderosa celebración de la vida".

El catedrático estadounidense considera que alcanzar un escenario eficaz con los cuatro elementos mencionados requiere a su vez de liderazgo democrático, competencia ciudadana, institucionalidad presta a ejecutar las acciones y recursos de apoyo que permitan la consolidación de una nueva ciencia política orientada esencialmente hacia la paz.

Tales observaciones no son un exceso de romanticismo, sino que apuntan a un razonamiento distinto en el ámbito de lo público y en especial, en la definición, ejercicio y traspaso del poder. Por eso se habla de la democracia como ese milagro social que permite un traspaso del poder de forma pacífica, civilizada, cordial.

De allí que lo de Clausewitz exige a la luz del siglo XXI que transitamos un desmentido sin titubeos. Su enfoque prusiano de la política corresponde a más de dos centurias atrás y fue dado en el contexto de las guerras napoleónicas; pero es mentira que la política y la guerra sean comparables a modo de categorías similares, siendo que en realidad son antagónicas porque aquí lo hemos dicho: una es deseable y la otra no, porque es en todo sentido lamentable, con la excepción para los fabricantes y comercializadores de armas (industria armamentista), esa extraña logia que se frota las manos ante cada conflagración.

El desmentido enérgico es un imperativo. Permitir la confusión es desconocer los logros de la civilidad; el hecho de poder afianzar la vida en sociedad con arreglo a valores; a la construcción de consensos; al predominio de la razón; a la valoración de la opinión diversa de la sociedad conjuntamente con sopeso a las mayorías; la conquista por medio de ideas y argumentos; la seducción por propuestas, por ideales, por un modelo de sociedad que nos contemple e involucre a todos, como en efecto plantea el quehacer en la médula de los asuntos de interés público, y jamás, el arrebato de la imposición de voluntad por intermedio de la fuerza (que es la guerra), la aplicación de la barbarie y la violencia para definir el destino de los pueblos por parte de una élite.

La guerra y la política no son asimilables, aunque se intente hacerlo por mil formas. Son cosas que se diferencian en su fundamento. La política con su arsenal de ideas surge desde la humildad de compartir pareceres, comunicar y escuchar, proponer y acceder. La guerra parte desde la voluntad de la arrogancia, el egoísmo, y la capacidad de martirizar a un contrario para someterlo a la voluntad de un poderoso bajo amenaza y uso de las armas.

Jamás puede ser comparable un debate con argumentos, ideas, propuestas, a una decisión impuesta mediante una pistola en la cabeza.

Ni "la guerra es la continuación de la política por otros medios" ni tampoco "la política es continuación de la guerra".

Tal expresión es un simplismo que se sirve de las fricciones constantes en la pugna del poder para ofrecer un matiz inexacto, falso. Tal maniobra discursiva llega a ser en algunos casos justificación para actos de cinismo, de inescrupulosidad, del "todo se vale". Donde surgen excusas o frases pusilánimes como aquella de Napoleón, según la cual "Dios está a favor de quien tiene más cañones". O fomento para la errada obsesión de algunos que ansían la presencia de liderazgos supuestamente fuertes, cuando en realidad se trata de autócratas disfrazados, con alguna tarea en la escena pública. Afortunadamente a ese equívoco le salió al paso el profesor Archie Brown, echando por tierra los coqueteos autoritarios con su obra *El mito del líder fuerte. Liderazgo político en la era moderna* (2015). Dicho una y otra vez, "lo cortés no quita lo valiente", puede agregarse lo respetuoso   de la pluralidad, no quita el liderazgo.

De allí la necesidad de salirle al paso a cualquier pretendida confusión en una equiparación tan forzada como irreal. La guerra es contranatura, es aniquilamiento, sinrazón, sometimiento. Es cosa ajena a la evolución humana en civilización, que por el contario asume como esencia el respeto por los demás, el esfuerzo por la construcción de consensos.

El modelo de sociedad que sigue un conglomerado humano ha de depender de la opinión de quienes lo componen. Suponiendo, como claro lo canta Savater, que han de estar y están informados. Asumir la responsabilidad de su criterio y discernimiento. Analizar, comparar, indagar, decidir. No porque se lo dictaminan bayonetas o cañonazos en medio de la calle o en la puerta de su casa. Tal aberración de la fuerza y de las armas es incivilidad, es barbarie.

Aunque suene absurdo, los guerreristas necesitan un soporte teórico y filosófico para justificar sus desmanes, así como la oscura orientación de su personalidad y la vocación en la que ha desembocado su existencia; por eso el despropósito de evangelizar con la infeliz frase prusiana.

Tan obsoleto pensamiento se ha tomado como referencia en cuerpos militares y extremistas grupos empresariales, de esos que ven el mercado como un campo de batalla donde salen a "destruir" a la competencia y a buscar con ferocidad la captación de clientes para sus productos o servicios, que le permitan vender más; ganar más; acumular más, gastar más y por mampuesto aniquilar al contrario.

Promover, aupar e iniciar guerras es de cobardes. Es mezcla de flojera mental y miedos no resueltos. Es dejarse llevar por el arrebato, el cálculo egoísta, las ambiciones desmedidas; es un acto miserable de facilismo, aunque se trate de encubrir con ropajes retóricos, sentido historiográfico, propuestas redentoras o falsos refugios en glorias pasadas. Hacer la paz, construir sociedad, promover y aupar modelos de naciones más prósperas, inclusivas, integradas, con respeto al equilibrio medioambiental y a la diversidad eso sí que es de valientes. Eso si requiere coraje, gran esfuerzo, disciplina, empatía y una tenacidad a prueba de dificultades.

CAPÍTULO VI

Política y antipolítica, del alto riesgo al cultivo de autócratas

Política: oficio de alto riesgo

Desde el comienzo del texto he enfatizado las particularidades de la actividad política. Contracorriente he subrayado sus virtudes, así como los inmensos desafíos que supone su práctica. He dicho que es una labor sacrificada, sublime y expuesta como la que más. Porque al igual como es la de los policías, encierra en su ejercicio un alto riesgo, en todo sentido.

El practicante es expuesto ipso facto a tangibles e intangibles: entre lo segundo destaca la intriga, el señalamiento fácil, la generalización que desemboca en el descrédito; porque el político es blanco de todo tipo de infamias que buscan promover el desprecio del público. En cuanto a lo segundo, sufre persecución, secuestro, encarcelamiento; agresiones físicas directas por cuanto se presentan represalias provenientes de los intereses que se entrecruzan y hacen de un pedido no satisfecho una afrenta que convierten en factura a cobrar en lo personal y a veces hasta lo familiar.

Hacer política en todo sistema es comprometido, pero más aún lo es en las autocracias donde una elite estructuralmente incapacitada para ser demócrata desarrolla esa curiosa hipersensibilidad a la crítica, por lo que casi todo lo perciben cual amenaza a su esquema de poder omnímodo; así reaccionan ante cualquier propuesta o reflexión que les contradiga, actuando desproporcionadamente en contra de la integridad física y moral de la disidencia. Otras tantas veces, como veremos en algunos ejemplos, el político en competencia electoral, en ejercicio del gobierno o después de hacerlo es víctima de ataques y agresiones de toda naturaleza, hasta llegar al asesinato.

Persecuciones, enjuiciamientos y destierros son obstáculos dramáticamente habituales en la vida de los líderes. Pero como se señala es peor, porque en casos se llega al aniquilamiento: la historia cuenta diversos eventos en los que se trata de parar una idea y la fuerza inercial del movimiento que la impulsa, acabando con la vida del líder o lideresa.

Es menester comentar al comienzo de esta sección que ya había terminado el libro cuando se presentó la más reciente sacudida de violencia política en Ecuador que acabó con la vida, entre otras varias personas, del candidato a Alcalde de Puerto Lopez, Omar Menéndez, justo la noche previa a las elecciones; del candidato a asambleísta Rinder Sánchez; el Alcalde en funciones de la ciudad de Manta, Agustin Intriago; el dirigente parroquial de San Mateo, Esmeraldas, Pedro Briones y el candidato presidencial Fernando Villavicencio, este último a escasos 11 días de los comicios nacionales. Tan indescriptible tragedia sufrida por el noble país Equinoccial, corrobora y confirma fehacientemente la tesis aquí plasmada.

Ejemplos abundan. Tomemos nota de algunos. Remontándonos 2500 años nos topamos con la figura de Sócrates, quien terminó condenado a muerte vía envenenamiento, luego de un juicio emblemático en el que su sensatez chocó con la pétrea decisión preestablecida de matarlo a menos que doblegara su actitud de abrir debate en la sociedad y contrariar preceptos establecidos por la elite gobernante. Sócrates, con arrojo e hidalguía que dos milenios y medio después aún resuenan y asombran, prefirió aceptar el veneno, tomar la cicuta, entregar su vida, pero mantenerse firme convencido que hacer pensar a los jóvenes y promover una actitud crítica, no constituía delito alguno.

Otro caso que partió aguas y cambió el curso de los acontecimientos ocurre cinco siglos después del de Sócrates, me refiero al del profeta judío Jesús de Nazareth, quien se echó a andar los caminos al encuentro de la gente para compartir su mensaje, divulgar la verdad de su apostolado, con una palabra poderosa de amor; de encuentro entre las personas, evocación de sentido de trascendencia de la vida y más; lo que atemorizó a la elite religiosa y política de entonces, la que en medio de sus inseguridades cometió la aberración detorturar y luego asesinar vía crucifixión a este buen hombre cuyo mensaje siempre fe de paz, solidaridad, encuentro. Menciono muy especialmente a Jesús porque no queda ninguna duda de la impronta social, espiritual y (agrego sin titubeos) política de su gesta. Eso que hizo el justo, como también se le conoce, fue de alta política en el más elevado sentido de la palabra, de tal dimensión que dividió la historia de la humanidad en un antes y un después de su paso por la Tierra. Aquella proeza del Cristo Jesús que fue testimonio vibrante, entrega y fuente de inspiración, junto a la prueba de sus seguidores, dio lugar a la religión, que, en sus diversas acepciones, predomina en la cultura occidental planetaria. Bebo de esa fuente porque recibí la herencia cultural de su doctrina, me eduqué en sus valores y asumo el cristianismo como parte de mi formación filosófica. Tal vez ello tenga que ver con la reflexión que dio lugar a la iniciativa de este libro.

Otras grandes figuras que por sus ideas e incidencia de su accionar en favor de los demás terminaron sus vidas ante la tan desalmada como cruel acción de un asesinato, víctimas de la sinrazón en su despliegue más absurdo, son por ejemplo, Abraham Lincoln, 16to Presidente de los Estados Unidos de América, quien mediante la *Proclamación de Emancipación* fue protagonista clave en la abolición de la esclavitud; Mohandas Karamchand Gandhi, figura principal en el movimiento independentista de India cuyo coraje mediante el combate pacifista asombró despertando admiración en el mundo entero; John Fitzgerald Kennedy, 35to Presidente de los Estados Unidos cuyo magnicidio es uno de los más sonados de la historia. Kennedy héroe de la segunda guerra mundial, actor clave en la llamada guerra fría, fue un maestro de la política, como también –nótese la paradoja– un civilista y pacifista de relieve.

Cuando me preparaba para avanzar en mi trabajo doctoral, leí los últimos discursos públicos de Kennedy justo antes de ser asesinado, en los que encontré un hilo conductor que hilvanaba todo su mensaje: promoción de la paz, y abolición de ciertos presupuestos de compras de armas, orientando esos recursos para inversiones en pro de la sociedad. Lo que me llevó a presumir que la industria de las armas pudo haber tenido alguna relación con el horror del magnicidio. De Kennedy entonces, aunque muchos no lo sepan y partiendo de su propio mensaje, resalta su posición clara en contra de la carrera armamentista, en favor del desarme en general que asumió con particular valentía.

Otro caso de gran repercusión fue el de Yitzhak Rabin, quien siendo un militar héroe de su pueblo protagonista de la célebre "guerra de los 6 días", llegó a ser Primer Ministro de Israel y promovió la paz entre otras cosas mediante los *Acuerdos de Oslo* para evitar la sangrienta confrontación entre israelíes y palestinos, pero un enloquecido fanático de ideas totalitarias (etiquetado por el lenguaje fácil como extremista de derecha) acabó con la carrera y la vida de este gran estadista Premio Nobel de la Paz 1994, galardón recibido junto a su compañero Shimon Peres y el líder palestino Yasir Arafat, quien fuera envenenado según la teoría que refuerza el hallazgo de científicos suizos y otros, que examinaron el cuerpo luego de la exhumación de 2012, hallando grandes niveles de polonio, compuesto radiactivo y altamente tóxico.

Si nos asomamos a Colombia, en el país suramericano se asesinaron tan solo en el siglo XX a cinco (5) candidatos presidenciales: Jorge Eliécer Gaitán (1948), Jaime Pardo (1987), Luis Carlos Galán (1989), Carlos Pizarro (1990) y Bernardo Jaramillo (1990), lista a la que hay que agregar decenas de miles de otros dirigentes sociales y militantes políticos de todos los niveles. Una verdadera orgía de sangre, síntoma de males profundos de intolerancia, envilecimiento y menosprecio por las ideas y la vida de las personas.

En México se vivió la condenable ejecución del presidente Álvaro Obregón (1928) y de un candidato presidencial, Luis Donaldo Colosio (1994). Pero la violencia se enseñorea y presenta una realidad dantesca de la actividad política mexicana, tal y como lo refiere la consultora Datalnt, en voz de su director Carlos Matienzo, quien en declaraciones ofrecidas a CNN informó que, "los períodos de elecciones de 2015, 2018, 2021 fueron muy violentos". Para abril de 2021, según Matienzo, superaban el número de 80 personas asesinadas a razón del proceso comicial de ese período, de los que 32 eran candidatos o aspirantes a serlo.

Otros magnicidios que se deben recordar como el de Rajiv Gandhi, ex primer ministro de la India (1984-1989) ocurrido en mayo de 1991, mediante un atentado del grupo autodenominado Tigres de Liberación de la Patria Tamil, hecho pavoroso que ocurrió cuando se disponía a realizar un mitin electoral. Antes, en octubre de 1984, también fue asesinada su madre, la primera ministra India Indira Gandhi, quien fue agredida a disparos por dos de sus guardaespaldas en la residencia oficial, en una mezcla de temas políticos y fanatismo religioso de los asesinos. De igual modo tomamos nota del ocurrido en Haití, donde fue aniquilado también en la propia residencia presidencial mientras dormía, en la madrugada del 7 de julio de 2021, el mandatario Juvenel Moïse, acto cometido por un grupo de mercenarios extranjeros que actuaron tipo comando y en el que la policía y el servicio de custodia presidencial despertaron muchas sospechas por su escandalosa inacción. Un año después, otro asesinato de un dirigente máximo pero esta vez en Asia: en julio de 2022 cae gravemente herido de un disparo por la espalda en medio de un acto público el líder japonés Shinzõ Abe, quien fallece a los pocos minutos. Mismo mes y año cuando el ex presidente de Honduras Porfirio Lobo vivió la tragedia del asesinato de su hijo de 19 años por parte de un comando armado que fue a buscarle a la salida de un sitio nocturno en Tegucigalpa exclusivamente para matarlo. Para colmo, la madre del chico, la ex primera dama Rosa Elena Bonilla, fue condenada ese mismo 2022 a pagar 14 años de cárcel acusada de supuesta corrupción. El acabose para toda una familia.

Otras muertes provocadas a importantes dirigentes demuestran lo desalmado del ataque a los políticos. La agencia informativa EFE recordó en uno de sus reportes los casos de varios altos dirigentes agredidos de forma letal. El 13 de febrero de 2004 murió en un hospital en Doha (Catar) el ex presidente checheno Salim Khan Yandarbiyev debido a las heridas sufridas por la explosión de un coche bomba en la capital catarí. En el atentado también perdieron la vida dos de sus guardaespaldas. Dos espías rusos fueron condenados por el crimen.

También en febrero, pero de 2005 un vehículo con explosivos acabó en Beirut con la vida de Rafiq Hariri, ex primer ministro libanés en dos oportunidades (1992 -1998; 2000 – 2004).

En diciembre de 2007 fue asesinada Benazir Bhutto, quien había sido primera ministra paquistaní en un par de ocasiones (1988-1990; 1993-1996). Apenas había regresado al país dos meses antes después de más de ocho años en el exilio. Fue tiroteada luego de pronunciar un discurso en la ciudad de Rawalpindi, participando en la campaña electoral para las legislativas a celebrarse pocos días después. Además de los disparos, el agresor estalló una carga explosiva que llevaba en el cuerpo asesinando en el acto a 28 personas más.

El 20 de septiembre de 2011 el ex presidente de Afganistán y jefe del Consejo de Paz, Burhanudin Rabbani, murió en la capital Kabul junto a cinco personas por un atentado suicida en su domicilio. Rabbani presidió el país entre 1993 y 1996, siendo su gobierno derrocado por los talibanes.

Antes, en mayo de 2007 otro dirigente afgano, Abdul Saboor Farid Kuhestani, primer ministro del país durante apenas un mes entre julio y agosto de 1992, murió abaleado a la salida de su casa en Kabul. De acuerdo a reporte de la agencia española de noticias EFE, en diciembre de 2017, el expresidente de Yemen Ali Abdalá Saleh murió a manos de rebeldes hutíes, que después volaron su casa en Saná. Saleh gobernó Yemen durante doce años (1990-2012), posteriormente salió del poder debido al caos y la presión producto de las masivas protestas de la Primavera Árabe.

Volviendo a Latinoamérica, en República Dominicana fue asesinado en su propio despacho el ministro de Ambiente en funciones Orlando Jorge Mera, a manos de un sujeto que subió hasta la propia oficina del dirigente para cometer el crimen.

En Venezuela como en Nicaragua y Cuba, los organismos locales, regionales e internacionales de defensa de los derechos humanos, valga decir defensa de los derechos esenciales de toda persona, registran miles de agresiones de todo tipo contra ciudadanos que han participado en los asuntos públicos de sus respectivos países con una posición crítica al grupo que controla y dirige el aparato estatal en cada caso. Los desmanes incluyen represión indiscriminada; detenciones arbitrarias; juicios sin el debido proceso y muchas veces sin ni siquiera derecho a la defensa; destierro a granel incluyendo la insólita medida de pretender despojar de su nacionalidad (como ocurrió con 316 nicaragüenses en el primer semestre de 2023) llegando el listado de agresiones incluso a lo peor: el asesinato.

Impacta conocer cómo en el país suramericano, por ejemplo, se admitió que fue asesinado el dirigente político Fernando Albán, lanzado desde un 10mo piso de la torre de la policía del poder cupular que lo tenía bajo custodia, y escandaliza que los entes del Estado que están para servir a la gente lejos de cumplir su deber; se dedicaron a proteger al funcionariado desmintiendo la crueldad de semejante hecho, tratando de esconderlo para presentarlo como un accidente, como un suicidio. Los familiares y relacionados de Albán, concejal de Caracas, aseguran que murió producto de las indescriptibles torturas y que luego lanzaron el cuerpo desde una ventana del edificio policial para simular un supuesto suicidio y así encubrir el crimen.

Albán fue apresado por la policía de "inteligencia" del aparato estatal en el aeropuerto que sirve a la ciudad de Caracas, al regreso de una participación en reuniones de Naciones Unidas en Nueva York.

Voceros del aparato estatal hablaron de suicidio en octubre de 2018; para luego que la investigación avanzó en la *Corte Penal Internacional* admitir en diciembre de 2021 que sí fue un asesinato. Pero aun así la cúpula en funciones de gobierno se burló de los familiares y de la sociedad toda impactada por lo macabro del suceso, anunciando una condena a dos funcionarios de bajo rango, Miguel Do Santos Rodríguez y Keiberth Cibelli Moreno, pertenecientes al organismo que asesinó a Alban y de quienes no mostraron fotografías porque sus imágenes las resguardaron con hermetismo, a tan solo 5 años 10 meses de prisión, mientras que a ciudadanos críticos a la cúpula con el control del Estado, quienes fueron acusados de supuestamente planificar un atentado, recibieron de manera expresa condena de 30 años de prisión.

Así, en los tres referidos países se cuentan por decenas los muertos de personas que asumieron un rol político de reclamo, con el coraje cívico, gallardía y el valor de involucrarse en los asuntos públicos de sus respectivas sociedades, corriendo el máximo de los riesgos ante el poder y su reacción desproporcionada y brutal.

Por otro lado, y llevando la mira a Perú, mención aparte merece el caso del ex Presidente Alán García, quien estando en el mejor momento de su capacidad intelectual, su experiencia de estadista porque aunque su primer gobierno fue deplorable, su segundo mandato en cambio destacó positivamente en varios aspectos, se vio asediado por lo que presumía se convertiría en un asesinato moral en medio de la degollina que en Perú tienen contra sus expresidentes, por lo que cuando fueron a detenerlo a las puertas de su casa decidió suicidarse, se quitó la vida mediante un disparo. Algo terrible, absurdo, trágico final luego del asesinato moral que estaban por aplicarle.

Y así, miles de casos en los que la exposición pública del liderazgo termina en agresión de todo tipo, incluso letal, en un oficio que como pocos implica estar significativo tiempo en la calle, compartir con mucha gente, ir al encuentro e intercambiar con personas y grupos como una constante; exponerse para defender en público ideas, propuestas, construir relatos, asumir retos en extenuantes jornadas que no conocen fin. La política está cargada de heroicidad, es una labor altamente riesgosa como pocos pueden tan siquiera imaginar.

Antipolítica: Serpiente que se muerde la cola

Ante el sacrificio, el riesgo, la dedicación sin horarios, entre otros sin sabores que a lo largo de estas páginas se plasman, lo más paradójico de esta ocupación es que hay sectores, grupos e individualidades que en medio del ataque generalizado contra la política y sus protagonistas, se dedican a hacer política precisamente hablando mal de la política, señalando con el dedo acusador a todo lo que se relacione con la política. Pero su deseo real, aunque soterrado, es hacer política, pero a costa de malponer a la política y a los políticos. Nace así esa especie de la insensatez conocida como la antipolítica.

Tamaña desnaturalización, que no ingenua sino perversa e interesada, ha de enfrentarse con claridad, expresando los valores insustituibles de la política. Resaltando su carácter pedagógico, el apostolado que en esencia es, la entrega que exige. Aceptando la invitación que hace el dirigente socialdemócrata venezolano Héctor Alonso López a ver *el rostro humano de la política*. Afinando el olfato para identificar a aquellos que enarbolan discursos peyorativos con el oculto fin de ganar protagonismo y hacerse con un espacio en la discusión política, pero malponiendo al sagrado ejercicio que, a fuerza de intrigas, quieren liderar. En tales actuaciones hay bastante de arribismo, de maniobra y menos de vocación por los demás.

El catedrático colombiano Alejandro Gaviria, ex Rector universitario y Ex ministro de varias carteras, identifica la necesidad de "superar las pasiones autodestructivas" de cierto lenguaje político. Con sus libros *Alguien tiene que llevar la contraria, Siquiera tenemos las palabras, Otro fin del mundo es posible y En defensa del Humanismo*, hace muchas cosas maravillosas entre las que me emociona esa virtud de valorar la poesía y la participación política (casi como similares), a los niveles de exaltación que merecen.

La antipolítica es dañina, altamente dañina. Porque abona el terreno a todo tipo de sujetos ajenos al respeto, la pluralidad, el consenso, a la tolerancia, para ocupar espacios decisivos por su gran incidencia en la vida colectiva, ocurriendo que numerosas oportunidades terminan en gestiones arbitrarias.

Como expresé páginas antes en la sección *Distorsión en la narrativa*, la desviación antipolítica fomenta con torpeza o candidez un neoautoritarismo disfrazado, cínico alimento de sentimientos básicos como el miedo y su subproducto: el odio, ambos dramáticamente destructivos, desintegradores del tejido social.

Ciertos intereses creados que tienen relación con los "malos de la película" promueven el repudio a la política en una situación que llega a la histeria colectiva. Recuerdo haber escuchado en la radio un tema muy pegajoso de la banda musical *Desorden Público* cuyo estribillo decía "… yo quisiera que los políticos fueran paralíticos"; también telenovelas que fueron un boom en Latinoamérica y otras partes del mundo, como la recordada *Por estas Calles*, en la que el personaje Don Chepe daba vida a un hombre dedicado a la política, y éste era un cínico, malicioso, perverso, hipócrita y así, cientos de series de entretenimiento donde se presentaba a la actividad política y sus protagonistas como lo peor. De allí a que surgieran personajes vengadores, salvadores de la patria, improvisados que eran buenos por el solo hecho de venir de cualquier otra actividad, como expolicías, acaudalados empresarios, espías o militares, solo era un paso.

Así, con semejante prédica antipolítica, la población rechaza involucrarse en los asuntos de interés público, con lo que deja los espacios comunes a merced de arribistas, sociópatas y marionetas de los grupos de poder, beneficiarios del ausentismo de la ciudadanía en el protagonismo cotidiano del espacio común.

El bien más preciado en cuanto a esta discusión de política, antipolítica y procesos sociales, es el político bien plantado, formado, con carácter fraguado por la experiencia, hecho a la sazón de las banderas de solidaridad, empatía; del consecuente fragor en aras de la emancipación del conjunto de la sociedad; con la piel curtida por años de entrega en la labor de la cosa pública. Pero en la política, como terreno de nadie (y de todos a la vez) llegan chicos consentidos de grupos poderosos, a quienes se les promueve para que reinen en el espacio común y desde ahí, sin importarles el bienestar del conglomerado nacional, velen por la prevalencia de las prebendas y privilegios de sus élites promotoras. Así como los hay representantes de oscuros intereses, los hay narcisos que se sienten ungidos, especies todas que tienen camino abierto de llegar si y solo si se promueve el desánimo colectivo, apatía, desgano, el rechazo a lo público y por ende, a la no participación.

Ciertos sociópatas que llegan al poder gracias a que la sociedad se aparta del ejercicio político, suelen promover discursos segregacionistas, agendas populistas vacías de contenido motivacional y de gestión, pero repletas de falacias, las más de las veces vociferando una impostada épica y nacionalismo tan infantil como retorcido, siempre polarizante, que hacen sonar con ligereza los tambores de la guerra. Cada vez que presencio esos discursos altisonantes me pregunto: ¿Será que tienen negocios con los vendedores de armas?

Algunos de esos mandatarios enajenados usualmente paladines de la antipolítica que promueven guerras, ¿será que reciben a escondidas comisiones por la comercialización de armamentos? ¿Tendrán beneficios materiales de los presupuestos de emergencia que se declaran en las escaladas guerreristas para impúdicamente comprar armas y así aplacar la sensación de miedo que ellos mismos han infligido en el corazón del pueblo? De nuevo vemos aquí el malvado uso de la atemorización colectiva como mero cálculo, como herramienta para manipular. Bien lo expresa el Premio Nobel Richard John Roberts "primero infunden miedo y después prometen protegernos" si votamos por ellos. Pero lo grave de esto es que "una vez que la gente tiene miedo, es difícil tranquilizarla".

Esas preguntas e inquietudes sobre los beneficios que deja la salvajada de la guerra, tendrán respuestas con toda seguridad; porque las mismas irán siendo respondidas con el pasar de los años y mediante la permanente investigación en las ciencias sociales junto al indetenible flujo de la comunicación.

Hitler, Putin, Castro y otros, como hijos de la antipolítica

El reiterativo discurso antipolítico da lugar a que aparezcan esos sujetos que vienen de otros escenarios que, al no ser políticos, son aplaudidos con ingenuidad por un público presa del engaño de salvadores a los que –según dicen– no les interesa la política sino "salvar a la patria", o devolver viejas glorias ahora mancilladas, o labrar sectariamente el camino hacia un futuro prodigioso. Lo único que necesitan para alcanzarlo, es nada menos que se les apoye ciegamente en su obsesión por el control total de la representación de los ciudadanos, para pasar a ejercer un control totalitario del poder.

Así saltan a la palestra ex militares, espías, empresarios, deportistas, artistas, campesinos, gremios, atletas, reinas de belleza y corporativistas de todo pelaje, por lo general bien recibidos con tal que no sean políticos; o sea, que bajo ninguna condición se caractericen como profesionales de la política, para que cumplan así el principio de credibilidad como dictamina la repetitiva cháchara antipolítica. Impresiona la desinformación combinada con ignorancia supina y una cándida mirada que se aproxima a la estupidez, que da crédito a la maniobra trayendo como resultado, una y otra vez, el encallejonamiento de regímenes sectarios, xenófobos, muchas veces autócratas que martirizan a la población. No se piense que abogo por el signo opuesto, lejos de pensar que todo lo que venga de la tradición y formación política es bueno de manera automática; que es positivo por el simple hecho de serlo ¡No! Tampoco. Por el contrario, el secreto es la participación, el involucramiento masivo de los ciudadanos en todas las esferas y espacios de los asuntos públicos. Es allí cuando se configura una democracia vibrante; es allí donde surge el gran antídoto contra los abusos del poder que pareciera existir en cierta parte de la naturaleza humana. El que venga labrado en el quehacer político tiene genuino respeto por las instituciones, porque conoce el valor de la pluralidad, porque su formación se ha basado en eso.

Dicho lo anterior, queda claro que la antipolitica es terriblemente dañina para la sociedad. De ese equivocado enfoque han surgido sujetos como Adolfo Hitler, Benito Musolini, Francisco Franco, Augusto Pinochet, Fidel Castro o un Vladimir Putin, cada uno en su contexto, cada uno en sus circunstancias, pero todos protagonistas de oprobiosas páginas de la historia donde el sectarismo, el control totalitario y en algunos casos hasta segregación y xenofobia, marcaron una gestión pública de terror para millones de ciudadanos. No se crea, aun así tales sujetos tienen sus frenéticos defensores, precisamente porque existe en algunos la deformación de lectura unidimensional a la hora de procesar la realidad.

No hay salvadores todopoderosos, hay participación todopoderosa de la ciudadanía o el pueblo en los asuntos públicos. Involucramiento que, admitámoslo, es aburrido, trabajoso, que exige informarse, pensar, discernir, reflexionar, contrastar, dedicar tiempo, esfuerzo y en el mundo de individualismo con búsqueda de satisfacciones inmediatas, o como dice Noreena Hertz (2020) mundo dividido del *siglo de la soledad*, eso resulta en particular muy tedioso. No obstante, es trascendental como lo que más. Creo sinceramente, que se nos va la vida en eso.

El engaño de la antipolítica, hoy de moda por más absurdo que parezca, es promovido en masa buscando mejoras a los males que azotan a nuestros países, en algunos casos hasta con buena intención, aunque prontamente muestra sus efectos nocivos en las dinámicas nacionales y globales. Debemos entender que la corrupción, el perjuicio, no es solo el desvío de dineros públicos, malversación en todo sentido condenable, pero también, como dice el estudioso colombiano Alejandro Gaviria, hay también una corrupción del lenguaje político al "caer en la tentación del odio y la justificación de la violencia", utilizar la palestra de atención para sembrar maledicencia, inquina y todo tipo de toxicidad en los auditorios.

Eso que resumimos como antipolítica trajo a escena del mando público a personas como Donald Trump y Jair Bolsonaro, quienes realizaron unas gestiones por decir lo menos, lamentables, llenas de un revanchismo fracturador, así como de un negacionismo del daño medioambiental y el consecuente cambio climático a pesar que la ciencia ya ha demostrado con pruebas irrefutables cientos de veces, en todos los géneros y formatos posibles, lo grave del asunto. Fragmentaron sin pudor a la sociedad. Sembraron odio y división en el público, con tal de reinar en sus propósitos.

También la apuesta a la antipolítica dio lugar a una figura como Hugo Chávez, a quien algunos apoyamos por su énfasis en la agenda social, pero luego devino en construcción hegemónica y secuestro de las instituciones, sectarismo político, económico, con obsesión de permanencia en el poder, y segregación de la parte de la población que no apoyase tales intenciones. Todo lamentable, y razón de vergüenza para quienes alguna vez coincidimos con ciertos planteamientos, que inicialmente se mostraron en esencia democráticos. Otro tanto ocurrió con Nicolás Maduro, quien se sirvió de los resortes del poder heredados de su mentor, para mantenerse por varios años en el control hegemónico y arbitrario del Estado. La antipolítica también fue promoción de un personaje como Daniel Ortega, quien ha hecho de Nicaragua una escena de horror y persecución extrema para los ciudadanos que con justificada razón difieren de su extendido mando repleto de arbitrariedad, nepotismo, manejos oscuros y crueldad. Abundan las acciones deplorables, pero sirva decir que ha llegado a invadir iglesias, perseguir, secuestrar, encarcelar y condenar sacerdotes, incluso a prohibir ese acto hermoso devocional que son las procesiones católicas.

Para cerrar esta parte donde se intenta identificar el tipo de personajes a los que da lugar la antipolítica, me concentro en la descripción que hace una reconocida profesional de la salud, la médica cubana Hilda Molina, promotora del *Centro Internacional de Restauración Neurológica* y diputada al poder legislativo cubano denominado por su cúpula como Asamblea Nacional del Poder Popular, quien fue cortejada por Fidel Castro durante la década de 1980, por lo que hubo entre ellos largas conversaciones durante meses, años, en los que la científica se dedicó a estudiar su personalidad, haciendo luego una descripción minuciosa de lo que encontró en el mandatario al frente del último reducto comunista de occidente.

Al leer varias entrevistas de la médica Molina, pensaba en Castro y la similitud de tal descripción con varios autócratas clásicos y contemporáneos, como Vladimir Putin, quien muestra una obsesión extraña en su despiadado ataque a Ucrania, llevándose por delante todo, incluso asesinando ancianos, mujeres y niños. También Adolfo Hitler, el desquiciado que fue capaz de empujar a la culta Alemania de comienzos del siglo XX al abismo de la barbarie, y promovió el muy documentado aterrador capítulo del holocausto contra el pueblo judío y otras minorías, haciendo de su gestión una sofisticada máquina de asesinatos masivos.

Pero veamos esta descripción que se puede extrapolar a sujetos con similares comportamientos. Entre las entrevistas concedidas por la científica Hilda Molina, destaca la realizada por el comunicador venezolano Napoleón Bravo, conversación disponible en su canal de YouTube (Napoléon Bravo @BRAVO24),[36] y en la que describe los rasgos de personalidad del dictador caribeño, como resultado de un estudio minucioso que hizo luego de horas, días, semanas y años de conversación en persona, a solas, cara a cara, porque Castro la visitaba en el centro de investigación neurológica que Molina había ideado. Era obvio que el mandatario la pretendía, y por eso la visita constante a la que era una joven aguda e inteligente. Ella se dedicó a analizarlo, a estudiarlo con detenimiento y a consultar autores sobre psicología y patrones conductuales para tratar de descifrarlo.

"Castro tenía los tres trastornos sociales de la personalidad: psicópata, narcisista y sociópata. Tenía una personalidad muy patológica donde se reúnen estas tres cosas. Era un psicópata clásico tal y como se define en los libros".

La neurocientífica asegura que este tipo de sujetos son narcisistas extremos, ya que el individuo con esa patología *"no quiere a nadie, solo se quiere a sí mismo; a los demás los uti-*

---

36 *Las confidencias de Fidel Castro: un psicópata, narcisista y sociópata, Disponible en https:// www.youtube.com/watch?v=ZqbFywUsUOw*

liza y luego los desecha". También asegura que por lo general son resentidos, tienen fracturas emocionales no resueltas.

"(Castro) era monumentalmente resentido y todos los resentidos de la tierra era fácil se identificaran con él... Lo mismo pueden ser millonarios, pobres, ricos, intelectuales, pero el gran requisito es que eran todos resentidos". Era tan delirante, afirma, que excusando su entronización en el poder me dijo: *"solo algunos podemos hacer felices a los pueblos"*. Delirio de grandeza, narcisismo y resentimiento. Vaya coctel explosivo.

Los personajes con estas características exacerban el resentimiento en sus discursos, para mediante la retórica moldear un enemigo que acecha, que es amenaza inminente, y preconizan que solo respaldando al psicópata es como el pueblo estará protegido. Por esa vía la población vive envuelta en una excusa con el dedo acusador contra una amenaza externa; convencida que la culpa de todo siempre está en otros, unos enemigos imaginarios que le inventa el discurso oficial, por lo que "el resentimiento prima en muchas personas; no razonan, apenas repiten consignas". Asimismo, no apoyar al "líder" en todo lo que se le ocurra, no seguirlo a pies juntillas en todos sus arrebatos y caprichos o criticarlo en algo, es en esa lógica perversa alinearse con el enemigo, entonces la persona crítica será acusada de traición.

Para Hilda Molina, el daño que se le ha hecho a Cuba es monumental. "Excepto una elite, un grupito de privilegiados... el tejido social cubano está tan dañado que no tienen identificación con la política... se le ha robado a ese pueblo la posibilidad de tener un proyecto político, solo piensan en lo material".

El mal ha sido extendido allende fronteras de la antilla mayor del Caribe, "han enfermado a los cubanos, han enfermado a los venezolanos, han enfermado a toda América Latina... porque el psicópata que fue Fidel Castro "se dedicó a robarle el alma, el cerebro, el autoestima, a llenarla de odio, es un daño antropológico...", cosa que hizo, según explica Molina, siguiendo los dictados del teórico marxista italiano Antonio Gramsci, ya que con resentimiento y odio se llegaba a manipular a la gente a la que, según considera, en cierta forma se le roba el alma. Eso hace que el pueblo aplauda a su propio verdugo, y por esa vía el sociópata busca eternizarse en el poder, advierte Molina.

En otra entrevista, publicada en elindependiente.com, la neurocientífica reafirma su análisis sobre los rasgos de personalidad de Castro:

> *"Fidel era psicópata, sociópata y narcisista. Los psi- cópatas son carismáticos e inteligentes. Fidel era perversamente inteligente, un estratega extraordinario. El gran problema del mundo ha sido ignorarlo". Y agrega: "Tenía una mirada vacía, extraviada, sin alma. No experimentaba sentimientos hacia nadie. Era un alma atormentada".*[37]

La antipolítica como vemos, es sumamente perniciosa, porque promueve sin saberlo y sin proponérselo, este tipo de sujetos ajenos al sano intercambio en el ámbito público, o sea ajenos a todo lo que sea construcción de consensos, respeto a la pluralidad, valoración del tejido institucional, que llegan al mando y luego sus gobiernos de a poco y a veces a trompicones, devienen en regímenes despóticos que llenan de tormentos a la población.

Abstencionismo, gran aliado de los autócratas

La antipolítica también promueve el abstencionismo en elecciones, actitud sumamente perniciosa porque deja libre los espacios para que mal intencionados puedan avanzar en sus agendas de copamiento y control.

Como la antipolítica en cierto modo desdeña de lo público, porque desprecia a todos los actores que en el escenario

---

37 *Elindependiente.com: "Hilda Molina la doctora a quien Fidel Castro reveló su plan…" consultado el 3 de marzo de 2022.*

colectivo se involucran con constancia, permanencia, rutina, contribuye a algo tan dañino como la no participación, el no involucrarse, que a su vez tributa a favor de un desánimo general de la población, llevando a cualquier sociedad a la anomia.

El impulso natural de las personas en el mundo actual es a no involucrarse en temas comunitarios. En el reino del individualismo que experimentamos, lo lógica del sistema económico y las dinámicas que de él se desprenden en un sustrato social transversalizado por la tecnología, capaz de meter a cada quien en su burbuja digital de aislamiento perenne solo interconectado con otras burbujas que sintonizan la misma frecuencia de lo individual, las reuniones políticas de las comunidades o los partidos políticos son casi una mala palabra.

Si a esta atmósfera le agregamos las campañas insistentes y monotemáticas de la antipolítica, nos encontramos un estado general hacia el desgano, el no involucramiento y no participación en la tan necesaria constitución de un tejido social orgánico que ofrezca soporte al funcionamiento de una sociedad con valores como la solidaridad, el carácter gregario, el respeto a una idea compartida de nación, a un estado de ánimo general del bien común.

La antipolítica más atávica termina zambullida en el abstencionismo electoral, porque acaricia la infantil idea que la ausencia en los centros de votación puede estimular ataques de arrepentimiento en el grupo en el poder; o que una deslegitimación por vía de ese ausentismo en los comicios podría acabar con sus pretensiones, sin entender que con el solo hecho de participar la base electoral de sus seguidores, los arbitrarios en el poder tienen suficiente para excusar la extensión de sus mandatos. No digo que la técnica del boicot sea o deba ser algo inexistente en luchas democráticas, pero para que sea efectivo debe contar con unas características excepcionales como que sea abrumadoramente masivo, casi total; también sorpresivo, abrupto y con determinada hoja de ruta a posteriori. Pero no es el caso del abstencionismo electoral ante regímenes autocráticos actuales en los que los autócratas están advertidos y preparados para desenvolverse sin mayores apremios frente a la no concurrencia de una parte del electorado, más aún si la no concurrente es aquella que le rechaza, lo que es para los mandamases una buena noticia.

Además, es vital tener claro que todo proceso abstencionista fortalece a quien tiene el control del aparato estatal. De allí que quienes se oponen a un régimen de oprobio y pretenden combatirlo absteniéndose de expresarse en elecciones, por el contrario, lo están ayudando al dejarle sola la cancha justo en el terreno donde la autocracia es más débil como es en el de la consulta abierta y amplia al pueblo.

Cosas del desafío ciudadano: llamar a la abstención es fácil, cómodo, poco riesgoso. Por el contrario, participar debidamente en una elección es arduo, sumamente complicado, retador. Implica fatigoso trabajo de voluntariado; de promoción, selección y entrenamiento de testigos electorales. Participar es constituir y preparar equipos de movilización; montar estructura de totalización, conteo y defensa determinante de los votos. Requiere constituir una vasta estructura organizativa que permita representación en todos los centros y juntas electorales.

Hablamos de una labor titánica que requiere de mucha disciplina, constancia, sacrificio y además parir recursos de donde no hay para apoyar toda esa gran maquinaria logística, siendo que los recursos financieros por lo general siempre son escasos. Pero solo esto segundo es lo políticamente efectivo.

Solo la participación masiva es la que pone en aprietos a las autocracias. Reconozcámoslo, cualquiera puede haber incurrido en la trampa engañosa de la abstención, pero una vez conocido lo que hay detrás, debe transformarse en un entusiasta promotor de la presencia comprometida en eventos comiciales; traducido en aprovechar cualquier resquicio de democracia para manifestarse; o sea, para dejar sentir la voz propia y de los demás.

Culto a la personalidad en reemplazo del discernimiento

De la antipolítica como absurda promoción del desgano, o en su defecto rechazo de todo lo relacionado con los asuntos públicos, veamos este otro extremo de su expresión que abandona el carácter deliberativo y dialéctico que es propio de la política para terminar en la renuncia a la capacidad de pensar que es el culto a la personalidad.

No se profundiza en estas páginas sobre ese fenómeno de endiosamiento de algunos representantes gubernamentales, análisis propio de especialistas quienes desde distintos ángulos trabajan la materia, sino que apenas lo apuntamos como una expresión (o quizá consecuencia) de la antipolítica; inclinación que enfatizo como altamente perniciosa.

Soy amante de las biografías. Es un género que especialmente disfruto al ver los retos y desafíos que hubieron de enfrentar figuras maravillosas, sobreponiéndose a sus penurias, complicaciones, entornos hostiles, para empinarse por encima de las circunstancias y alcanzar determinadas metas siempre con mucho coraje, mucha esencia de alma, de vocación, de pasión. Deslumbra ver tamañas proezas vitales. Conmueve ver su humanidad y circunstancias. De modo que entiendo la admiración como gesto de respeto por esos tránsitos vitales que han marcado pauta. Hay biografías de todo tipo, lo sé; cada quien en sus entornos y procesos. Cada quien en su reto. Cada sociedad con sus objetivos y cada persona haciendo su aporte. Entendiendo esto, hay una lógica sana dinamizando las relaciones colectivas.

El problema es la tendencia a pretender liderazgos mesiánicos que inmovilizan el sustrato creador de cada quien, y solo moviliza un apoyo fanático, enceguecido, acrítico, especie de embeleso al "líder" que se cree ingenuamente es en sí la solución. Entonces observamos una inclinación muy barroca de conferirle casi capacidades sobrenaturales a determinados personajes, con lo cual abandonamos la capacidad de cada ciudadano de discernir e incidir.

El culto a la personalidad es irracional porque despoja a los admirados de su humanidad, para subirles al olimpo que dicta la fantasía de los admiradores. Es también inmovilizador, porque la acción social y los cambios en este ámbito dejan de ser un constructo deliberativo ciudadano, porque erradamente se enlazan a la exclusiva existencia de un venerado con supuestas habilidades extraordinarias.

Hay casos de culto a la personalidad en vida de astutos sujetos que se encuentran al mando de una nación, quienes construyen el relato fantasioso de su "grandeza" para justificar el control de la institucionalidad estatal y justificar la inclinación absolutista del mando, además de pretender siempre prolongar su tiempo en el poder. Luego hay otros que pertenecen a la historia, y cuya imagen reverencial se usa para justificar acciones en el presente que los interesados usan como coartada para esconder otros propósitos.

Ejemplos abundan y puede decirse que en el contexto internacional de las casi 200 naciones que constituyen los estados reconocidos por Naciones Unidas, cada uno tiene el suyo. Casos como el de Bolívar usado por muchos para excusar sus interpretaciones y acciones *non sanctas*. Algunos desde el gobierno hicieron (y hacen) que toda la infraestructura del Estado sirva al engrandecimiento de sus figuras. Venga a cotación el caso de la dinastía Kim en Corea del norte, la que apela a un linaje de sangre con relato de grandeza estrambótica para justificar el pasarse el mando antojadizamente de padre a hijo y a nieto, condenando a toda una sociedad a las ocurrencias unipersonales, temperamentales y caprichosas del sujeto con el control totalitario.

En Argentina, citando otro ejemplo, cobra relieve el culto a Juan Domingo Perón, que algunos extienden hasta su esposa Eva Duarte Perón, llegándose a la inaudita escena de haber a estas alturas del siglo XXI peronismo de izquierda, centro y de derecha. Da para todo.

El de Fidel Castro y su familia llega a extremos dignos de repudio general, porque especialmente apeló a todo el sistema educativo en el que impúdicamente menos se educaba y más se adoctrinaba a niños y jóvenes para crear el culto al dirigente sediento de poder perpetuo, con todo un repertorio de escala de antivalores en el que, como los Kim y otros autócratas, se premiaba que el niño acusara hasta a sus propios padres si estos osaban tener una opinión negativa del dirigente presentado como Dios viviente. Ahí surge la estratagema de la frase "dentro de lo revolución todo, fuera de la revolución nada", para justificar cierto comentario de mejorar tal actividad o servicio concreto, pero nunca y bajo ningún concepto poner en tela de juicio el sistema de partido único, dirección política omnímoda, control autoritario del poder y líder con mando vitalicio. Esto no es política, esto es una secta pervertida y maliciosa.

Dicho esto, vale ratificar mi prédica presente a lo largo de estas páginas: es clara la necesidad de líderes simples, sencillos, con alto sentido del deber y léase bien, con clara *consciencia de transitoriedad*, que no vengan con ínfulas de salvar al mundo, por tanto, se crean por ello imprescindibles, atemporales; sino que por el contrario tengan entendido que van a estar un tiempo limitado en la representación popular para luego volver a sus actividades propias de trabajo y estudio. Dicho en coloquial, volverse tranquilos a sus casas.

El mundo está ávido de, como lo apunté en la sección sobre el componente espiritual del liderazgo, personas que cumplan su temporal función pública de manera honesta, solidaria, efectiva, amplia, justa, integradora e incluyente,- siempre con arreglo a valores y normas, entendiendo que el tejido institucional es imprescindible para una vida civilizada; con instituciones que respeten a todos los integrantes de la sociedad por igual, sin segregación o discriminación de ningún tipo, teniendo claro que eso y la alternancia en el poder, constituyen valores superiores de la vida en sociedad.

Utilización del miedo

El culto a la personalidad que esconde viles pretensiones de control permanente del poder, se sirve inescrupulosamente de varios elementos; entre ellos, del miedo.

Después del derrumbe del bloque socialista soviético y fin de la guerra fría, desde la última década del siglo pasado para acá asistimos al surgimiento de nuevas tensiones que se recrudecen y alivianan, con factores como el nacionalismo, desigualdades, oleadas migratorias que a su vez son el síntoma de cantidad de desajustes económicos, políticos, sociales y medioambientales, que han generado nuevas incertidumbres, vulnerabilidades y temores.

En estos últimos 30 años vivimos situaciones diversas que se cruzan y retroalimentan, dando lugar a una tirantez marcada entre distintas concepciones del mundo, lo que Huntington (1996) denominó Choque de civilizaciones. También ocurre a lo interno de los países donde la inequidad marca una presión cada vez más visible y la discusión pública se debate entre cambios profundos o mantenimiento del estado de cosas. Es la puja de tiempos apolíneos y dionisíacos que se abre paso en el aquí y el ahora.

Surge una cada vez más extendida polarización en todos los países democráticos, entre los grupos que apuestan a un mayor equilibrio social aduciendo que las enormes desigualdades además de injustas son altamente perjudiciales para el conjunto de la sociedad; frente a otros grupos que respaldan el mantenimiento del *estatus quo* aduciendo que es la garantía del bienestar.

Uno y otro sector asegura que el contrario es una amenaza, bien para la estabilidad, o bien para las posibilidades de superación, con lo que crece un antagonismo marcado que pareciera fragmentar a la población.

Con tal entorno, en el debate público se apela con demasiada frecuencia al miedo a modo de herramienta de pretensión discursiva, así como electoral. Se intoxica a mansalva a una población que recibe mensajes destemplados que anuncian "el fin del mundo" si llega determinado grupo al poder; con lo que de a poco con alevosía se va horadando la integridad de las naciones al provocar desconfianza, parcelamientos, tirantez, todo lo cual conspira contra las posibilidades de progreso (no me refiero solo a lo material) y bienestar a lo interno de cada sociedad.

El miedo como factor político es esgrimido tanto por promotores del libre mercado como por estatistas. Está presente en aquellos que privilegian la agenda económica, así como en otros que privilegian la agenda social. En los que enarbolan banderas de libertad e individualismo, como en quienes esgrimen la de mayor igualdad y valor de lo colectivo.

Mas el miedo moviliza bajas pasiones, esas que justifican desmanes de todo tipo, o desemboca en actitud paralizante. Sumerge a segmentos de la población en el cerebro límbico nadando en sus cascadas de cortisol, con activación permanente del hipotálamo debido a la angustia, la ansiedad y el pre colapso producido por la narrativa de la amenaza inminente. En esos extremos, la enajenación hace su entrada y personas llegan a justificar cosas inauditas, desde golpes de estado, invasiones, linchamientos, matanzas, masacres y cuanta barbaridad pueda surgir en la mente humana, la especie que se hace más daño a sí misma de todos los seres que habitamos la Tierra.

Los discursos del miedo pueden llegar a inmovilizar a los ciudadanos, porque aterrorizados éstos consiguen sin sentido participar en las actividades comunitarias y de otra índole, abandonando su capacidad de incidencia tremenda en los asuntos colectivos de su nación.

La polarización que experimentan nuestras sociedades democráticas se produce entre otras cosas gracias a que en éstas existe la posibilidad de libre opinión, cosa ahora exacerbada por la presencia poliabarcante de las redes digitales y que tras el escondite frecuente del anonimato hace que muchos utilicen tales herramientas con un contenido enfermizo y una ligereza que habla más de desajustes psíquicos que de otra cosa. En sociedades con regímenes totalitarios, aunque viven sus diversas tensiones, no se percibe la polarización expuesta en los sistemas democráticos.

Conviene subrayar que esa amenaza latente que tanto advierte el discurso del miedo se desvanece ante una población partícipe de los asuntos de interés público, que los asume diligentemente y que se activa a ofrecer su opinión e incidencia en las distintas reuniones, convocatorias, asambleas, comicios, elecciones o consultas de cualquier tipo.

Lo grave del discurso del miedo es que promueve esa polarización malsana; al tiempo que mete a la gente en una especie de adormecimiento cuando casi entrega sus banderas y posibilidades de lucha sucumbiendo ante la ansiedad generada por el contenido imaginario de una narrativa apocalíptica. O lleva a segmentos de la población al otro extremo, a promover, justificar o participar en acciones espantosas como maltratos a grupos étnicos; promoción de guerras o aniquilamiento de otros tan solo porque representan la amenaza. Sea el caso de los nazis intentando exterminar al pueblo judío; o los rusos lanzando proyectiles de todo tipo contra población ucraniana sin importar agredir a niños; o sean comunidades de tantos otros países que sufren desprecio por ser inmigrantes que buscan refugio o desesperados intentan mejorar las condiciones de vida.

El discurso del miedo nos deshumaniza y mete por un túnel que atormenta, que envilece. En el intento de escalar cada vez más el nivel del miedo, se echa mano a los *fake news*, a hipótesis conspirativas delirantes que se expresan a la ligera. Son historias rocambolescas increíbles, pero aun así capturan incautos que hacen de la especie una convicción como la que más, en torno a la que luego debaten, advierten, apuestan, afirman. Y todo partió de una mentira. Insólito, pero ocurre.

Era de la posverdad en la que se manipula información y se atormenta al público con todo tipo rumores alucinantes presentados como noticias. Con un público que de a poco no busca noticias reales, comprobables, porque no busca informarse sino procura contenido que confirme sus prejuicios, que ratifique sus versiones. Más adelante en la sección *Manipulación informativa y política* me referiré un poco más en detalle sobre esto.

Volvamos al asunto del recelo y el temor. Con la utilización del miedo se buscan recursos para financiar campañas. Se generan apuestas en las que algunos sienten va la vida. Cobran auge las teorías conspirativas, esas tan fantasiosas que llegan a ser infames.

Vuelvo en este punto con el autor citado, el Nobel de Medicina 1993, Richard John Robert, quien se refiere al asunto del miedo de la siguiente manera: "Fue muy fácil crear todo tipo de historias, como hacen (ciertos)[38] políticos: primero infunden miedo y después prometen protegernos. Los coches matan a muchas personas cada año, pero no parece preocuparnos tanto como los transgénicos, pese a que en ellos no hay ninguna evidencia de peligro. Una vez la gente tiene miedo, es difícil tranquilizarla".

Frente a esta situación, un ciudadano crítico, informado, con capacidad de discernir es requerido más que nunca. Obvio, es más fácil creer en cualquier rumor por delirante que este sea, antes que dedicarse a verificar y contrastar información. Pero hoy día es necesario, es incluso vital.

Verdad que estar informado, contrastar fuentes, verificar contenido requiere tiempo y cierta dedicación, más es un mecanismo de defensa imprescindible para no dejarnos manipular impunemente en un tiempo en el que hay excedencia de contenidos de todo tipo, e intenciones malsanas tratando de crear estados anímicos determinados, histerias colectivas, que sean propicias para fines inconfesables.

---

38 *El paréntesis es mío*

Ejemplo grueso de antipolítica

Una muestra muy ilustrativa de los errores que pueden acarrear la falta de roce político es el ocurrido en Venezuela en abril de 2002, cuando luego de multitudinarias protestas en una acción cívica contundente de reclamo popular beligerante, llevó a que parte del estamento militar le exigiera la renuncia al presidente en ejercicio, Hugo Chávez, quien la aceptó tal y como lo reconoció en público el entonces Inspector General de la Fuerza Armada, General Lucas Rincón.

Una vez producido el vacío de poder, militares de alto mando encabezados por el comandante del Ejército, General Efraín Vásquez Velasco, decidieron dar paso al mundo civil para que dirigiera una transición, para lo que escogieron llamar al presidente de la corporación que agrupa al empresariado, FEDECAMARAS, Pedro Carmona Estanga, quien se acompañó de un grupo de asesores de la antipolítica para desarrollar la acción que consideraron más pertinente.

Chávez eyectado del poder, detenido y sacado a un islote, estaba disminuido mientras la antipolítica con el sinuoso poder en las manos trataba de encausar la situación. Lo que se le ocurrió a Carmona y allegados fue nada menos que autojuramentarse presidente de la República, una vez juramentado a sí mismo como mandatario, emitió un decreto con una catarata de aspectos insólitos que se parecen a las declaraciones extremistas de mentes afiebradas que pululan en las redes digitales.

Carmona proclamado a sí mismo Presidente, porque creyó que con el apoyo de unos militares de alto rango bastaba, decidió vía decreto destituir a todos los magistrados del Tribunal Supremo de Justicia; asimismo a todos los integrantes principales y suplentes del Poder Legislativo Nacional; también en ese plumazo tomó la decisión de descabezar a la Fiscalía General de la República, la Contraloría General, la Defensoría del Pueblo y a toda la dirección del

Poder Electoral; como si lo anterior fuera poco se auto abrogó la potestad de destituir si fuera necesario a cualquier representante público a nivel nacional, regional o local, lo que supone que a dedo consideraba que podía quitar y poner gobernadores y alcaldes a lo largo y ancho del territorio.

En el arrebato ideado por las ocurrencias fantasiosas de la antipolítica el mandatario autoproclamado se auto otorgó la designación de un consejo consultivo, instancia de consulta de alto nivel compuesto por 35 personas que podrían pasar a ser ministros u ocupar cualquier otra función dentro del Estado y mantendrían su estatus de integrantes del alto consejo.

Error de cálculo. Evidente desconocimiento de las corrientes diversas que corrían en lo profundo de la sociedad. Carencia dramática de olfato popular. Es la visión parcelada de un segmento de la población que se mueve en la antipolítica, que cree que la vida, la sociedad, es unidimensional como la ven ellos.

Para quien tuviese la visión que ofrece el roce político constante, vaticinaría que semejante peripecia no tardaría en implosionar. Y así ocurrió. En 48 horas todo el castillo político imaginario construido mediante el alucinante decreto del señor Carmona Estanga y sus allegados, se vino abajo. Chávez después de su derrota y entrega, volvió al poder.

Luego se supo que varios magistrados y miembros de la Asamblea Nacional integrantes del oficialismo estaban haciendo contactos desesperados en el intento de involucrarse y darle soporte al nuevo gobierno con tal de mantener sus espacios mientras buscaban salidas honrosas, cosa que cambió cuando un hachazo declarativo pretendió barrer con todos de una sola vez. La atmósfera cambió de un lado a otro de manera pendular.

Se comprende lo difícil por lo que atravesó Pedro Carmona, la altísima presión que hubo de soportar, hizo lo que genuinamente creía era lo más adecuado, pero su desacierto garrafal estuvo marcado por el desconocimiento de la complejidad que es la política. Ni siquiera el propio Chávez en su proceso de imponer un proyecto hegemónico a su entender, se atrevió a tanto. Al contrario que pretendió Carmona y la antipolítica, sino que más bien se dedicó por años a ir progresiva y gradualmente ganando terreno y sumando gente para su plan, promoviendo cambios y recorriendo a pulso un sendero de avances y retrocesos. Desde los cuarteles, la calle y luego desde la Presidencia, Chávez llevaba más de 20 años hilvanando y sumando voluntades en el plan que desarrollaba. La antipolítica no entiende eso. Pretendió cambiar la realidad en minutos, porque asume que su realidad es la realidad toda del país. Lo que lejos de ser una reflexión es un dogma. Su desconocimiento de los procesos sociales le hace suponer a la antipolítica que las cosas en el ámbito público pudieran ser fáciles y rápidas. No son así.

Así tenemos que en abril de 2002 en el norte de Suramérica, después de una gigantesca acción cívica de protesta que eyectó del poder a Hugo Chávez, quien renunció a su cargo a pedido de grupos militares, el vacío fue reemplazado por una cascada de improvisaciones y forcejeos entre grupos de poder representados por abogados, juristas, religiosos, empresarios y militares sin experiencia en el quehacer político de la calle; sin estar curtidos de la profundidad de la idiosincrasia del pueblo, traduciéndose semejante improvisación en insólitos errores que permitieron, posibilitaron y promovieron (sin proponérselo) el regreso de Hugo Chávez horas después de haberse visto obligado a renunciar.

CAPÍTULO VII

La trampa del dinero

Política en medio del relativismo materialista

Hablamos de la antipolítica como ese fenómeno que resume la animadversión contra el ejercicio de la política, producto del rechazo sembrado en su contra por décadas. El contexto actual, tiene como ingrediente agregado el relativismo materialista que condiciona la vida y las relaciones humanas al extremo. Donde el anhelado elemento monetario ocupa un lugar preponderante en la vida de cada quien, arrebatando tiempo, concentración, generando angustia y estimulando ansiedad por su posesión.

El talentoso psicólogo jungiano, Axel Capriles, escribió un libro sobre el asunto titulado *El complejo del dinero*; trabajo apasionante en el que se describe con maestría lo que entraña el símbolo del dinero para las personas en la actualidad. Analiza varios enfoques y casos, describiendo el enorme significado que el dinero supone para muchos; detallando, por ejemplo, cómo poseedores de considerables fortunas atesoran lo material para no volver a una pobreza de donde provienen, por miedo a revivir penurias del pasado. Capriles muestra a lo largo del texto el potencial simbólico que encierra el dinero, a la par que desentraña misterios interesantes en torno a la psicología humana.

El dinero, instrumento tan hiper valorizado en la vida contemporánea, por supuesto que va a ser determinante en la conceptualización colectiva sobre lo que es y no es política. Así dinero, política, antipolítica y manipulación de todo tipo se mezclan en una percepción equivocada compuesta por verdades, mentiras y supuestos que dan lugar a un panorama decepcionante.

En el mundo marcado por la simbología del capital, la gente vive agobiada por el dinero. Los que no tienen sufren por su carencia; los que sí también sufren cuando no se sacian, porque quieren más y más; o en su lugar viven atemorizados por perderlo. Ese instrumento de intercambio ha trascendido el mero concepto de reserva de valor para mutar transformándose en poderoso significante, al punto de obsesión que define la existencia de casi la totalidad de la especie humana; más aún en nuestra cultura occidental. El dinero es símbolo; es energía; es horas hombre/mujer de trabajo acumuladas; es estatus; es poder; representa posibilidades como también el despliegue de conductas. Con esto, hemos dejado que el dinero diga mucho más de lo que inicialmente podía decir. Llegando a exclamar una falsa expresión que se ha transformado en incuestionable realidad en el esquema reinante: "tanto tienes, tanto vales". Frase que si la volteamos expresa: si no tienes, no vales nada. Lo que es además de falso, una aberración que nos deshumaniza.

Un ejercicio simple que permite observar la falsedad de tal reduccionismo es contemplar las escenas en las salas de espera de los aeropuertos, tanto en los vuelos de salida como de llegada; en ambas situaciones por igual se observan casos conmovedores. Florece elocuente el profundo sentimiento ante la despedida o el reencuentro con los seres queridos. Sin importar raza, edad, género, etnia, nada importa; lo único significativo es el hondo sentimiento cuando aferrados en un abrazo brotan las lágrimas en un sentimiento indescriptible por ese ser que se despide, o se vuelve a ver. Ahí la nostalgia, la euforia, la alegría o la melancolía lo envuelven todo. No es el dinero, es el Amor lo que verdaderamente importa. Lo veamos o no, lo admitamos o no; la vida se encargará de demostrárnoslo.

Sin embargo, el agite de lo cotidiano hace olvidar con pasmosa facilidad esa verdad absoluta. La hipnosis materialista atrapa a todos y nos mete en una senda de automatismos cual robots programados. En tal circunstancia, semejante tema del dinero, simbólico por demás, es usado para calibrar a la política con las más descabelladas ocurrencias. Aseveraciones antojadizas que crean relatos de todo tipo. Así, el dinero que despierta a la par pasiones como obsesiones, genera en la política tensiones y escenarios inusitados.

Hay múltiples aspectos que abordar en torno a las variables dinero y política. Algunos de ellos son la utilización de este símbolo para calificar a los actores de la política. Otro, los requerimientos de ese instrumento para encausar la vocación por la política, quiero decir, la necesidad de contar con algo de recursos que por lo menos cubran las necesidades básicas propias, para poder dedicarse a atender a los demás; Otro, la realidad de la vida cotidiana y el dinero para quien tenga por oficio la política; también el del dinero y las campañas electorales; o sea, el reto de una eficaz participación en elecciones. Por otro lado, está el aspecto de gestión; en otras palabras, la toma de decisiones en políticas públicas relacionadas al dinero siendo que las mismas inciden en la economía de la sociedad; me refiero a la actuación del decisor en el ejercicio del poder en materia monetaria; donde aparece la fabricación o impresión de dinero como acto de supervivencia, desesperación o irresponsabilidad individual o colectiva.

Así buena parte de la sensibilidad en torno al tema de la política tiene que ver, se admita o no, con el dinero y la obsesión que esta causa en la vida de las personas.

Mientras los malos de la película amasan gigantescas fortunas con sus esquemas super dañinos para el planeta y la humanidad, el público está entretenido en la convicción de que el dinero en gran medida escasea para la mayoría porque fundamentalmente es absorbido por unos sujetos malévolos que son los políticos, tal y como lo establecen las empedernidas matrices de opinión; que se manifiestan en frases como estas: "la política es sucia"; "todos los políticos roban"; "se metió en la política para enriquecerse"; "se compró un carro nuevo, así estará robando"; "participan en elecciones porque es un negocio"; "si es político es porque ha robado"; "quiero ayudarlo, póngame donde haya"; y el colmo del cinismo es: "aquellos no sirven porque roban para ellos solos, mejor son los otros que roban y dejan robar". Es un círculo vicioso de intrigas que hace del noble apostolado de la actividad en los asuntos públicos, blanco de cuanto mal sea imaginable.

Lo peor es que en algunos casos excepcionales es verdad. Hay corrupción, con individuos al frente de organismos que en vez de servir de contrapeso al poder y controlar que se haga uso debido de los recursos públicos, éstos sirven de entramado cómplice para los designios de determinadas cúpulas y sus allegados.

Como Platón en los *diálogos tardíos* debe abogarse por la consolidación de instituciones regias, normadas, formales, que cumplan sus funciones con rigor y equilibrio. Que no sean expresión de una ideología economicista, ni tampoco el sostén de privilegios cupulares, sino que su concepción esté signada por el bien común y la ideología de una sociedad integrada, lo que le confiere especial valor a la red institucional para la sociedad en su conjunto. Estos logros de arquitectura social, son a su vez activos institucionales que legamos a las generaciones por venir.

El dinero y la vida cotidiana del político

Se va configurando la convicción de que la política es un terreno oscuro íntimamente ligado con el dinero mal habido, y no es verdad en la mayoría de las personas que dedican su tiempo a este oficio, porque las restricciones económicas son lo habitual.

El activista en muchas ocasiones vive en la precariedad económica, sorteando tantas dificultades como el común, con el agravante que mientras otros resueltamente usan la totalidad de su tiempo para procurar el bien particular, el militante político en contrario usa el suyo para atender temas de otros.

Eso no se sabe. Erróneamente se piensa en la política asociándola a la burocracia cuyo funcionariado recibe un conjunto de contraprestaciones por laborar al servicio del Estado, que ha de ser al servicio de todos los ciudadanos y no al del grupo dominante. Mas una cosa es esa franja burocrática, y otra distinta es la vida del hacedor de la política de todos los días, el que va jornada tras jornada pateando la calle para visitar a los vecinos, para compartir un mensaje, atender algún problema, canalizar inquietudes, promover la organización social.

Ese militante de la política vive con una modestia franciscana. Tan limitado como el resto, pero siendo llamado a la puerta de su casa a cualquier hora para plantearle problemas de la comunidad, al que por lo general se muestra presto a tratar de canalizar, representar, defender.

La vida del político común está llena de privaciones. Sobrevive estirando el tiempo para además de cumplir una labor remunerada a los fines de cubrir el sustento propio y de su familia, dedicar horas extra para atender a la comunidad u otros conglomerados donde desarrolla su misión de arquitecto de democracia.

Mientras algunos salen de su trabajo directo a casa a ver televisión, otear las redes sociales o a celebrar encuentros relajados para charlar con amigos, el político por lo general debe continuar la jornada atendiendo otros asuntos en la procura de agenciar temas, solicitudes y diligencias de distintas personas, familias o comunidades.

Es paradójico, porque se exige al político casi que votos de pobreza (y castidad), pero a su vez si en el dirigente se evidencia la precariedad económica, por el mundo materialista que hoy se vive, no será tomado muy en cuenta ni en serio, cuando no explícitamente relegado, porque esa condición de insolvencia económica no resulta inspiradora.

Aunque resulte increíble, cuando se acude a un acto masivo la atención del auditorio puede estar condicionada tanto al contenido del mensaje, como también será directamente proporcional al tipo de carro donde llega el dirigente. El mundo del absurdo, de lo equivocado donde nos encontramos, entre más parafernalia, más atención le presta el público al dirigente.

Evidencia el sentido contradictorio en personas que exigen votos de pobreza, pero al mismo tiempo en el subconsciente les deslumbra lo económico. No es solo en la política, el médico Carlos Rodríguez entrevistado por Mauro Besson en su canal de *YouTube*, cuenta cómo un médico si llega en bicicleta, por ejemplo, y no en un buen vehículo a la actividad de visita domiciliaria, el paciente no se deja tocar. Pero si llega en un automóvil de alta gama, el paciente confía más en la capacidad científica del galeno.

En muchas ocasiones se busca del político beneficios materiales. Si muestra que maneja recursos será muy tomado en cuenta. Pero luego si al pasar el cargo pudiera mostrar austeridad monástica, será alabado. El ex presidente de Uruguay, José "Pepe" Mujica, es destacado en reportajes y entrevistas a escala global, porque luego de salir de la Presidencia volvió a su humilde casa en el campo, mostrando un desprendimiento absoluto por lo material. Eso ha causado furor al punto de convertirlo en voz referencia de millones.

Más allá de las contradicciones, cualquier signo de prosperidad si se presenta en otro ciudadano con labor distinta, como un empresario o profesional de cualquier área técnica, será interpretado como un logro; mientras que el mínimo símbolo material en el ciudadano dedicado a la política será objeto de espontánea suspicacia.

Hipocresía de la banca: sospechoso por ser "persona políticamente expuesta" (PEP)

Cada día, cada minuto se mueven en el mundo trillones de todas las divisas internacionales con mayor capacidad transaccional. Hay sujetos que participan prestando servicios al Estado; quienes desde la figura de empresario mueven cifras millonarias de dólares, así como otros tantos hacen lo propio mediante sus emprendimientos privados o el ejercicio de sus profesiones.

La banca, deseosa de captar depósitos siempre tendrá un rostro amable para esos capitales y sus protagonistas. Se ofrecen promociones, se hacen propuestas y plantean negociaciones seductoras para diversos apalancamientos financieros. Seguramente habrá cifras millonarias que provienen de actividades dañinas para la sociedad como la venta de armas y otras barbaridades, más circulan por los sistemas financieros nacionales e internacionales con libertad, comodidad y con prestancia. Clientes "VIP" que el personal bancario trata con mimos. Tal vez muchos de esos negocios no sean más que fachadas, porque en realidad son mecanismos de legitimación de dineros que provienen de actividades ilícitas. En medio de esto, las transacciones millonarias circulan y cruzan el mundo en la efervescencia del capitalismo hiperfinanciarizado imperante. Sin embargo, a pesar de semejante festín, si la persona tiene la circunstancia de haber ocupado un cargo de representación popular, automáticamente es considerada bajo sospecha para la hipocresía funcional de cierto esquema bancario.

Conozco personas que abren las cuentas que deseen. Manejan recursos sin restricciones, tienen cualquier actividad comercial o profesional que es apreciada como muy meritoria. Es algo común, cotidiano, natural. Pero para quien ha tenido el sentido vocacional de la política y con ello una responsabilidad de representación, eso puede transformarse en un suplicio.

Lo viví. Siendo asambleísta, a pesar de requerir de una dedicación a tiempo completo con un cúmulo de actividades inimaginables que iban desde atender a los ciudadanos en oficina, así como atender a multitudes en territorio; dedicar innumerables horas a leer informes de todo tipo, redactar proyectos, encarar urgencias comunitarias, actividades institucionales, acudir a entrevistas, hacer seguimiento a actos administrativos, entre otros muchos asuntos de gran responsabilidad, recibía una módica suma como estipendio por asistir a las sesiones plenarias.

De ese exiguo dinero ahorré para cambiar cien dólares americanos ($100) y tratar de abrir una cuenta. Antes cuando estaba solo dedicado a la actividad profesional había abierto una de $800 que gasté pronto vía online, y me la cerraron a los pocos años por falta de movimientos. En aquella ocasión todo fue cómodo. Esta vez no iba a ser así.

Llegué a un Banco en Suramérica y cuando llené los formularios y escribí cuál había sido mi más reciente actividad, observé el rostro de lamento de la amable funcionaria quien procedió a notificarme que incurría en una especie de "pecado original" ya que era un PEP. Le pregunté qué cosa era tal etiqueta, y me explicó que era considerado persona políticamente expuesta, por lo que no se me podía abrir la cuenta bancaria.

Eso me intrigó. Me quedé con la preocupación por meses. Luego mediante cuestiones profesionales y académicas me esmeré en viajar a otros países de la región, al hacerlo lo primero que diligenciaba era intentar el trámite en cualquier banco. En todos era lo mismo. Me percaté que por el simple hecho de haber tenido función pública me encontraba tachado con un estigma de sospechoso, de sujeto no confiable; guardando las distancias parecía la marca al pueblo judío en el siniestro sistema nazi. Entiendo el objeto de la-

regulación, puede creerse sensata, pero no es más que un amago inservible, porque resulta obvio que quienes mueven fortunas bien o mal habidas no son precisamente los que se exponen públicamente ni políticamente en nada. Por el contrario, por lo general están tras bastidores moviendo los hilos del poder. Ellos llegan a la banca con sus abultadas transacciones y son atendidos con un trato muy especial.

Las personas que se desempeñan en cualquier actividad reciben la admiración ante sus logros materiales. Su alcance de recursos es bien visto, aplaudido y admirado. El dirigente político aún sin recursos, a veces en la mayor precariedad económica, es de facto sospechoso, mal visto, renegado.

Al haber señales de manejo de recursos e incluso sin haberlas, el dirigente será automáticamente un indiciado. El solo hecho de haber tenido alguna actividad política o función pública a la persona se le coloca en "estado general de sospecha".

Es así como funciona. El materialismo delirante pareciera condicionar todo, incluso la percepción del público. Las dificultades económicas del político son una constante, aunque la creencia común sea lo contrario. Puede haber dirigentes que tienen su actividad profesional o comercial aparte con ingresos considerables. No obstante, el político está llamado en algunas ocasiones a la dedicación exclusiva, y además siempre a la prudencia y honestidad. En el político en ningún caso debe haber ostentación, sino que su conducta debe ser muestra de sobriedad, recato, comedimiento.

El dinero y la participación en elecciones

Otro asunto muy complicado para el político es si decide representar a su colectivo y participar en elecciones; porque ha de enfrentar la cruda realidad del dinero y las presiones que genera.

La democracia se considera como el logro social más valioso de occidente, ya que permite la transferencia del poder de manera civilizada. Las decisiones y el liderazgo ontológicamente se definen por la consulta al pueblo mediante elecciones, comicios que tienen una fecha fijada para su celebración y previamente se concede un lapso para inscripción de los postulados (candidatos) y sus programas o propuestas de gestión. Luego de eso viene el lapso de campaña electoral, que en teoría debe ser un tiempo para que los candidatos hagan conocer sus propuestas. Poco a poco se ha transformado en otra cosa, en una batalla campal donde los denuestos corren a granel, y el veneno de la antipolítica desarrolla su perversa acción.

La persona en competencia electoral observará que otros aspirantes hacen despliegue de logística, potencian colocación de sus mensajes mediante costosos planes de mercadeo y hacen gala de una maquinaria apabullante; en cuyo caso deberá apelar a cuanto recurso propio pueda, y esmerarse en un esquema de finanzas audaz, rápido, efectivo que le permita levantar recursos para tan siquiera estar en competencia. Lo demás son vanas ilusiones.

Ahora bien, ¿Quiénes financian? ¿Por qué lo hacen? ¿Bajo qué condición? Ese es un gran tema, porque hay múltiples formas de plantearse una recolección de finanzas para una campaña electoral, lo que siempre tiene como punto de partida el bolsillo del político, quien a veces coloca sobre la mesa hasta lo que no tiene para poder arrancar en la contienda. Por otro lado, hay esquemas de recolección entre un público masivo, con pasarelas de pago digitales instaladas en diversas plataformas, para "grano a grano" reunir mediante todo aquél que quiera respaldar el programa del candidato y pueda hacer su aporte. Lo más delicado es la contribución de grupos poderosos que por lo general no ofrecen un respaldo financiero a una campaña por simple filantropía, deseos del bien común o la emancipación de la sociedad; sino que lo hacen para recibir contraprestaciones luego de la elección. Estos no aparecen sino hasta bien avanzada la campaña, y cuando hay opciones reales de triunfo. Del resto no les interesa.

Es un tema álgido para todo político. Es un terreno minado que hay que transitar con especial alerta. Para el político independiente la asechanza asoma por todos lados. Debe manejarse con sumo cuidado porque tratarán de aniquilarlo aquellos contrarios que pretenden las mismas aspiraciones. Recibir es delicado. No recibir es disminuir drásticamente las posibilidades de triunfo. No recibir, a veces es un necesario acto de profilaxis o precaución.

Hay quienes ofrecen un apoyo a la campaña y no lo cumplen; otros que aportan algo módico y después vociferan "a ese candidato lo financio yo", y otros que solo apuestan a ganador y por lo general pretenden condicionar su aporte.

Antes no entendía lo del financiamiento público de los partidos. Ahora lo entiendo, lo veo muy claro. Como todo el mundo, percibía cuasi criminal que del presupuesto del Estado se dispusiera un monto para respaldar a los partidos de acuerdo a la cantidad de votos obtenidos; pues resulta que eso es profiláctico, porque permite la participación independiente de las distintas plataformas y sus propuestas, y no que dependan de grupos de poder que los financien o no.

Lo más hipócrita ocurre cuando se esgrime el no financiamiento de los partidos para no desviar ni un centavo de los recursos públicos, mientras el partido de gobierno echa mano sin reparo de la infraestructura del Estado para respaldar a sus candidatos. Práctica habitual en toda autocracia.

En los regímenes autocráticos se condena a todos los partidos y grupos de electores. Se les señala de sospecha ante cualquier posibilidad de recurso; se le condena a la precariedad en toda campaña, mientras el partido de gobierno que controla el aparato del Estado hace campañas ostentosas, sin que los mecanismos institucionales de control funcionen y detengan el abuso.

Hay una máxima en la dinámica de las campañas electorales que dice: "Tener los recursos no garantiza que se gane las lecciones, pero el ganador saldrá de entre quienes tienen los recursos". Alta presión, porque las campañas electorales son cada vez más costosas. Acudir a ellas, participar y hacer un buen papel, además del sacrificio físico, emocional, familiar, es un gran reto en materia económica. Si no tienes dinero el panorama es calamitoso, a veces vergonzoso. Conseguir el dinero mínimo necesario es muy difícil, pero al conseguirlo hay que ser muy precavido de dónde proviene, con qué intención, porque toca hasta rechazar. Luego haga lo que se haga, el dirigente será vilmente acusado con insinuaciones gansteriles que buscarán despiadadamente minar su imagen, incluso, hasta la de su familia.

En el mundo democrático la dirección se decide por elecciones y las campañas para estas cada vez cuestan más dinero. Los aspirantes con opción están entre los que manejan más finanzas. Se les prohíbe a los políticos manejar recursos, se les señala, se les condena a priori, se les coloca en sospecha continuada, pero a su vez sus probabilidades de alcanzar la meta comicial estarán atadas inexorablemente a la consecución de los recursos necesarios para la publicidad, promoción, movilizaciones, eventos, reclutamiento y formación de equipos movilizadores, testigos electorales, comandos, oficinas o casas de campaña en los distintos espacios de la geografía donde se va a llevar a cabo la consulta.

Siendo el mantenimiento de todo esto tan cuesta arriba para cualquier bolsillo, se corre el riesgo que la democracia se reduzca a una competencia entre adinerados, cuando la política y la participación son un derecho, que no debiera estar condicionado a poseer fortuna para poder ejercerlo. Ahora, la *realpolitik* dictamina otra cosa.

Dinero, ejercicio de gobierno y política monetaria

Un aspecto adicional que creo importante subrayar en el binomio dinero-política es el del ejercicio del poder, encuanto al desarrollo de una gestión y las concretas acciones implementadas en política monetaria.

La democracia, que es el mejor sistema hasta ahora conocido por el hombre para su vida en sociedad, tiene la trampa de la ligereza discursiva en campaña para tratar de atraer votos, que una vez alcanzando el resultado, el ganador ahora dirigente en funciones de gobierno se ve en el atolladero por la imposibilidad presupuestaria de cumplir el conjunto de promesas hechas.

La población pide más. Siempre quisiera recibir más beneficios, y no pareciera haber en la escena pública el mensaje que asocie esos beneficios a esfuerzos, sacrificios, disciplina, trabajo, ahorro. Se exige del funcionario electo que cumpla y dé más, pero no hay recursos financieros para lograrlo.

Lo más delicado es que a la elite al frente de una nación, se le ocurra la impertinente idea de "prender la máquina de hacer billetes" e imprimir más moneda, aumentando la masa monetaria de su economía y con ello presionar la inflación llegando a escaladas trágicas para los países.

Pero a su vez la disciplina fiscal no la quieren aceptar los grupos en la sociedad que pugnan por sus intereses. Los Estados viven la calamidad de tener que gastar más de lo que les ingresa, y eso tiene un solo desenlace: el colapso.

Surgen entonces variadas teorías. En las crisis se dispara la demagogia. Surgen los proponentes de la cuasi desaparición del Estado, o cuando menos la desaparición de los bancos centrales. Toman escena las ideas del bimonetarismo, las cajas de conversión, la dolarización. Bien se dice que si hay dos economistas no hay manera que se pongan de acuerdo en cómo sanear una economía.

La inflación es un virus altamente perjudicial para la dinámica económica. Existen varias propuestas de cómo enfrentarla. Desde Keynes hasta Hayek, desde la Escuela de Chicago hasta la Escuela Austríaca. Desde la postura neoliberal de acabar con el Estado o la keynesiana de aprovecharlo como factor de apalancamiento de la economía.

En medio de esto, la dirigencia política debe ser sumamente seria con el manejo de la política monetaria. Siendo lo económico tan incidente en la vida de la población, debe trabajársele con altísimo sentido de la responsabilidad. Sin improvisaciones innecesarias.

Es cierto que uno de los principales componentes de la economía es psicológico, pero constituye una ciencia de alto calibre que debe estudiarse y trabajarse. Por eso la sobriedad, rectitud y transparencia es una conminación moral ineludible de este tiempo para el político que llega a estar en función de gobierno.

El chantaje de "los mercados"

No obstante, también vale advertir que existe una monumental estructura de chantaje que es expresión del propio sistema económico mundial, en su etapa actual de capitalismo hiperfinanciarizado, en el que se le rinde culto a un abstracto denominado "los mercados" que no es más que el cúmulo de intereses de grupos privilegiados o dueños de capital que conectados con los instrumentos de información, se erigen a modo de pontífices de lo bueno y lo malo en economía, cuando no es más que lectura interesada y profundamente mezquina de la realidad y las variables económicas, a través de la lente de sus predilecciones de lucro incesante.

Ese abstracto pro defensa de intereses de grupos privilegiados funciona con una lógica al revés que el resto de la gente. Los primeros son un grupo reducido. Los segundos son la mayoría de la población mundial.

Así, por ejemplo, si se trata de mejorar las condiciones laborales en una sociedad, "los mercados" se tiran a la baja mostrando un pesimismo apocalíptico; lo contrario, si hay condiciones de explotación para una masa trabajadora casi esclava, el abstracto "mercados" lo celebra y se muestra exultante.

La locura se extiende. Si hay una política de respeto medioambiental, con restricciones de explotación para cuidar diversos recursos naturales y preservar la vida sobre el planeta; los fulanos "mercados" se muestran en trágico pesimismo. Si se anuncia una explotación masiva de recursos naturales que llega a devastar amplias regiones arrasando con su biodiversidad, extrayendo sus materias primas, los "mercados" aplauden exaltados, y un coro de presentadores de cantidad de medios de información del mundo relatan eso como un síntoma de una economía saludable y grandes aciertos del gobernante que implementa tales políticas.

Es el funcionamiento de cierta lógica del capital que desestima todo, a excepción de la ganancia, a la que le rinde culto sin límites, en un desespero de acumulación insaciable, que requiere de crecimiento ilimitado, para cuyo fin requiere de consumo ilimitado, sin importar que tal funcionamiento sea un sinsentido en un planeta, como el que habitamos, de recursos finitos.

Llega a haber defensores de esa lógica en cargos públicos de gran repercusión. A finales de 2022 el fondo de inversiones BlackRock Inc anunció a través de uno de sus ejecutivos, que se saldrían de ciertos proyectos que estaban causando daño a la naturaleza, para priorizar inversiones rentables pero que además no causen alteración perjudicial al medio ambiente, denominadas inversiones sostenibles. Poco después salió nada menos que el Director Financiero del Estado de la Florida, EE.UU., Jimmy Patronis, en tono desafiante advirtiendo que retirarían los fondos del gobierno estatal de la citada inversora, porque lo único que debían pensar era en ganar dinero y no en la ecología, "si mucho les preocupa el medioambiente deben renunciar y fundar una ONG".

"Patronis acusó a BlackRock de centrarse en la sostenibilidad en lugar de mayores retornos para los inversores", comentó el portal YahooFinanzas dando cuenta de la ceguera del funcionario republicano a quien no le importa la devastación del planeta; solo entiende como prioridad el ganar dinero. Definitivamente, la codicia desbordada envilece.

Lo confiesa en el comunicado proporcionado por su oficina en los siguientes términos: "La División del Tesoro de Florida se está deshaciendo de BlackRock porque han declarado abiertamente que tienen otros objetivos además de generar rendimientos". Este señor no se ha permitido la oportunidad de aprender que la vida es mucho más que dinero; que las cosas realmente trascendentes y esenciales están en el plano de lo intangible. Tal vez con el tiempo lo entienda, y perciba que lo material además de pasajero, es accesorio, jamás y nunca es centro o fin en sí mismo.

Una reflexión adicional sobre el dinero

Aprovecho este punto para testimoniar una reflexión sobre el tema que nos atrapa en tanto es algo importante y muchas veces con peso sobredimensionado en nuestras vidas. Mi inquietud ha surgido a partir de una frase del inversionista Charlie Munger, hombre agudo, brillante, que a sus 99 años de edad es todo un personaje vital en el mundo de las finanzas, donde reluce como llave del legendario Warren Buffett en Berkshire Hathaway Inc. Su frase me marcó.

Le escuché en una entrevista expresar que en un momento de la vida se había propuesto ser millonario; con el paso del tiempo lo logró, pero asegura que lo más importante que consiguió no fue la riqueza material que posee, sino el transformarse en el tipo de persona en la que hubo de convertirse para alcanzarlo.

Tenía rato con una inquietud sobre el tema, pero no veía el camino claro para darle forma. La idea de Munger me lo aclaró. El dinero es un elemento prodigioso que tiene muchos significados a la vez. Invención humana que puede ser manifestación de la propia abundancia que es la Creación y el universo, y ante cuya presencia podemos fijar distintas posturas.

Representa lo dilemático de la propia existencia humana en tanto somos fondo y forma. Ambas dimensiones importan. Ambas son esenciales, ambas hay que atenderlas porque ambas nos son propicias, nos constituyen y nos expresan. Somos un cuerpo físico, denso, que es materia y se mueve en el mundo palpable, visible. Cuerpo que hay que alimentar, vestir, calzar. Todo esto propio del mundo material. Pero en el cuerpo habita la energía que también somos, un alma, un espíritu, o para los más escépticos la psique y su esfera tremenda de posibilidades. Esto último del mundo inmaterial, en la dimensión de lo intangible que es a su vez nuestra esencia y donde se ubica la dimensión de la eternidad. El conjunto es el yin y yang cuya perfección es el equilibrio. Balance a veces escurridizo, pero siempre primordial.

El dinero como expresión fantástica de lo material, esfera esencial de nuestra existencia, reiterando que somos fondo y forma, tiene importancia por lo que hay que prestarle atención. Respetarlo. Dedicar tiempo, creatividad y empeño en el despliegue de actividades, mediante los dones naturales que se nos ha dado. Desentenderse por completo de él, es terminar andrajoso, casi en la indigencia.

Por lo que merece ser respetado, tomado en cuenta en el entendido que lo virtuoso es procurar el bienestar y sustento para nuestras familias.

Ahora viene el misterio, como muchas cosas de la vida. Una vez entendido que debe ser tomado en cuenta, el mismo presenta una bifurcación, una "Y" en la que tal importancia se convierte, o en una obsesión capaz de hacer del dinero un fin en sí mismo y cuya búsqueda angustiosa derriba parámetro éticos, barreras morales, el sentido común, para empujar al sediento/a hacia cualquier escenario donde se vislumbre su alcance fácil y rápido, buscando obtenerlo a como dé lugar sin importar nada a su paso; o bien puede percibirse a modo de una energía que nos obliga a ser mejores personas; esto es trabajadoras, emprendedoras, de fiel cumplimiento de la palabra, seres ahorrativos, discretos, consecuentes, perseverantes como los que más.

Quienes no entienden el gran misterio del dinero para hacernos mejores personas (recordemos a Jesús: "ganarás el pan con el sudor de tu frente"), buscan atajos que los conduzcan a ese procedimiento fácil y rápido por lo que suelen ser acelerados, obsesivos, derrochadores; envueltos en una burbuja que es toda equivocación, porque esa vía conduce a perversión y manifestaciones antisociales donde están la trata de blancas, prostitución, corrupción, fraude tributario, narcotráfico, tráfico de armas, contrabandos, estafas; en fin, atajos que terminan siendo un serio daño tanto para la persona como para la sociedad. Llegan a tener dinero, pero se envilecen en el intento.

Los que le dan la importancia al dinero desde la fuerza de la emancipación serán trabajadores ejemplares, personas ahorrativas; emprendedores creativos, perseverantes; usarán sus dones a fin de ofrecer soluciones y mejoras para la sociedad; entenderán el valor de la palabra, serán en lo posible prudentes, respetuosos, al mismo tiempo que arriesgados y constantes. Conocerán el valor del factor tiempo, desarrollarán mirada a largo plazo y ante una ganancia, un dividendo o un ahorro alcanzado, se inclinarán hacia la reinversión. Vivirán muchos sinsabores pero los procesarán como parte del crecimiento, caerán decenas de veces y se levantarán otras tantas; respetarán las normas en el entendido de su valor social y harán de la constancia una regla de vida.

El dinero entonces, es esencia que nos conecta al mundo-multidimensional que somos. Expresa nuestra materialidad, esa dimensión densa de las formas que también nos constituye, pero es factor que encierra un misterio profundo de luces y sombras. El dinero nos puede perder, pero también nos puede salvar. Reluciente y seductor, tal vez es solo comparable con la sexualidad y el erotismo, en eso de exigirnos la máxima consciencia en la ejecución del libre albedrío.

CAPÍTULO VIII

Manipulación informativa y política

Para mentes enfermas solo existen malas noticias

Aunque seguidamente se leerá una posición crítica sobre el funcionamiento y papel en general que juegan los medios de comunicación, debo aclarar que estoy en total desacuerdo con persecuciones, violencia, chantaje o agresión de cualquier naturaleza a comunicadores y medios de prensa. Desapruebo asimismo la idea de asfixias económicas, cierres o clausuras de medios, cosa que a veces es un impulso natural desde ciertos esquemas del poder. A mi juicio, se impone una nueva racionalidad, la estructuración de otra lógica de funcionamiento que permita un protagonismo virtuoso de los sistemas de información y comunicación en la sociedad que emerge, convicción que me lleva a expresar la siguiente crítica.

El desarrollo de la comunicación como ciencia social de relieve en el siglo XX está directamente asociada a la política. Durante cuatro siglos, del XVI al XIX, la imprenta ejerció la máxima influencia. En el XX compartió primacía con los instrumentos audiovisuales de la radio y la televisión que fueron en ascenso hasta dominar en la segunda mitad del XX, para que en el XXI el reinado de las redes digitales reconfiguraran todos los procesos de intercambio comunicativo entre las personas; mientras la política se preparaba para recibir sus mayores embates de esta oleada de empoderamiento donde ya no son pocos o exclusivos los canales emisores, sino ahora son tantos como personas con teléfonos inteligentes (o multifunción) en las manos.

Soy periodista, formado como comunicador social en una interesante Facultad de Humanidades y Educación. Respeto a los profesionales del área, pero del mismo modo soy crítico de cierta tendencia del periodismo a exaltar lo malo como lo único noticioso. Como lo único interesante, como lo único importante. Es un regodeo en el morbo humano por lo perverso. Recuerdo las clases cuando se identificaba qué era noticia y qué no; al resaltar la extrañeza de los hechos como un requisito de "ser noticia", más en la búsqueda de tal extrañeza, el periodista terminaba como instrumento funcional de un pensamiento tóxico.

Recuerdo al trovador Facundo Cabral manifestando que ese grupo humano de los jefes de Redacción, los Jefes de Información, esos que hacen los noticieros, escogen las noticias y titulares, le dan prevalencia a una información frente a otra, jerarquizan informativamente, está compuesto por gente infeliz, cuyas taras emocionales pretenden desplegar por toda la sociedad.

Sin darse cuenta que no solo hacen daño al dirigente, a la vanguardia política, al funcionariado público, sino que inyectan toxicidad emocional a toda la población. Que contribuyen a la desazón general. Que perjudican la autoestima y el orgullo nacional de conglomerados enteros. Y no guardan las formas ni tienen sutileza en su accionar destructivo.

Es una demostración de insania mental asumir que solo lo malo es relevante. Dedicarse a identificar y exponenciar lo malo como un propósito en sí mismo, para atacar por mampuesto al gobierno, asumiendo que solo lo malo es noticia, es algo turbio. Habla de un desajuste psicológico que subyace y no nos damos cuenta. También es el cinismo de un claro propósito de menoscabo contra la administración pública que esconde intenciones extorsivas.

Del gobierno solo se publican cosas malas, y se ocultan ex profeso, las cosas buenas que ocurren y que se llevan a cabo, aduciendo distorsionadamente que publicar las acciones positivas de una gestión gubernamental, es propaganda.

En ocasiones, las más de las veces, el tenor (des)informativo que ofrecen los medios masivos o la "gran prensa" responde a intereses manifiestos de los dueños de esos aparatos de manipulación y chantaje presentados como medios informativos. Ahora se han adaptado a la realidad digital, y han incorporado las redes y plataformas a su arsenal extorsivo.

En todos los países existen situaciones, experiencias, casos que retratan la pugnacidad de unas corporaciones cuyos propietarios tienen, o bien unos negocios con los dineros del Estado o bien una ideología, una forma de ver y concebir la sociedad que creen debe prevalecer a toda costa, por lo que usan descaradamente los instrumentos (des)informativos para forzar la toma de decisiones a favor de sus creencias o deseos; si no es así, esos mimos instrumentos que no median sino que imponen, comienzan una campaña destructiva contra la gestión, las personas en funciones de gobierno y en especial contra el líder o la cara visible de la administración.

Entre muchos casos tomemos uno. El de Colombia, donde un mandatario rompe la hegemonía de siglos de una manera de ver la sociedad que favorece a una élite en extremo reducida de propietarios, y pretende implementar reformas que democraticen la distribución del ingreso, aminoren la inequidad social, profundice la labor del Estado en servicios esenciales como la salud y educación para que llegue a ciudades pero también a sitios remotos; disminuir los niveles de pobreza y desigualdad para desde ahí aminorar los exasperantes episodios de violencia que es espantosamente cotidiana en esa nación; también ha promovido medidas impositivas a favor de una ingesta alimenticia más sana, reducción de la dañina azúcar que se encuentra como ingrediente excesivo en numerosos productos que se venden al público. ¿Reacción de esos grupos poderosos?

Desarrollan una fuerte campaña de ataque a la persona del mandatario, su entorno y a su gobierno, que como todo acto humano tiene aciertos y desaciertos, pero que en la línea editorial con la que se invade a la población se nota una clara intención de acabarlo, de hundirlo en el desprecio de las multitudes. ¿Quiénes son los dueños de esos medios, jefes de los periodistas que dictan y ejecutan la línea editorial de ataque? Veamos: del diario *El Tiempo*, *Adn y Portafolio*, así como de *CityTv*, el propietario es Luis Carlos Sarmiento Angulo, quien a su vez es dueño del portentoso conglomerado Grupo Aval (condenado en Estados Unidos por protagonizar una bochornosa trama de sobornos a funcionarios públicos genuflexos al poder para que le adjudicaran obras del Estado colombiano junto a la brasileña Odebrech), que incluye los bancos de Bogotá, de Occidente, Popular y AV Villas, además de Seguros Alfa, Credomatic y de las administradoras de fondos de pensiones Porvenir y la financiera Corficolombiana. Entre las propuestas que adelanta el gobierno se encuentra promover una administración plural de los fondos públicos de pensiones, y no que sea un manejo de capital exclusivo de este sector privado. Por supuesto, los dolientes de la medida atacan con ferocidad, porque buscan mantener el privilegio de la administración de tales recursos.

De las publicaciones *Semana y Dinero*, el dueño es Jaime Gilinski, que a su vez tiene el banco GNB Sudameris y la corporación de ítems alimenticios Productos Yupi. Del diario *El Espectador, Caracol Televisión y BluRadio* el dueño es Alejandro Santodomingo, cuya familia es propietaria de Tiendas D1, empresa de gas Gases del Caribe, la transportista Ditransa y la inversora San Francisco Investments que tiene, entre otras, inversiones hoteleras en Cartagena. Vale hacer la salvedad que *El Espectador* mantiene como director a Fidel Cano Correa, bisnieto del fundador, quien ha recibido diversos reconocimientos nacionales e internacionales por su ejercicio profesional del periodismo.

Y, por último, del diario *La República, RCN Televisión, RCN Radio*, la televisora NTN24 y la radioemisora *LaFM*, el dueño es Carlos Ardila Lule, empresario dueño de las bebidas azucaradas Postobón.

Estas cuatro personas y familias manejan las pensiones de los trabajadores, depósitos bancarios, alimentos tipo aperitivos o refrigerios, bebidas edulcoradas, explotación de energías fósiles, entre otros negocios que se ven afectados por medidas que trata de implementar la administración pública en el intento de, según considera, beneficiar al país; el resultado es que los medios vinculados a estas familias se han lanzado con inquina a la yugular de la gestión en una batalla campal de descrédito intensificada y permanente. Petro, como dirigente y como persona, es asediado por unos ataques feroces que no conocen descanso, buscan hundirlo a como dé lugar y mostrarlo como lo peor que ha pasado por las riendas del Estado, por el hecho que ha tocado intereses considerados intocables y que responden a una lógica de cómo dominan y mantienen las élites un estado de cosas reinante.

En todas partes se admira la saga de Nelson Mandela, José Mujica, Teodoro Petkoff, Rómulo Betancourt y otros, quienes son reconocidos como grandes demócratas, con gestiones que marcaron para bien a sus sociedades; además con un mensaje que ha impactado positivamente a la humanidad; esto a pesar que en su juventud, movidos por el deseo de cambiar el mundo e indignación ante las injusticias, cometieron el error de participar en alguna forma de insurrección o guerrilla. A Petro, como hacían los xenófobos de los afrikáners sobre Mandela, se le endilga montañas de improperios en la pretensión de cerrar toda posibilidad gubernamental que venga de su liderazgo.

Periodismo y la excusa del contrapoder

Las noticias son sensacionalismo antes que información. Los noticieros en la mayoría de los casos, son una abierta y depravada apología a la violencia, la perversión, a lo malvado, a lo frívolo. Las que lo reproducen son personas con la mirada nublada por sus sombras, impedidas de ver tantas cosas buenas que pasan a diario y que no reflejan en los noticieros ni en titulares. Sus tinieblas se lo impiden, o los intereses que defienden no se los permite. El resultado es veneno lanzado a mansalva contra el público espectador.

No me detengo aquí en ese circo cruel de los "debates televisados" en campaña electoral, que merecen mención aparte por cuanto los presentadores en aras de la audiencia permiten (y casi promueven) golpes bajos, ofensas y otras bajezas, para luego, analistas mediante, acusar a los participantes de escasos en propuestas. Cuando no es que los moderadores presumidos pretenden ser centro de atención más que los candidatos. Es un círculo vicioso de la degradación. Cuando un candidato insinúa que no quiere ir a determinado debate, más allá de la estrategia que algunos pueden considerar, lo comprendo. Entiendo perfectamente sus razones.

Entre empresarios dueños de medios y dirigentes pareciera surgir fricción natural. Los intereses chocan, dando el resultado de una exacerbación frente a la política, donde los antagonismos llegan a extremos viscerales. Se confunde todo y se arrastra todo en un pandemonio que presenta a la labor política como lo peor. En medio de esto, es necesario aclarar también la diferencia entre funcionarios y militantes o apóstoles de la política, esos que están en la calle bajo el sol, en condiciones muy duras llevando un mensaje o ayudando a organizar al pueblo. Una cosa es el manejo del Estado, que es una institucionalidad pública por lo que las personas encargadas temporalmente de su manejo están obligadas a informar qué hacen con las instituciones que son de todos, los recursos que son de todos, y otra cosa es la actividad cotidiana de la labor política.

Reitero, los encargados del Estado tienen una obligación tanto administrativa como informativa. Eso es una verdad de Catedral, frente a lo que el funcionariado está en la obligación de cumplir a cabalidad con el deber de informar. La opacidad es germen para la corrupción y malos manejos de todo tipo. En el entendido que hay asuntos inherentes a la seguridad de la Nación que han de ser confidenciales. Estos aspectos generales se comprenden. Pero en el fondo se ha desarrollado una desviación que ha hecho presumir a las escuelas de comunicación social que son formadores de un contrapoder, que son hacedores de una filosofía vengadora que ha de enfrentarse al poder por el enfrentamiento mismo. Eso es una equivocación que lleva a imposturas desdeñables.

Ni propaganda, ni confrontación a secas. El periodismo no debe estar por ontología enfrentado al poder ni tampoco ser su promotor mercadotécnico. Esto que digo es contrario a lo que todos comulgan. Su función más bien debería ser informar lo institucional, el funcionamiento de los procesos, lo malo y lo bueno. Ah dije lo bueno; porque también hay que informar lo bueno. Porque es así, lo bueno que pasa es parte de la realidad, no puede ser que la única realidad publicable sea lo malo, lo perverso, anómalo, perjudicial… ¿quién se cree con la potestad de envenenar despiadadamente y en todo momento a los habitantes?

Eso es desviación del trabajo informativo. Periodismo no es hacer catálogos de malas noticias, tampoco es apología; es reflejar el mundo tal cual es, y el mundo está compuesto de cosas buenas y malas, siendo mucho más las buenas que pasan a diario, por doquier, a cada instante, es por eso que el planeta y la humanidad funcionan. Pero en los noticieros y los titulares se acostumbró la deformación de un 90% o más de reflejar solo lo malo, con la excusa de que eso es lo que le gusta a la gente.

El imaginario colectivo recibe impunemente esas descargas de "nubes negras" que parten de la mentalidad de los hacedores de noticias, para transformarse al cabo de un tiempo en taras anímicas del colectivo.

También del mundo de la prensa se manifiesta con preocupación Obama (2020) al notar una actitud de ligereza en especie de "corre ve y dile" frente a la cual, partiendo de determinado vocero irresponsable suelta una estrambótica ocurrencia a modo de declaración informativa, a lo que representantes de la prensa corren a buscar la reacción de una contraparte y publican ambas igual destacadas, sin contrastar la fuente a profundidad como sí hace el metódico y harto profesional periodista latinoamericano Daniel Coronell; más bien siguen la corriente creando matrices opináticas con irresponsable liviandad, de lo que partió siendo un disparate de un lenguaraz contrincante.

Actúan con algo tan delicado como la formación de opinión en el público, como si de un mero e ingenuo juego de ping pong se tratara. Ahora en el entorno dinámico de las redes sociales o digitales todo corre exponencial, con una población nadando en tendencias informativas y contenidos de toda índole, que paradójicamente naufraga desinformada.

Idiotez, estupidez, medios y plataformas digitales como mecanismos de chantaje

Se le atribuye a Albert Einstein la frase: "dos cosas son infinitas, la estupidez humana y el universo, de lo segundo no estoy seguro". Ahora en medio de la sociedad digital que nos desenvolvemos cada quien anda "empoderado" con su dispositivo móvil lo que da lugar a una vorágine, cual volcán en erupción, de contenido de todo tipo circulando por plataformas y cuentas es las que se promueven las versiones más insólitas, y la gente las cree.

Agustín Laje en su texto *Generación Idiota* asevera que antes los idiotas estaban aislados, ahora se encuentran conectados y con poder de influencia a través de sus dispositivos transformándose en potencialmente muy dañinos. Otro tanto decía Facundo Cabral al referirse a las implicaciones de los desentendidos, desinformados, en el destino de las sociedades. Lage, acertadamente trae a colación las características de la idiotez postmoderna, entre las que destaca el desinteresarse por la política, que es nada menos que desinteresarse por el destino de la nación donde viven y el futuro de la humanidad que a todos nos incumbe. Adelantándose a Laje por décadas, el Rector de la Universidad Central de Venezuela, psiquiatra Edmundo Chirinos, habló de la *generación boba* en referencia a la superficial frivolidad de juventudes de los 80 del siglo pasado. Chirinos por cierto terminó en situación lamentable acusado de asesinato de una joven. Su aseveración sobre lo bobalicón de diversos sectores, abrió un debate intenso que se extendió por años.

Dietrich Bonhoeffer, asesinado en los campos de concentración nazi, desarrolló toda una teoría sobre la estupidez, al razonar cómo ese germen perverso del nazismo se había extendido en medio de una población culta y educada que era el caso de la alemana de su tiempo. Con la estupidez el conglomerado se vacía de razonamientos para en su lugar abrazar consignas, frases hechas, slogans que con testarudez repiten cual autómatas.

El autor precisa que no se trata de un problema intelectual sino moral, con rasgos sociales por cuanto el individuo en solitario es menos propenso a la estupidez, que cuando actúa en grupo. Identifica cuatro componentes de la estupidez: egoísmo, ignorancia, cobardía y codicia. Trataba de llegar al fondo de un asunto que le inquietaba: cómo es que un país de poetas y pensadores se había transformado en un colectivo cruel, despiadado y con abierta actuación criminal en contra de otras personas sin importar que fueran hombres, ancianos, mujeres o niños, tan solo por seguir una consigna que señalaba despectivamente a judíos y otras minorías.

Al igual que otros autores que han abordado el tema, considera que la estupidez es incluso más peligrosa que la malicia, ante la cual puede estarse advertido, defenderse; mientras la estupidez puede estar en cualquier lado y pasar por inofensiva terminando en expresiones de mayor crueldad.

En nuestros tiempos esa estupidez, bobería o idiotez salta a la vista con facilidad por el ecosistema hiperconectado que nos es habitual. El mundo de las plataformas y redes digitales permite ver cómo cientos o miles, a veces millones, se hacen eco de cualquier especie conspiranoica, aunque esta sea algo insólito, rocambolesco o claramente manipulado, y aun así lo transforman en un credo que luego repiten como sujetos hipnotizados, haciendo de esto un dogma en el que militan con fervor.

Sorprende la falta de acuciosidad. No hay la mínima molestia por contrastar, corroborar; se percibe cierta tendencia a creer con candidez las más vergonzosas especies especulativas, por estrambóticas que sean. Esto lo saben los malos de la película, y lo usan, instrumentalizando mecanismos para operaciones de manipulación bien orquestadas.

En suma, ese maravilloso instrumento de las redes digitales termina como laboratorio donde se revelan estos diagnósticos. Con una sociedad enferma que explicita sus sombras tras los burladeros de anonimatos, y se hace presa fácil de manos ocultas interesadas en generar estados de ánimos colectivos que sean propicios para sus negocios e intereses.

Por eso la maldad aprovecha el terreno fértil. Surgen los robots, troles, algoritmos y todo un arsenal de herramientas para disparar a la opinión colectiva una carga descomunal de toxicidad con todo tipo de distorsiones, que la estupidez humana apoderada de muchos, se encargará de repetir, reproducir, escalar mansamente hasta impulsar una masa de confusión generalizada donde pocos distinguen la verdad de la mentira.

Diablos sueltos, mercenarios digitales

En una reciente campaña electoral en Suramérica, se acerca a uno de los integrantes del equipo de trabajo un chico con cara casi angelical, de aspecto gentil, ademanes generosos, voz suave, podría decir que tímido, introvertido, amable; y resulta que era un verdadero diablo.

El sujeto en referencia se aproximó al comando para ofrecer sus servicios consistentes en destrozar la imagen de candidatos, utilizando para ello diversas redes sociales, dependiendo de la más usada en el mercado electoral a atacar. En el caso de la ciudad donde me encontraba era Facebook, así que el hombre de unos 30 años, sacaba a relucir una decena de cuentas y grupos de Facebook en los que publicaba habitualmente contenido para que estas fueran sumando seguidores, atención y tráfico sin parar. En otra ciudad en la que lo más usado por la población es Instagram, pues a esa herramienta echaba mano donde también tenía decenas de perfiles falsos que mantenía activos con publicación permanente de contenido.

Usaba anzuelos informativos. Publicaba asuntos que estuvieran en el tope de la atención del público, sin importar qué; lo único que buscaba era ganar seguidores y captar atención. Cuando alguien lo contrata, como mercenario digital estudia muy bien a la víctima y comienza un bombardeo de informaciones verdaderas y falsas, sin importar transgredir ámbitos personales, familiares, morales, nada. Es un ataque perverso sin considerar límites algunos, en el que varios perfiles manejados por él mismo, a su vez rebotaban la malintencionada especie creando una propagación viral en horas. Estamos en la presencia de un sujeto cuyo oficio (delictivo por demás) consistía en denigrar personas; desprestigiar, destruir a oponentes políticos.

Se trata de un acto criminal que se efectúa con impunidad procediendo al asesinato moral, siempre con intereses bastardos. El delincuente al que hago referencia, a su vez era familiar de una alta funcionaria del Poder Judicial del país en cuestión, en la que se escudaba para desactivar cualquier pesquisa que pudiera señalarle. Todo un ambiente sombrío de maldad, perversión y barbarie, volcados al campo digital. Terreno en el que luego la estupidez colectiva se encargaría de rebotar sin reparo la campaña de intrigas y desinformaciones; sin ni siquiera dudar de la proveniencia del burdo contenido. El reino prolijo y depravado de las *fake news*.

La sociedad en lo adelante debe ocuparse de este asunto. Legislar donde haya vacíos para este tipo de actos delictivos, y afinar la institucionalidad para actuar; ya que la utilización del chantaje y la extorsión a través de instrumentos informativos se está haciendo una práctica generalizada, dramáticamente habitual.

Otro tanto se conoció en medio de la imperialista invasión rusa a Ucrania, porque salió a relucir la gigantesca maquinaria de falsedades, intrigas y tergiversaciones implementada por los agresores en el intento de sembrar en la mente de muchos pasividad y justificación ante la pavorosa agresión protagonizada por la elite pro soviética.

Un informe periodístico presentado por DW en mayo de 2023[39], desenmascara la monumental operación desinformativa desarrollada por la cúpula rusa para amainar los efectos de la barbarie aplicada al territorio y población ucranianos.

La catarata de falsedades, montajes y distorsiones apuntan a tres blancos: 1. La población rusa para que digiera como necesaria la "operación militar"; 2. La población ucraniana para desanimarla, dividirla y ponerla a dudar sobre la integridad moral de sus líderes; 3. Extremistas "de derecha" (de acuerdo a las etiquetas de ahorro de lenguaje) tanto de Estados Unidos como de Europa a fin de que éstos generen un movimiento crítico intra naciones occidentales que exija quitar el apoyo a Ucrania en medio de la guerra.

El principal aparato de noticias falsas y montajes desinformativos, según DW Noticias, está instalado en la ciudad rusa de San Petersburgo, en un laboratorio de guerra sucia denominado *Agencia de Investigación de Internet*, empresa privada financiada con recursos del Estado ruso, dirigida

39 *DW Noticias, noticiero estelar emitido el 2 de mayo de 2023, nota sobre la manipulación informativa contenida en la franja temporal 2:08 – 6:10, disponible en: https://www.youtube. com/watch?v=LL74yaDJm7k*

en su momento nada menos que por el extrañamente "desaparecido" en supuesto accidente aéreo, Yevgueni Prigozhin, el mismo sujeto tenebroso que fundó el grupo de mercenarios Wagner, es decir matones a cambio de dinero, quienes cometieron atrocidades en el campo de batalla durante la agresión a Ucrania documentadas por una comisión de la Corte Penal Internacional; siendo la de Ucrania apenas una de las varias donde ha participado ese comando de exterminio que funge de ejército privado del mandamás instalado en Moscú.

Según el portal *elordenmundial.com* Prigozhin, quien estuvo en prisión durante nueve años por los delitos de robo y estafa, confesó haber influido con maniobras desinformativas en las elecciones de Estados Unidos de 2016, cuando cantidad de tergiversaciones perjudicaron a la candidata demócrata Hilary Clinton y beneficiaron a Donald Trump, quien ha confesado públicamente su admiración e íntima amistad con Vladimir Putin.

La nota de la plataforma informativa DW muestra la forma en que Rusia ataca fieramente a Ucrania, siendo el campo de batalla en el territorio físico y también en el digital con una desmedida operación de intrigas y falsedades impulsada por un poderoso aparato informativo financiado con dineros públicos, que busca atrapar incautos.

Los malos lavan su imagen

Los casos y ejemplos abundan. Apenas apunto unos pocos para evitar una extensión excesiva del texto. Así el super escándalo ocurrido en España con los llamados "audios de Ferreres", una sórdida trama en la que un colega de Putin, es decir un espía policíaco, producía información falsa; sí como se lee, falseaba de la manera más impúdica, información sobre cuentas bancarias y propiedades de figuras públicas que "filtraba" como confidencial a ciertos representantes de la prensa, quienes de forma en extremo irresponsable se encargaban de divulgar con estridencia, como quedó demostrado en los audios, aun a sabiendas que el contenido era falso, tan solo por el objetivo de perjudicar a una formación política que no le gustaba a los tergiversadores.

Prensa usada para destrozar a unos y exaltar a otros, todo movido por meros e hiper subjetivos intereses de grupos de poder. Lo admite quien fuera director del medio español El Mundo, David Jiménez, quien explica en su libro El Director cómo grandes corporaciones, entre ellas las del sistema financiero, reparten millones entre medios y periodistas para ser "bien tratados", mostrándoseles siempre como gente ejemplar en la sociedad.

"El establishment con sus medios es un poder establecido que -gracias al dinero, la influencia y a la difusión– destroza la carrera de unos e impulsa la de otros"[40] recalca Jiménez quien reconoce que al publicarlo se está inmolando en ese mundillo de intereses que es la "gran prensa", pero prefiere eso a la cobardía de callar algo que considera repulsivo.

Las campañas tendenciosas no son escasas, son numerosas, abiertas y muchas veces descaradas. Son especie de delitos a plena luz y ante los ojos de todo el mundo. El medio *OK Diario*, también en España, se ha lanzado temporadas de desquicio con afirmaciones falsas y tendenciosas, como la enconada campaña que en 2015 desplegó contra una dama que había sido jueza y corría candidata en Las Palmas, Victoria Rosell, a quien le dedicó cinco portadas del periódico en dos semanas con información que resultó ser falsa. Al reclamar por el torbellino de mentiras publicadas, un periodista tuvo el tupé de decirle "si quieres que se diga la verdad te compras un periódico".

En Estados Unidos también se observan maniobras desinformativas a rabiar. Son numerosos los casos. Apenas anoto un par a modo ilustrativo. La Cadena Fox se hizo eco sin remilgos de la demencial campaña de conspiranoia expresada

40 *Disponible en*
https://www.publico.es/sociedad/entrevista-david-jimenez-libro-director-mundo.html

a los cuatro vientos por grupos como proud boys, QAnon y figuras desubicadas como la abogada Sidney Powell que repetían locuras de teorías conspirativas, robos de votos y de alteración de elecciones sin ninguna prueba, falseando abiertamente la realidad, todo lo cual fue creando un ambiente que terminó con el mundialmente condenado intento de golpe de Estado, asalto al Capitolio de Washington , el 6 de enero de 2021. Igual como ocurrió en Brasilia con la maquinaria de mentiras y desinformación que instaló el presidente derrotado en las presidenciales de Brasil de 2022, Jair Bolsonaro, y que manejaba su propio hijo, Carlos Bolsonaro, quien terminó investigado por propagación de noticias falsas. Actuando al calco, los fanáticos brasileños que querían desconocer el resultado electoral, también tomaron instalaciones de gobierno.

En 2023 la *Cadena Fox News* reconoció que había mentido en torno a las elecciones de 2020, viéndose obligada a resarcir con 787,5 millones de dólares americanos a la empresa Dominion Voting System, al Fox News hacerse eco de una larga cadena de falsedades que se tejieron entonces. También ocurrió en Florida, en donde la estación *Radio Actualidad* mintió durante toda la campaña con ataques *ad hominen* contra el candidato Joe Biden y varios expresidentes demócratas; al tiempo que desplegaba un fanatismo delirante a favor de Trump y sus falsas acusaciones sobre el resultado electoral.

Estamos en un tiempo que como nunca antes requiere de cada uno de nosotros el informarse con fuentes pertinentes, comprobadas; contrastar información; discernir y una vez informados, hacer una lectura crítica de la realidad. Hay agresiones desinformativas a raudales. Hoy abunda el ambiente de las falsas noticias.

También me ha tocado vivir experiencias sobre manipulaciones informativas que con alevosía cometen personajes relacionados a unos medios que se desenmascaran como instrumentos de espurios intereses. En una campaña, una destacada cadena informativa radial me negó cualquier entrevista o mínima posibilidad de opinión, mientras a mi oponente le ofrecieron dos entrevistas en horario estelar en un par de semanas consecutivas que además repitieron igual en horario estelar, para promover en cuatro ocasiones en un lapso intensificado al otro candidato mientras a mí se me negó cualquier posibilidad. No les importó ni siquiera el derecho a réplica. Antes un poderoso editor, hoy venido a menos, me contactó a través de una afamada periodista para reunirse conmigo, y en persona alabarme, diciéndome que merecía salir publicado en su periódico, gesto que agradecí emocionado.

Al poco tiempo me llamó una comunicadora de ese renombrado medio impreso para entrevistarme con un caudal de preguntas prefabricadas, relacionadas a diversos debates, que nada tenían que ver con la elección en la que yo participaba. Ingenuo le respondí algunas; al día siguiente estaba en el titular abridor de primera página del periódico. El contenido me ubicaba como crítico de determinada fuente de poder, me perjudicaba abiertamente mientras beneficiaba con claridad a mi adversario. Luego supe que el padre del adversario, vicepresidente de la República en funciones, era muy amigo del editor que me montó la celada, quien a su vez era hiper crítico del gobierno en general, pero íntimo amigo de dicho Vicepresidente, al que ayudó tratando de hundirme a mí, a pesar de haberse acercado con la promesa de ayudarme.

Antes ese mismo medio, cuando estuve encarcelado por el contenido de mi libro *Cuánto vale un Juez* (1996), mandó a una periodista a la celda a entrevistarme en prisión, con el malsano propósito de falsear sobre mi caso, publicando el día de mayor circulación del medio, domingo, un reportaje con gigantescas fotografías, muy llamativo, malponiéndome y creando insinuaciones de información económica falsa en mi contra. No le importó siquiera que estaba pasando por el infortunio de la privación de libertad. Lo único que importaba era su avieso plan.

El medio al que hago referencia, junto a otros, fue un gran protagonista de enconadas campañas tendenciosas en contra de la imagen de presidentes durante la era civil que gobernó a Venezuela de 1958 a 1998, con lo cual deterioró con encono la imagen de los políticos, promovió la antipolítica que luego tanto ha calado en la contemporaneidad. Así llegó al poder un militar, clara expresión de la antipolítica; con el amargo y además injusto final de que el editor fue despojado de su empresa mediática, además de exiliado porque esa misma antipolítica una vez en el poder, no respetó sus derechos.

Así como el libro de David Jiménez, hay varios trabajos donde queda expuesto cierto manejo de medios de comunicación donde reina la mentira, intriga, manipulación y el amarillismo. Los interesados pueden buscar el libro de Marc Amorós García, *Fakes News, La verdad de las noticias falsas* o escudriñar *Ciudadano Kane*, película de Orson Wells, que desenmascara el oscuro manejo detrás de algunos medios, las redes digitales y el mundo de la información.

Degollina contra ex Presidentes

Los funcionarios que han ocupado los más altos cargos tienen una experiencia en el manejo de situaciones complejas nacionales, internacionales, de geoestrategia global que es única, de un valor inconmensurable. En ese sentido los ex presidentes suponen en cúmulo de conocimiento que puede hacer un gran bien a cada país.

Con seguridad en sus gestiones habrá cosas que señalar, asuntos que no hicieron bien, aspectos criticables, como los hay para todo ser humano en cualquier desempeño, más aún en la más gigantescamente compleja de todas las acciones como lo es la de dirigir un país que a su vez es una tupida red de intereses contrapuestos, pugnacidades, enfoques, anhelos, parcelas, marchas y contramarchas. Tal vez por eso mismo su cúmulo experiencial es un tesoro que puede y debe estar al servicio de la nación.

Pero no es lo que ocurre en algunos casos, especialmente en Latinoamérica. Donde las personas que ejercieron la Presidencia son blanco de un talonario de facturas de aquellos que no se vieron beneficiados como lo deseaban en la gestión del mandatario.

Casos como los de Perú son muy llamativos, país que tiene martirizados a todos sus mandatarios, enjuiciados, señalados, encarcelados y hasta difuntos que en el desespero de una degollina pública que pretendía mostrarlos humillados y sometidos al más espantoso escarnio público, prefirieron acabar con su vida. Es el caso de Alán García, quien no quiso pasar por el suplicio de la humillación… prefirió la muerte.

Esa pujante nación suramericana tiene encarcelados a los expresidentes Alberto Fujimori, Alejandro Toledo, Pedro Castillo (protagonista de un caso patético en el que intentó cerrar el Congreso, dar un golpe de Estado y después decir que se confundió o lo engañaron), y también a Pedro Pablo Kuczynski (PPK) en detención domiciliaria, para quien en el momento de escribir estas líneas el Fiscal José Domingo Pérez solicita condena de 35 años, siendo PPK un hombre de 84 años. Quien así actúa probablemente no está pensando en justicia sino en esnobismo, en llamar la atención, en destacar ante un auditorio que, cual circo romano, quiere ver morir cristianos, otrora gladiadores, ante los leones.

¿Hay de qué señalar a un exmandatario? Claro que sí, no me cabe duda al respecto. Todos cometieron errores, como es consustancial con lo humano, pero es clara la inclinación especialmente en Latinoamérica de hacer de los expresidentes el blanco de criminalizaciones extremas, de acabarlos, hundirlos, de humillarlos en medio de una sed de venganza inaudita. ¿Qué puede pasar por la mente de una persona que intenta una condena de 35 años contra un señor que tiene 84 de edad? Busca lo obvio: una pena de muerte explícita. Siniestra intención de aniquilarlo como ser humano. Es una locura que perjudica al país, aunque no lo vean, aunque ahora lo celebren con morboso festín.

Para Ollanta Humala se pretende una condena de 20 años y para su esposa prisión de 26 años. A martín Vizcarra lo tienen inhabilitado de toda función pública y hasta se busca impedir la inscripción de un movimiento político relacionado con él.

En Venezuela, el presidente Carlos Andrés Pérez hubo de sufrir una conjura por parte de las elites empresariales que vivían, en su mayoría, a expensas de la captura de los recursos del Estado; también enfrentar conspiraciones de grupos, corporaciones de representación y hasta de su propio partido que no soportaban su liderazgo ni tampoco las reformas que abrían las compuertas a la competencia internacional. La cizaña a toda hora en los medios surtió su efecto, el descontento popular se manifestó; vinieron los golpes de Estado, no uno, sino dos en apenas meses. Con una épica hollywoodense el dirigente sorteó todos los obstáculos, soportó todas las infamias, también insólitas intrigas, el odio público al que fue sometido. Al final sucumbió ante la conspiración cupular que sumó congreso (con su propio partido), institución judicial y medios en la masacre que llevaban a cabo contra la imagen de su gestión y de su persona.

El 20 de mayo de 1993 la conspiración de las elites anuncia su veredicto de eyectar del poder a Pérez, éste acata estoicamente la decisión y en la despedida, ofrece un discurso que es una pieza oratoria que quedó para la posteridad de la historia venezolana, con la frase *hubiera preferido otra muerte*, el mandatario dejó ver el agobio que estaba pasando. Anexo al final del libro el discurso que refleja con fidelidad una situación brumosa. La complejidad del poder y su ejercicio. La claridad histórica de un dirigente, y también una que otra señal clara de cómo es que apenas cinco años después llegaría al mando Hugo Chávez inaugurando una nueva era signada por el conflicto y la desinstitucionalización.

En el país suramericano también puede mencionarse elcaso de un hombre bueno, Luis Herrera Campíns, dirigente socialcristiano que llegó a la Presidencia de la República gracias a su imagen popular, su discurso llano, el deseo de alternancia en el poder de la población, y una campaña profunda de un gran sacrificio físico recorriendo palmo a palmo cada rincón de la geografía. Una odisea digna de admiración y aplauso, en cuyo despliegue resultó un día con el rostro ensangrentado luego de ser herido en una comunidad popular con un objeto contundente en la cabeza.

Una vez en el mando, su gobierno destacó por su carácter conciliador. Preocupación por la cultura, el deporte, por su cordialidad y amplitud. Aun así, fue tratado con hostilidad por una "prensa" que se regodea en el señalamiento. Los entornos que siempre rodean al poder despertaron suspicacias. Hubo informaciones de anomalías de allegados, pero el balance de su administración es positivo. Su valor cívico se hizo notar en numerosas acciones. Por ejemplo, con la intención de proteger la formación de los niños y adolescentes, Herrera Campíns tuvo el coraje de prohibir la publicidad de cigarrillos y licores en los medios audiovisuales. Tamaña gallardía fue anotada como una afrenta para la arrogancia de ciertos poderes. La decisión para proteger a los más vulnerables le valió, además del consabido maltrato, el veto absoluto una vez que dejó la Presidencia. Estaba prohibido en televisoras y radioemisoras de determinados circuitos con gran audiencia la más mínima entrevista u emisión de opinión del líder socialcristiano. Fue una muestra de desprecio y venganza colosal de unos grupos que no le perdonaron su juicio a favor de la juventud.

Así los casos abundan. Cuando hablo de maltrato a expresidentes no hago referencia aquí al tema Donald Trump, caso distinto porque es un exmandatario que protagonizó a la vista de todos un conjunto de delitos de extrema gravedad, entre los que, según las instancias norteamericanas, está el intento de un golpe de Estado; y sin embargo gozó en todo momento del debido proceso y derecho a la defensa, se mantiene hasta el momento de redactar estas líneas en libertad e incluso sigue haciendo política libremente.

Las del magnate inmobiliario son irregularidades graves que día a día se prueban y por maniobras judiciales el ex Presidente intenta desconocer todos los mecanismos judiciales, ofender a quienes señalan sus errores y contratacar una y otra vez. En su caso, más bien es lógico que si la institucionalidad funciona, sea castigado por los desmanes protagonizados. Pero más allá de lo particular o anecdótico de este caso, lo útil aquí es identificar una actitud que en ciertos países se esgrime contra los expresidentes y que hace daño a las sociedades. Es una degollina que en algunos casos se practica contra los expresidentes, lo que habla mal de los conglomerados protagonistas de la masacre, más que de los propios mandatarios, que como queda dicho y no dudo en afirmar, cometen errores, pero de ahí a pretender "enterrarlos vivos" en el descrédito más artero una vez que dejan el mando, hay una distancia que desenmascara bajezas.

Aplaudo la iniciativa de algunas sociedades que han asumido la valía de los expresidentes y los ubican en una instancia de consejeros, ya que como nadie pueden dar recomendaciones de gran valor en medio de la incertidumbre y el conflicto que son una constante en el ejercicio de gobierno.

Tendencia a lo bueno, castigo a lo malo

Buena parte de lo que aquí digo va a ser leído como "políticamente incorrecto" porque va en contra vía de matrices de opinión establecidas a modo de dogmas. Se ha convencido a la población, por estupidez y también perversidad, que la política es el terreno de lo malvado, cuando la política no es más que una extensión de la sociedad toda, es un síntoma claro de cómo actúa y piensa un conglomerado humano. Los políticos no vienen de marte. Son expresión directa de la propia sociedad de donde surgen. Hay otras cosas operando. Hay intereses oscuros actuando. A los que no se ve, ni se les señala, menos se les culpa. Porque actúan tras bastidores.

Aun así hay señales positivas de una sociedad que reacciona y genera sus anticuerpos frente a los males. Varios grupos han surgido para develar las desinformaciones y divulgación de mentiras. Es el caso de Stopfakes, Efecto Co cuyo y muchas otras plataformas digitales que ofrecen el útil servicio de corroborar informaciones y desmontar las falacias que se echan a rodar en la red.

También comienzan a desenmascararse grupos y equipos dedicados a estas actividades delictivas. Como comenté antes está el caso de la empresa privada autodenominada Agencia de Investigación de Internet, nombre fachada de un entramado de troles y desinformación dirigida por el aparentemente fallecido siniestro mercenario ruso Yevgueni Prigozhin, develada en medio del ataque a Ucrania; lo propio ocurrió con el aparataje de un expolicía venezolano capturado en España, quien manejaba un dispositivo de chantaje y extorsión mediante publicaciones en varias plataformas como Informe25, Nueva Prensa América y otras. Agregaba intrigas y noticias falsas en perfiles de Wikipedia, que para hacerlas creíbles luego las enlazaba con la página The Freedom Post que manejaba su mismo grupo. Fue detenido, procesado, encarcelado al igual que su equipo de apoyo en esas acciones.

En las investigaciones sobre el asalto al Capitolio norteamericano ocurrido en 2021, también se ha identificado a personas y grupos dedicados a divulgar falsedades de conspiraciones inexistentes por las redes. Se han desactivado especie de asociaciones de personas generadoras de contenido malicioso, falso, que buscaba sembrar miedo en la población, para desde ese estado de ánimo buscar adeptos a sus causas ideológicas o fanáticas. En España el escándalo de las escuchas y el expolicía José Manuel Villarejo junto al periodista empresario Antonio García Ferreras desenmascaró un entramado de manipulaciones y mentiras ex profeso que puso en alerta mayor a un antes cándido público.

La sociedad digital que es nuestra realidad vigente y lo será en lo adelante, va a implicar cada vez mayores procedimientos de profilaxis hacia el uso delictual de los mecanismos interconectados de información. Nos toca a todos contribuir con esta cruzada, siendo uno de los varios retos ineludibles que nos presenta el mundo actual.

La polarización creciente un mal que daña a todos

La utilización del miedo para buscar adeptos es algo miserable que está siendo de uso común en la confrontación pública de las últimas tres décadas.

El contraste de posiciones es natural en cualquier disputa civilizada. La segmentación poblacional entre opciones que procuran hacerse con la representación popular corresponde a una dinámica propia del debate.

La desviación ocurre cuando se apela a una retórica venenosa de "buenos y malos" aduciendo que los que no están del lado del emisor del mensaje, corresponde a la parcela de los malos, aquellos que son una amenaza singular con potencial de aniquilación. Nótese que a lo largo del libro he hecho referencia a "los malos de la película" porque es la economía cognitiva que permite desmontar la percepción que se ha construido en contra de los políticos en general. Pero ojalá esos poderosos grupos de interés señalados en estas páginas, transformen su accionar en devenir beneficioso para la sociedad. Hasta ahora, tal y como lo sustentan los datos de enfermedades, contaminación medioambiental, inequidad social y violencia generalizada, destruyen sin pudor ni piedad todo a su paso.

Pero en vez de ver al fondo, la polarización y sus etiquetas accesorias, funcionan a modo de cortina de humo para desviar la mirada, colocando en tensión perjudicial a la humanidad. Cuando en realidad está en juego el posicionamiento superior de la democracia como sistema de convivencia, frente a una emergente camada de autócratas que utilizan el factor miedo para enaltecer a un líder, a quien pretende ungirse con la imagen de salvador de multitudes, para lo cual solo pide mando perpetuo para él o su grupo. El dilema entonces es entre democracias frente autocracias; estas últimas siempre asociadas a la imagen de un cobarde líder fuerte, que se disfraza de nacionalista cuando en realidad lo mueve su codicia, expresada en una incontrolable obsesión de poder.

La polarización extrema es dañina. Pretende que el individuo no piense, que abandone el raciocinio y lo reemplace por prejuicios. Las categorías de izquierda y derecha entre demócratas, como herencia de la Revolución Francesa y la ubicación física de las bancadas que apoyaban la permanencia de la monarquía, por un lado, frente a la que prefería los cambios rotundos, es usada para identificar el mayor o menor acento de lo social o económico en sus respectivas agendas o postulados. A lo sumo la diferencia entre lo que se llama de izquierda o de derecha es en consideración al mayor o menor peso que debe tener el Estado en la dinámica social y económica. Hasta ahí.

Pero eso de meter a todo el mundo que no comulgue al ciento por ciento en un determinado listado de ocurrencias en un estanco separado e impermeable, es un arrebato de flojera mental; desmesura que lejos de contribuir a elevar el debate, lo empuja hacia terrenos de la incivilidad.

Ser de "derecha" o ser de "izquierda" ¿Qué vaina es esa? Reconozco que todos lo usamos porque sirve de economía en el lenguaje, pero se ha abusado tanto de la fórmula que terminó en estigmas con propósito divisionistas. En determinados países decir que se es de izquierda es una mala palabra; lo propio confesarse de derecha en otros.

Supuestamente la persona de izquierda aboga por el igualitarismo; desprecia al sector privado de la economía; le resta valor al concepto de la familia; apoya el aborto; es globalista; es estatista; controlador; desprecia a la libertad y a la religión; es una come flor que defiende la naturaleza porque no sabe de desarrollo económico; promueve la indefinición de géneros con eso del lgtbq+. Según este esquema parcelado la persona de derecha, a su vez, defiende a la empresa privada, cree fervientemente en el libre mercado, el desarrollo, la prosperidad; defiende la tradición de la familia; no está de acuerdo con el aborto; prioriza el desarrollismo más que el cuido del medio ambiente y es homofóbica.

Todo esto resulta un artificio que pretende burlarse del sentido común; sirve más para engañar que para debatir con honestidad. Tal vez pocos obsesivos encasillados crean realmente en esto; maníacos que al serlo, pretenden generar compartimientos estancos donde se divide la sociedad en función de sus dogmas, su ilusoria lectura de buenos y malos.

La verdad que todos somos una mixtura de distintos valores y banderas con las que comulgamos; que si no abandonamos el sentido común, podemos conseguir mayores coincidencias de las que los interesados en la obscena polarización se permiten.

Puedo ser catalogado de izquierda, o sea que para mí debería importar más la agenda social que la economía. Eso no es verdad. Creo en una economía pujante con protagonismo de la iniciativa de los particulares como requerimiento esencial para mayores esquemas de productividad, proceso que debe ir en consonancia de no contaminar el medio ambiente y ayudar a la distribución del ingreso para que haya mayor equidad social. Con distribución del ingreso hago referencia a la brecha que existe entre los que ganan más y los que ganan menos en cualquier empresa pública o privada.

Si soy de izquierda, ¿cómo es que valoro grandemente la religiosidad, la familia y tengo reservas y grandes preocupaciones sobre el aborto? Ahí se desvanece el etiquetado, porque entonces para otro por eso soy de derecha. Falsedades e infantilismo. Rechazo a las armas, ergo soy de izquierda. Creo que el estatismo totalizante y acaparador es nefasto, ah entonces soy de derecha.

Así pasa con todas las personas. Hay diversidad de aspectos, unos coinciden más con unos postulados que con otros. Esa variedad es la esencia de la vida en sociedad y en especial de la contemporánea, pero nos quieren encasillar para fomentar la polarización, que como queda dicho, antes que beneficiosa es perjudicial para el avance de la democratización de la humanidad.

Marco mental en boga de la "polarización"

La polarización antagoniza. También estupidiza porque exige de la persona una actuación irracional. El individuo con sus atributos específicos se desliza hacia un conglomerado que reemplaza el sentido crítico por consignas, slogans; que repite frases hechas como resumen de propósito impuestas por un líder o una cúpula cabecilla de la parcela, la que se beneficia de tener una legión de seguidores acríticos porque la misma se transforma en base de sustentación para negociar o imponer determinadas cuotas de poder.

Es macabro; pero a su vez, alarmantemente común. En la polarización hay un mundo soterrado sacando provecho de la tirantez que estimulan ex profeso. Son corrientes subterráneas muy poderosas que se mueven en las sombras, que a veces se hacen más evidentes, salen a la superficie o corren el velo de acuerdo a coyunturas que se presentan. Situaciones que están ahí bajo cocción y que pueden dar lugar a nuevas situaciones, a recomposición de la geopolítica y de la forma como está organizado el mundo.

La falsa polarización (que se lleva a extremos) entre un conservadurismo duro y tendencias liberales de una vida más sosegada son ejemplo palpable de ello. Son intenciones de hacer pasar por polarización lo que en realidad es el sectarismo de ciertos grupos, que no responde a etiquetas de izquierda o derecha, sino inclinaciones presociales de caudillismo, egocentrismo y codicia.

La barbarie protagonizada por Bolsonaro en Brasil en 2022, sirve para ilustrar. Bolsonaro como Chávez polarizaban con toda intencionalidad. Para los promotores de la polarización no importa lo tóxico que eso pueda ser para cada país; lo único que importa es tratar de hacer crecer o cuando menos mantener intacta sus bases de apoyo. Aquí se cae el mito de derecha o izquierda cuando en la práctica coinciden en el procedimiento.

Existen enfoques contrastantes, hay que admitirlo, que tienen como sustrato la multiculturalidad afín con el género humano; así como los cambios de era que también producen corrientes. Esas corrientes se mueven, como en otros momentos de la humanidad, otros temas y otras grandes polarizaciones [ilustración vs. oscurantismo; racionalismo vs. religiosidad o metafísica] en ciclos que van y vienen, como el péndulo ondea en un sentido y en otro, hasta que uno se posesiona, se fortalece pasando a una nueva realidad y nuevos componentes o escenarios. Ciclos Dionisíacos y Apolíneos.

Ese es un debate real que trasciende a la falsa polarización en la que ciertos arrebatos caudillistas nos quieren embaucar en un parcelamiento atrapa incautos. Enfrentamiento polarizador sí puede ubicarse entre (un renacer de) autocracias y la consolidación de las democracias con respeto a la pluralidad política y la construcción de consensos. No es válido o resulta una farsa la de personajes que dicen defender la democracia y para ello apelan a mecanismos o procedimientos autocráticos.

Si hay debate real, como decíamos, en situaciones de claro contraste. Podemos ver un antagonismo comercial y de sistema sociopolítico entre China y Estados Unidos; o como en el caso de Occidente y el Islamismo señalado como "choque de civilizaciones" en palabras de Huntington. Pero de ahí a ciertas fragmentaciones que se están estimulando dentro de sociedades democráticas de occidente, hay una diferencia sustancial porque las mismas son manipulación pura y simple a modo de oxígeno para sectores beneficiados de la confrontación.

El esquema polarizante alimenta un tipo de propuesta cognitiva propia de desajustes psíquicos antes que de un pensamiento organizado, creativo y equilibrado. Así promueve el pensamiento dicotómico referido a supuestos que se oponen pero que en realidad se complementan, se retroalimentan entre sí.

El pensamiento dicotómico hace una lectura de la realidad de manera binaria. Divide el mundo en blanco y negro, donde no hay matices, la escala de grises se pierde en casillas extremas que subsisten para la confrontación. Lo separa todo en buenos y malos, quienes recíprocamente necesitan el aniquilamiento del contrario para que reine el bien, su versión del bien. Es un abordaje reduccionista de los hechos y las personas; en el que las graduaciones se aborrecen y cualquier duda a la versión omnímoda de la parcela que funciona como secta, será considerada una traición.

Cargada de clichés la mentalidad binaria es enfermizamente maniquea. Todo lo que provenga del otro es malo, tan solo porque lo propone el otro polo; mientras que todo lo que venga de su grupo o su líder es bueno, por el simple hecho que proviene de su caudillo.

Maniqueismo disparatado que lleva a individuos a abandonar su criterio, racionalidad y como bien expresa Ernesto Sábato, hasta las "verdades del corazón", en el estrafalario enfoque de la masa, porque hacen suyo el cuento de buenos versus malos, por ese camino terminan apoyando la insensatez de un régimen nazi ensañado cruelmente contra el pueblo judío; o la agresión a los parlamentarios venezolanos dentro del recinto de la Asamblea Nacional en 2013; el asalto al Capitolio en Estados Unidos en 2021, o el asalto a la explanada de Gobierno en Brasilia en 2022. Es la aberración conductual que tan bien analizó y describió Dietrich Bonhoeffer en la *Teoría de la Estupidez*.

A falta de mejores causas por las que luchar, individuos que compran los slogans como verdades irrefutables terminan en el comportamiento de lo que he denominado *radicales obsesivos compulsivos* (roc), quienes viven una insensatez militante lanzándose como fieras ensoberbecidas en el mundo real como en el virtual, contra cualquier objetivo que en su pisque reduccionista se antoje un contrario digno de ataque.

Como se demuestra en varios párrafos que anteceden, salgo al paso a la falsa polarización, esa que no es más que maniobra tóxica por parte de sectarios de nuevo cuño a fin de mantener bases de apoyo y la parcela que les permite canonjías. Pero al mismo tiempo reconozco que hay contrastes, tensiones, confrontación de intereses, sobre todo en las elites del poder. En los círculos de poder se desarrolla una dinámica endemoniada de pugnas, algunas elegantes,-disimuladas; otras frontales, atroces, que se mueven por una lógica perversa de preservación o expansión de espacios de influencia y acrecentamiento de privilegios que usualmente son inspirados por la codicia, el egocentrismo y otras taras humanas, así como por complejos de superioridad con el que cargan algunas personas. Se observan en todos los escenarios y todas las profesiones.

También, huelga decirlo con énfasis, existe el altruismo, la sincera cooperación, el honesto desapego. En realidad, son fuerzas antagónicas que se enfrentan, aunque con modos distintos. En la dimensión de la influencia y los intereses, algunos trepadores usan herramientas soterradas y cínicas con un desparpajo que en ocasiones se torna cruel y despiadado. Otros que pretenden hacer el bien, incurren en el error de intentarlo mediante el sectarismo. Pasan por alto la salvedad que en los procesos sociales el cómo importa, y mucho.

El proceso de consciencia es un asunto individual. Así como la República requiere de ciudadanos forjados y defensores de sus valores, la democracia moderna requiere de ciudadanos involucrados, comprometidos. Con personas mejor informadas habrá mayor criterio, mayor participación, lo que en sí dificulta las maniobras de autócratas y caudillos de nuevo cuño. Tenemos que promover un empoderamiento informativo de la población, que pueda discernir, contrastar y verificar todo contenido en medio del océano informativo en el que navega nuestro día a día.

La mujer y la política

La población humana a escala global es bastante homogénea entre los dos géneros. Hombres y mujeres componen alrededor del 50% a partes casi iguales de todo el conglomerado. De acuerdo a la fuente que se consulte, algunas décimas por arriba estarán los hombres, o lo propio las mujeres. La realidad es que hay un balance biológico sorprendente con el que la naturaleza o la inteligencia superior prodiga en maravilloso equilibrio nuestra existencia como especie. No obstante, esa realidad natural no se expresa en el ejercicio del poder.

Cuando el porcentaje de población femenina ronda el 50% del total, resulta curioso que casi el 90% de los gobiernos del mundo esté dirigido por hombres. Esa situación debe cambiar. La sensibilidad especial y la compasión de la fémina como dadora de vida le confiere una condición innata de preservación, responsabilidad, empatía, de solidaridad tan altiva que la dota de una perspectiva profundamente humana, si entendemos por tal el respeto a todas las formas de vida y ese aprecio extendido que es la caridad, atributos de los que en cierta medida en algunos casos carece el hombre.

Todo el proceso físico que opera en la hembra y que le posibilita una condición superior está suficientemente documentado, basta con leer al psicólogo cristiano James Dobson, para maravillarse de la extraordinaria condición de las damas, con su particular universo bioquímico que les concede esas condiciones especiales para la sensibilidad y la sutileza que son tan admirables.

La historia de la humanidad ha sido patriarcal. Hay que admitirlo, ha sido machista. La mujer, por su condición de supuesta vulnerabilidad física, y también por su sensibilidad, ha sido relegada. Tanto así que en el contexto internacional los derechos políticos fueron derechos de hombres; luego, y con una progresividad lenta, se ha extendido también a las mujeres. Hasta hace pocas décadas en algunas sociedades ellas ni siquiera tenían derecho al voto. En la actualidad existen algunos regímenes anacrónicos que las consideran y tratan como inferiores; al tiempo que las supeditan a los arrebatos autoritarios de los hombres.

El mundo que ha sido y es mayoritariamente gobernado por hombres ha dado un resultado: salta a la vista; está como se ve; como se sabe; tal cual lo reflejan todos los indicadores medioambientales; de educación, salud, violencia e inequidad social. Será muy interesante que cada vez más mujeres tomen las riendas de sus países; que tengamos gobernantes femeninas que ayuden a salvar a una humanidad extraviada en el desvarío y la frivolidad.

El duro terreno de la política necesita de los valores que encarna la mujer. Cada vez es más necesaria la participación de ellas y de todos en general. El involucramiento de todos, mujeres incluidas, en lo que compete a todos resulta un llamado ineludible.

El mundo será un mundo más justo, amigable y vivible en la medida que las personas, incluyendo por supuesto al conglomerado femenino de la población mundial, asumamos los asuntos de interés público como uno de los ejercicios humanos más virtuosos de toda la existencia. En suma, el tópico aquí referido es una de las maneras de honrar la vida.

CONCLUSIONES

La Democracia, aun con sus debilidades, imperfecciones y problemas, es el sistema sociopolítico más satisfactorio de los conocidos hasta ahora. Nos permite el milagro de la transición del poder en paz, y prevé mecanismos para que todas las personas que habitan una nación tengan algo que decir, tengan una voz, pueda tomarse en cuenta de una u otra forma su punto de vista.

Entre más participación amplia, tolerante, activa de la población, más robusto será el sistema democrático. Entre más gente involucrada, menos espacio para el abuso porque impide a los abusadores correr a sus anchas. Por eso hay que estimular la participación como lo que es, un activo de la civilidad; algo sumamente importante. Vital para el buen funcionamiento de los países, las sociedades y con ello el buen encausamiento de un mejor sistema social para la vida humana. El destino está en la participación.

Participar, sin embargo, supone un esfuerzo, disciplina, un ocuparse de atender lo que va más allá de uno mismo y la estricta esfera personal. Requiere estar informado, dedicar tiempo para ampliar la cosmovisión, reflexionar, discernir, afinar el sentido crítico. Prepararse para expresar, intercambiar e incidir.

Hacerlo, involucrarse, es revalorizar la esfera política. Participación y política son expresiones de la misma dimensión, manifestaciones relevantes del bienestar y la convivencia. La esfera pública es la esfera de la política, y es consustancial con el ser humano; vale decir, el hecho de vivir con otros, entre otros, en sociedad.

En rigor, reivindicar a la política, es hacer lo propio con la participación. Denigrar de la política es hacer retroceder al ciudadano del espacio público, y conminarlo al ostracismo, para dar paso a maquinarias de poder que engullen la representación y generan dominios en ocasiones ajenos al bien común.

Mal poner y desprestigiar a la política es un grave error, porque además de atacar con sesgos y generalizaciones a un grupo de personas, a su vez incide en que menos gente participe en ella; que la ciudadanía no se involucre, escenario desolador donde se cultiva el terreno propicio para que los poderosos abusen cada vez más de su influjo. Tenemos que volver a la política en el mejor sentido de su expresión, porque es vital para mejorar el rumbo del planeta.

Esta actividad, la política, después de atender a la familia, es el ejercicio humano más importante al que una persona pueda dedicar su tiempo. Esta ocupación vituperada como ninguna otra, en realidad está llena de heroísmo, entrega, servicio, privaciones, epicidad, abnegación y sacrificios; aunque muy pocos lo sepan. Solo comparable en nobleza con la misión del maestro o educador.

Al igual que ocurre en otras áreas, en la política existen malvados, trepadores, perversos, son los que más resaltan en los noticieros, pero no es el común de quienes ejercen este apostolado.

Despreciar a la política es un acto de estupidez, porque se anula la herramienta más poderosa con la que cuenta la humanidad para promover democráticamente los cambios en procura de mejora en todos los sentidos.

La política es conciliación y es antídoto efectivo contra autocracias y la violencia, debido a que el espacio público ocupado por la ciudadanía en el debate abierto aísla a los violentos, desenmascara a los autócratas, del mismo modo que, como afirma Glenn Paige, la perversión de las armas retrocede ante la acción colectiva de la población.

Aunque la frase "salvar a la humanidad" pueda parecer exagerada, es rigurosamente cierta si tomamos en cuenta que, en la actualidad, como revela una y otra vez la ciencia, caminamos inspirados y entusiastas hacia el abismo. Nuestro patrón de comportamiento y consumo actual es inviable porque ha devastado al planeta. Nuestra embriaguez colectiva en la que la codicia apunta a una acumulación y consumo infinitos es una locura. La estupidez advertida por los maestros griegos es signo paradójicamente común en esta era de los sistemas interconectados de información.

Las alarmas sobre el peligro de extinción de varias formas de vida incluida nuestra propia especie son abrumadoras. Asumir este debate y participar en él es lo único que puede permitirnos torcer el rumbo y salvar al mundo con las formas de vida tal y como lo conocemos. Toca ahora más que nunca hacer política. Todas las personas. Cada quien en su espacio de incidencia. En cada país. En cada región. Solo la política bien entendida, está llamada a salvar a la sobrevivencia de nuestra especie. No hay un "salvador" del planeta, no existe un sujeto terrenal que encarne la misión redentora, pero sí un esfuerzo colectivo movido por una consciencia salvadora; y esta debe expresarse en la esfera de lo público, debe ser política.

Revalorizar esta dedicación misionera implica atender su estudio en el componente formal del proceso educativo. Hago referencia a un nuevo estudio, nuevo enfoque sobre la política y la participación constructiva en la sociedad en general. Forjando valores de participación, el decoro y el "juego limpio" en las nuevas generaciones. A decir de los profesores Ausín y Tienda Palop, donde se resalte "el papel de la ética como un instrumento pedagógico ineludible para formar ciudadanos que sepan luchar por sus derechos, al ser conscientes de unos valores democráticos que cimentan el bien común gracias a la empatía".

Es un tiempo retador; también en lo académico: ya que es un momento estelar para la educación en humanidades, profundamente arraigada en los valores de la tolerancia, la participación, el involucramiento, la alternancia, la solidaridad y el liderazgo con arreglo a valores. Formación que sea en sí misma un tributo a la civilidad y al valor de lo colectivo, sin andamiajes estatistas o limitación de intereses corporativos, particulares, pero igual resaltando la importancia de estas esferas estatal y privada porque ambas componen el valor inconmensurable de lo público. Debe incluir la exaltación a la historia de la participación y lo que ha logrado la acción colectiva en favor de la paz, de las reivindicaciones sociales, el desarrollo, el cuido de planeta, la prosperidad.

Sin caer en falsos colectivismos, el terreno de lo público es esencial y es pedagógico, es lo que nos hace más humanamente humanos. Debemos sopesar las biografías de quienes han estimulado hitos sociales, como Mandela, Madre Teresa, Gandhi, Muhammad Yunus, Lula Da Silva, Michel Bachelet, Collin Power, Angela Merkel, Barack Obama y tantos otros que resultan altamente inspiradores para una vida de logros personales, grupales y también espirituales, gracias a la valoración de la otredad como núcleo vital de su experiencia.

La reivindicación de la política es lo que puede salvar a la humanidad, ya que, como queda plasmado en las páginas que anteceden, ella se traduce en participación, y entre más participación más pertinencia en las políticas públicas, porque las sociedades involucradas de manera libre y autónoma en la vida deliberativa inciden con acierto en la dirección de sus naciones.

ANEXOS

(Cuatro discursos representativos)

Discurso 1:

El presidente de Venezuela, Carlos Andrés Pérez, fue víctima de un ambiente conspirativo de antipolítica que diversos factores e intereses promovieron en la rentista sociedad entre las décadas de 1980 y 1990. Eso a la postre contribuyó al surgimiento de la figura de Hugo Chávez. Pérez, tratando de modernizar el Estado, fue blanco de una insólita campaña de intrigas, improperios, ofensas de todo tipo; conjura de elites que lo eyectó del poder mediante una excusa judicial. Aquella tarde del 20 de mayo de 1993 cuando le tocó abandonar el Palacio Presidencial, en su discurso de despedida dejó sentadas lecciones que explican mucho de lo que vino después. He aquí su memorable mensaje:

"Me dirijo a mis compatriotas en uno de los momentos más críticos de la historia del país y de los más difíciles en mi carrera de hombre público. Debo confesar que pese a toda mi experiencia y al conocimiento de la dramática historia política de Venezuela, jamás pensé que las pasiones personales o políticas pudieran desbordarse de manera semejante y que ya Venezuela podía mirar hacia atrás sin el temor a los incesantes desvaríos de la violencia tan comunes en nuestro proceso histórico.

No ha cambiado mucho nuestra idiosincrasia. Nuestra manera cruel de combatir sin cuartel. Ha revivido con fuerza indudable un espíritu inquisitorial y destructor que no conoce límites a la aniquilación, sea moral o política. Reconozco con inmenso dolor esta realidad y no solo porque yo sea el objetivo de los mayores enconos, a quien se le declara la guerra y se le quiere conducir al patíbulo, sino porque este es un síntoma y un signo de extrema gravedad, de algo que no desaparecerá de la escena política porque simplemente se cobre una víctima propiciatoria. Esta situación seguirá afectando, de manera dramática, al país en los próximos años.

Yo represento una larga historia política. Una historia que arranca a partir de la muerte de Juan Vicente Gómez y de los primeros gobiernos que sucedieron a la dictadura que demoró por tantas décadas nuestra presencia en el siglo XX. Formé parte de los jóvenes que en 1945 se lanzaron temerariamente a transformar el país. Derrocado Rómulo Gallegos, asumimos todos los riesgos para recuperar para Venezuela su libertad y su dignidad de pueblo libre. Formé parte de quienes desde 1958 combatimos con mayor denuedo por la democracia, contra la subversión que en esos duros años puso en jaque nuestras instituciones democráticas. En el camino quedaron muchos adversarios vencidos, pero jamás humillados, por el contrario, se les tendió la mano franca cada vez que fue preciso. Como no soy un acumulador de resentimientos, me equivoqué al suponer que todos actuábamos así y que las diferencias y los duelos políticos nunca serían duelos a muerte. Supuse que la política venezolana se había civilizado y que el rencor y los odios personales no determinarían su curso. Me equivoqué. Hoy lo constatamos. Pido a mis compatriotas que entiendan estas reflexiones no como expresión nostálgica o dolida de quien se siente vencido o derrotado. No. Ni vencido ni derrotado. Mis palabras son una convocatoria a la reflexión de mis compatriotas sobre los duros tiempos que nos esperan y un llamado a los líderes políticos, a los responsables de los medios de comunicación, para que mediten y adecúen su conducta a la gravedad del momento que vivimos. Ojalá que nos sirva de lección esta crisis. Que se inicie una rectificación nacional de las conductas que nos precipitan a impredecibles situaciones de consecuencias dramáticas para la economía del país y para la propia vigencia de la democracia que tantos sacrificios ha costado a nuestro pueblo.

Como Presidente de la República, antes y ahora, he actuado con mesura y con abierto ánimo de conciliación. No he perseguido a nadie. A nadie he hostilizado. Sin embargo, contra nadie se ha desatado una campaña sistemática, larga y obsesiva, como se ha ensañado contra mí y contra mi gobierno. La he soportado con la convicción de que en las democracias siempre son preferibles los abusos de la oposición que los abusos del gobierno. Los adversarios que quedaron en el camino y los enconos de las luchas políticas pasadas se fueron uniendo poco a poco y todos fueron resucitando agravios que parecían olvidados. Así se ha formado la coalición que tiene en zozobra al país, articulados en esta confabulación que nos abruma. Nunca una coalición fue tan disímil. Cuando se retratan en grupo aparecen señalados con definiciones precisas de diversas etapas de la lucha política de, los últimos cincuenta años. Rostros de derrotados o frustrados que regresan como fantasmas o como espectros, predicando promesas mágicas de resurrección.

Es como la rebelión de los náufragos políticos de las últimas cinco décadas. Los rezagos de la subversión de los años 60. Con nuevos reclutas. Los derrotados en las intentonas subversivas del 4 de febrero y el 27 de noviembre de 1992 se incorporan a la abigarrada legión de causahabientes. Todos los matices, todas las ambiciones y todas las frustraciones juntas de repente. Me resisto a imaginarme a Venezuela en febrero de 1994, cuando los profetas de tan engañosas promesas tengan que enfrentar la realidad del país, en medio de una pugna imaginable, ésta sí, por sus por sus cuotas de poder. Me siento orgulloso de lo que, acompañado por mis colaboradores a lo largo de mi gobierno, y por la digna y leal conducta de las Fuerzas Armadas, hemos logrado hacer para darle rumbo moderno y definitivo al Estado venezolano. Me siento orgulloso por del comportamiento digno y altivo de las Fuerzas Armadas Nacionales.

Al propio tiempo que siento la angustia y la pena por la crisis que inevitablemente ha acompañado al proceso de reformas que emprendimos, porque este Gobierno que presido ha dado contri-

bución decisiva para escribir nuestra historia contemporánea. Historia sencilla, que arranca esta vez, desde 1989, cuando debimos acometer esta serie de reformas profundas, tanto políticas como económicas.

Puse todo mi empeño en las reformas políticas. Y así comenzamos por convertir la Presidencia de la República de un poder absoluto a un poder moderado. Cuatro partidos políticos comparten o han compartido el poder a lo largo de este período presidencial. Dos elecciones de gobernadores y de alcaldes han tenido lugar en cuatro años. Reclamo un protagonismo especial en este proceso de reformas que se orientó hacia el logro de la democratización del poder y de una participación nacional inequívoca.

A la par de las reformas políticas se emprendieron las reformas económicas. Ya no era posible el estatismo, porque el Estado macrocefálico había llegado a su fin. La armonía social financiada de manera ilimitada por el petróleo también llegó a su fin. Fue una decisión que requirió voluntad y coraje, no fue fácil, porque implicaba un cambio de rumbo en una historia de país petrolero de cincuenta años de deformaciones. Asumí la impopularidad de esta tarea. Tenía una alternativa quizás distinta: porfiar hasta el final y comprometer los recursos del Estado, extremando la falsa armonía social. Pero los resultados habrían sido catastróficos. Hemos puesto a Venezuela, con esas reformas económicas y comerciales, en sintonía con lo que ocurre en el mundo y también en nuestra propia región de América Latina.

Nuestra economía, para sorpresa de analistas, creció de manera notable en medio, incluso, de tiempos adversos como los de 1992, cuando se atentó de manera pertinaz contra las instituciones democráticas y contra la estabilidad del régimen, y desde luego, contra el Presidente de la República, en primer término. El Pacto Andino se hizo posible gracias a estas decisiones que dieron rumbo moderno a nuestra economía. El país tendrá que conocer a plenitud, despojada la realidad de toda esta repudiable campaña de mentiras, calumnias y deformación de la verdad, el claro perfil del proceso que hemos vivido en estos años.

Fue en 1992 que brotó la soterrada conspiración civil, que aprovechó astutamente la conmoción producida por la felonía de los militares golpistas. La misma conspiración de hoy que recurre a otros métodos, porque se agotaron todos los demás, desde la metralla y el bombardeo implacable hasta la muerte moral. Si no abrigara tanta convicción en la transparencia de mi conducta que jamás manchará mi historia, y en la seguridad del veredicto final de justicia, no tengo inconveniente en confesar que hubiera preferido otra muerte.

Ninguna conspiración, ninguna confabulación por variada y poderosa que sea, ninguna conjura, me arrancarán del alma del pueblo venezolano. Para él he vivido, por él he luchado de manera denodada. Por él continuaré luchando. Más temprano que tarde comprenderán que he actuado con la conciencia más cabal y más plena de que opté por el camino más conveniente. El futuro dirá, y lo dirá muy pronto, si he actuado con razón, si hemos interpretado correctamente el momento y las circunstancias del país. Jamás he presumido de hombre o de político infalible. Innumerables pueden haber sido mis errores de buena fe, pero, en el balance de una vida política larga y apasionada, estoy persuadido de que se reconocerá mi contribución con equidad y con justicia. Repito lo que ayer dije, el país contempló estupefacto cómo se ejercieron sobre los magistrados del alto tribunal las más desembozadas presiones.

Estas son, compatriotas, manifestaciones de una actitud que ha perdido hasta las normas del recato para lanzarse abiertamente por el camino de las presiones ejercidas sin medir las consecuencias institucionales que tales actitudes comportan. No me perdonan que haya sido dos veces Presidente por aclamación popular. No me perdonan que sea parte consubstancial de la historia venezolana de este medio siglo. No me perdonan que haya enfrentado todos los avatares para salir victorioso de ellos. No se me perdonan ni mis errores ni mis aciertos. Pero aquí estoy: entero y dedicado a Venezuela. Consagrado con pasión hoy, como ayer, al servicio de los venezolanos. De todos. De los que me apoyan, de los que me adversan y de los que tienen duda. Aquí estoy.

En el día de hoy, los magistrados de la Corte Suprema de Justicia, reunidos en Sala Plena, encontraron méritos para enjuiciar al Presidente de la República y a los ex ministros Alejandro Izaguirre y Reinaldo Figueredo. El pasado 9 de marzo, en mensaje dirigido a la nación, expliqué minuciosamente la forma y las razones por las cuales se tramitó esa rectificación presupuestaria de 250 millones de bolívares, con cargo a los servicios de inteligencia y seguridad del Estado. Fue una explicación precisa y clara. Nada tengo que rectificar o agregar a lo que allí dije. Y una vez más quiero dejar constancia de que no hubo delito alguno. Y jamás podrá presentarse, tampoco, prueba que ponga en tela de juicio la conducta del Ministro de Relaciones Interiores que tuvo a su cargo el manejo de esa partida, como del Ministro de la Secretaría que no tuvo ninguna injerencia en su manejo.

Me dirijo hoy a todos mis compatriotas y a todos los extranjeros que han hecho de Venezuela su patria. Quien como yo, que ha de- dicado su vida entera a la conquista, defensa y consolidación de la democracia, no tiene que ratificar que acato esta decisión de la Corte Suprema de justicia. No la juzgo. Será la historia —implacable en su veredicto— la que lo hará más adelante. Y la acato, porque asumo mi responsabilidad como Presidente, como poder y como venezolano. Del mismo modo que tendrán que asumir la suya quienes han conducido al país a esta encrucijada dramática de su historia. Lo que más me duele es que esta decisión de la Corte Suprema de justicia se produce en el mismo momento en que el país se enrumba positiva y francamente hacia su recuperación política y económica. En lo político, los venezolanos han escogido sus candidatos presidenciales para así cumplir con la renovación democrática de la conducción de la jefatura del Estado. Un aire de satisfacción se respira, hasta este momento, de plena normalización de la vida institucional. En lo económico, comienzan a confirmarse con nitidez los avances sustanciales en el proceso de recuperación productiva después de los inmensos sacrificios que hemos hecho todos para modernizar la economía nacional.

Estábamos viviendo un período de franca tranquilidad que expresaba el apaciguamiento de las tensiones experimentadas por el país desde el año pasado. La decisión de la Corte Suprema de Justicia cambia radicalmente este cuadro.

Ratifico ante mis compatriotas que no he incurrido ni en éste, ni en ningún otro caso, en manejos ilícitos, impropios o irregulares. No me he enriquecido jamás. Mi ambición siempre ha *sido contribuir con mi esfuerzo a perfilar un rumbo moderno y promisorio para Venezuela.*

De mí se han dicho y se dicen muchas cosas. Se podrán decir todas las que se quieran en el terreno político. Esta es la práctica de una democracia activa y vigorosa. Pero nunca, podrá decirse que me he aprovechado en términos personales de las posiciones que he ocupado por voluntad del pueblo. Tampoco nadie me podrá enrostrar que he propiciado, estimulado o provocado la comisión de hechos ilícitos.

El dinero de la partida secreta, por el cual la Corte Suprema de justicia ha acordado el enjuiciamiento del Presidente de la República, en este y en todos los casos, ha sido utilizado de acuerdo a las disposiciones que la ley prevé. Ahora nos enfrentamos al juicio. No solicitaré de los señores senadores que anulen la decisión de la Corte Suprema de justicia. Sino que les pido reflexionar sobre la insólita e innoble crisis que ahora se le abre al país con la decisión de una Corte que debemos respetar y acatar pero que crea el insólito precedente de actuar como un organismo político que desatiende sus nobles y altos cometidos de darle majestad a la justicia.

Allí iniciaré una nueva etapa de mi vida política que nunca ha dado tregua a sus afanes. Allí anunciaré que más allá de asumir mis enteras responsabilidades en el juicio que se me inicia, me lanzaré al rescate del sentimiento popular. No me defenderé porque no tengo nada de que defenderme. No me agrediré porque no he envilecido nunca el debate político ni con el insulto ni con la calumnia. Tal como lo establece la Constitución Nacional, procederé inmediatamente a entregarle el cargo al Presidente del Congreso, con el fin de que el Parlamento proceda a designar a la brevedad posible a quien ha de encargarse de la Presidencia, mientras se decida el juicio contra el Presidente de la República.

Convoco a las fuerzas políticas, económicas, institucionales y sociales, a los medios de comunicación y a todos los venezolanos, a unirse alrededor del encargado de la Presidencia de la República que designe el Congreso para superar este momento aciago. Mi pasión, mi interés, el incansable quehacer que me ha caracterizado y el coraje que he demostrado en los momentos más difíciles siempre han estado al servicio de Venezuela. A lo largo de toda mi vida, desde que era apenas un adolescente, he consagrado mi existencia a los grandes intereses de nuestro pueblo. A Ustedes he consagrado mi destino.

Quiera Dios que quienes han creado este conflicto absurdo no tengan motivos para arrepentirse".

Carlos Andrés Pérez

Discurso 2:

Sana Marin se convirtió en la cabeza de gobierno más joven del mundo en 2019 cuando a los 34 años fue elegida Primera Ministra de Finlandia. Su presencia y desempeño fue genuina. Ha sido una europeísta destacada; tuvo el valor de lograr la aceptación de su país en la Organización del Tratado del Atlántico Norte (OTAN). Su vida privada fue blanco de ataques impúdicos en el lodazal de las redes, más aún al filtrarse imágenes de su participación en una fiesta. Algo tan simple y tan humano, pero que a ella por ser política se le recriminó de forma despiadada, con crueldad sin límites. En 2023 su partido perdió las elecciones; pero igual ella fue reconocida como una de las lideres jóvenes más interesantes del mundo, por lo que recibió en Nueva York un Doctorado Honoris Causa. He aquí su discurso en el magno evento:

"Mis queridos graduados,

¿Qué puedo deciros en este día tan especial?

Hoy es el día de vuestra graduación, el día en que cerráis un capítulo de vuestra vida y comenzáis uno nuevo. Es un punto de inflexión, un día de cambio.

Por eso pensé que podía ser un buen día para hablar del cambio, y para abordar este tema a través de mis propias experiencias.

Desde que fui elegido el primer ministro más joven del mundo, a la edad de 34 años, me han hecho repetidamente dos preguntas. Ambas están relacionadas con el cambio.

La primera pregunta es: ¿Siempre quiso ser primer ministro? La segunda pregunta: ¿Cómo lo ha conseguido?

A continuación, reflexionaré sobre mis propias respuestas y compartiré con ustedes algunas ideas para prepararles para cuando les hagan preguntas similares en el futuro.

Mi respuesta a la primera pregunta es no: a una edad temprana no planeaba convertirme en político o primer ministro.

La respuesta a la segunda pregunta es que al final lo hice porque quería cambiar las cosas, cambiar el mundo. Y porque me di cuenta de que también era mi responsabilidad, no la de otros.

Sé que ya te han dado muchos sermones, desde que pudiste graduarte en esta institución tan especial, pero he pensado que podría añadir algo más ofreciendo unas pequeñas ideas más.

Por eso quiero darte tres consejos sobre el cambio.

Consejo número uno: Tienes derecho a querer cosas y a querer que las cosas cambien.

Segundo consejo: Querer no es suficiente. Para cambiar las cosas, tienes que tomar las riendas.

Y consejo número tres: Tienes que dejar de tener miedo.

Mi primer consejo se refiere a querer que las cosas cambien.

Cuando tenía poco más de veinte años, como muchos de ustedes ahora, empecé a sentir pasión por la política. No por el sistema de toma de decisiones, ni por la idea de ser un político electo.

Empecé a sentir pasión por cuestiones como el cambio climático, la pérdida de biodiversidad, los derechos humanos y los derechos de las minorías, la igualdad de género y la justicia social. Cosas que veía a mi alrededor y que quería cambiar.

*Estoy segura de que muchos de los aquí presentes pueden iden-
tificarse con ese sentimiento.*

*Viniendo de una familia arco iris, quería ver una sociedad en la
que todo el mundo pudiera amar a quien quisiera. Quería ver una
legislación renovada sobre el matrimonio igualitario y garantizar
los derechos humanos para todos los géneros. Quería acabar con
las diferencias salariales entre hombres y mujeres, y quería que
los padres y las madres compartieran sus permisos familiares de
forma más equitativa para que las mujeres pudieran seguir sus
ambiciones profesionales igual que los hombres.*

*Viniendo de Finlandia, un país del norte de Europa con una
naturaleza extraordinaria, quería detener el cambio climático y que
las sociedades fueran más sostenibles. Quería ver una transición
hacia la neutralidad del carbono y poner fin a la destrucción de
nuestro medio ambiente.*

*Quería una sociedad en la que todos tuvieran los mismos dere-
chos y oportunidades. Quería reforzar el sistema educativo para
que todos los niños pudieran perseguir sus sueños.*

*Querer estos cambios fue lo que me hizo afiliarme a mi partido
político y presentarme a las elecciones.*
Ningún cambio puede producirse sin voluntad.
*Por eso, el primer consejo que os doy hoy es que podéis querer
cosas. Y tenéis que querer que las cosas cambien para mejor.*

Querida clase de 2023,

*Mi segundo consejo para vosotros hoy es que también es vuestra
responsabilidad haceros cargo.*

*El mundo es más complejo que nunca. Los cambios geopolí-
ticos que se están produciendo en el mundo están cuestionando
los valores en los que creemos. El cambio climático y la pérdida
de biodiversidad amenazan nuestra propia existencia. La digita-*

lización y el desarrollo de la inteligencia artificial están a punto de traer cambios revolucionarios a nuestras sociedades.

Son retos que hay que resolver.

Y no hay nadie más que tú para hacerlo.

Durante décadas, hemos vivido en un mundo con una expectativa optimista de progreso.

Hemos esperado que nuestros valores como la libertad de expresión, el Estado de Derecho, la igualdad de género y la democracia florecieran de la mano de la expansión de la economía de libre mercado. Pensábamos que la globalización y el crecimiento bastarían para beneficiar a todos. Esperábamos ver menos autoritarismo, más respeto por la diversidad y un mundo mejor que no discriminara a las personas por su tono de piel, género, orientación sexual o religión. Esperábamos que la libertad de información e Internet ampliaran el entendimiento de todos.

Pero la historia no ha terminado.
La libertad de expresión y otros verdaderos elementos de la democracia están siendo cuestionados y limitados en todo el mundo. Ya se trate de rebajar la verdad con falsos equilibrios o de utilizar nuestros datos personales para influir en nuestras elecciones democráticas, tanto el Estado de Derecho como la libertad de expresión y los medios de comunicación necesitan una defensa activa.

La igualdad de género ha dado saltos atrás en todo el mundo. También en Europa se está limitando el derecho al aborto seguro. Las diferentes expresiones de género se presentan como una amenaza.

El aumento de las desigualdades y la falta de movilidad social ponen en entredicho nuestra idea de que todo el mundo tiene las mismas posibilidades y libertades en la vida.

La punta del iceberg de todos estos preocupantes aconteci- mientos es el regreso de la guerra y de la política de poder pesado a la esfera occidental, a Europa. Rusia ha roto las reglas del orden internacional que establecimos juntos después de las guerras mundiales al atacar brutal e ilegalmente a Ucrania, y al hacerlo, ha cuestionado también todas las demás reglas.

Todas estas cuestiones son batallas de valores. Y todos debemos tomar partido en esa batalla. No hay término medio.

La lucha contra el cambio climático y la pérdida de biodiversidad no puede esperar a tiempos más estables. Hay que tomar el relevo para resolverlos.

Los problemas causados por el calentamiento global, como las condiciones meteorológicas extremas, la subida del nivel del mar, la escasez de alimentos y la desaparición de ecosistemas, afectan a todos los ámbitos de la vida y amenazan realmente el bienestar de las generaciones futuras. Del mismo modo, la disminución de la biodiversidad puede provocar un desequilibrio en los ecosistemas, lo que a su vez puede acelerar el cambio climático y otras catástrofes medioambientales.

Detener el cambio climático y la pérdida de biodiversidad es esencial para el medio ambiente, la economía y la salud de las personas. Está claro que la lucha contra el cambio climático también requiere cooperación internacional y compartir la responsabilidad entre todos los Estados de manera justa.

Construir nuestro crecimiento futuro puede ser parte de la solución. Ustedes tienen todas las capacidades para cambiar el futuro siendo pioneros en tecnologías verdes y digitalización. Esto no solo crea crecimiento sostenible, sino también innovaciones que pueden reproducirse en todos los rincones del mundo.

Estoy seguro de que saben mucho mejor que yo cómo la digitalización, el desarrollo de la inteligencia artificial y las ciencias cuánticas están a punto de traer cambios revolucionarios a nuestras sociedades.

Ayer tuve el increíble privilegio de visitar el Tandon Campus de la NYU en Brooklyn.

Ver la ciencia más avanzada, la innovación y la enseñanza que allí se imparte me hizo aún más evidente que las nuevas tecnologías definirán nuestras sociedades en un futuro próximo.

Al mismo tiempo, necesitamos personas con un talento asombroso como tú para asegurarnos de que esta tecnología y estas soluciones digitales benefician a todos.

Las nuevas tecnologías han revolucionado la vida de las personas de muchas maneras, pero su desarrollo también conlleva nuevos retos, como la protección de la privacidad. Los sistemas basados en IA, por ejemplo, suelen depender de una gran cantidad de datos personales. Al mismo tiempo, pueden reproducir estructuras discriminatorias que existen en otras partes de la sociedad. También pueden utilizarse indebidamente con fines de vigilancia, entre otras cosas.

La competencia mundial por normas y valores como la libertad individual y la seguridad detrás de la computación cuántica, la inteligencia artificial y las redes 6G ya está en marcha. Y tenéis que dar un paso al frente para participar en este debate.

Este, queridos graduados, es el presente y el futuro. Y es vuestra responsabilidad aseguraros de que el cambio va por buen camino.

¿Y sabéis qué? Podéis hacerlo.

Si creéis que el sistema y el mundo entero tienen que reformarse para ser más democráticos, más igualitarios para todos los géneros y grupos, más favorables a la libertad de expresión... podéis hacer que eso ocurra.

Si quieres influir en el calentamiento global y salvar ecosistemas, puedes hacerlo.

Si quieres construir nuevas tecnologías e inteligencia artificial que trabajen en beneficio de todos de forma ética y sostenible, ¡puedes hacerlo!

Mi tercer consejo para vosotros, queridos graduados, se refiere al cómo.

Cuando recuerdo mi juventud y mi carrera, veo que una de las cosas más importantes que frenan a la gente es el miedo.

A veces es el miedo a no saber lo suficiente.

Puede ser miedo a la vergüenza, miedo a equivocarse, miedo a equivocarse.

Puede ser miedo a no encajar o a no cumplir las expectativas de los demás.

Puede ser miedo a que te declaren indigno por tu aspecto o tu forma de hablar y de expresarte.

Por suerte -y por desgracia- no hay ninguna autoridad superior en este mundo que nos dé permiso para ser nosotros mismos y dar un paso adelante para cambiar el mundo.

Si hubiera esperado a que otros me dieran permiso para adoptar mi postura, seguiría esperando ese permiso.

Por eso mi consejo clave de hoy no es en realidad un consejo, sino una tarea:

Dejen de tener miedo.

Mi querida clase de 2023,

Cuando salgáis hoy de este estadio, quiero que recordéis estas tres cosas.

Tenéis que querer que las cosas cambien.

Es vuestro turno de tomar las riendas.

Y lo más importante: No tengáis miedo. Eres suficiente. Eres capaz.

Junto con otros podéis hacer cualquier cosa y debéis hacerlo, porque no hay nadie más que vosotros para hacerlo.

Querida clase,

¿Por qué os digo esto? ¿Por qué os doy este consejo?

Porque no hay suficientes mujeres en puestos de liderazgo. No hay suficientes jóvenes. No hay suficientes personas de diferentes orígenes en nuestros sistemas democráticos de toma de decisiones.

La cara del poder no es la misma que la cara del pueblo. Y esto tiene que cambiar. Yo también quiero que las cosas cambien, pero no puedo hacerlo sola. Te necesito a ti y a otros conmigo para hacer un mundo más igualitario, más sostenible y más justo. Sé que no estoy sola con este pensamiento. Sé que muchos de vosotros queréis lo mismo y juntos podemos hacerlo realidad.

Así que ahora sólo tenemos que hacerlo.

Querida clase,

Estoy tan feliz de estar hoy aquí en Nueva York con vosotros. Una de las ciudades más grandes y progresistas del mundo.

Y una vez más: ¡Mis más sinceras felicitaciones a la magnífica promoción 2023 de la Universidad de Nueva York!"

Discurso 3:

En 2004 un joven senador participó en la Convención del Partido Demócrata de ese año, con su pieza oratoria llamó la atención de todos. Aquel muchacho generó tal impresión, que se abrieron puertas y conjugaron los astros para que meses más adelante se convirtiera en el 44to Presidente de los Estados Unidos de América. He aquí el inolvidable discurso iniciático de Barack Obama:

"En nombre del gran estado de Illinois, encrucijada de una nación, tierra de Lincoln, permítanme expresar mi profunda gratitud por el privilegio de dirigirme a esta convención. Esta noche es un honor especial para mí porque, admitámoslo, mi presencia en este escenario es bastante improbable. Mi padre era un estudiante extranjero, nacido y criado en un pequeño pueblo de Kenia. Creció pastoreando cabras, fue a la escuela en una choza con techo de hojalata. Su padre, mi abuelo, era cocinero, empleado doméstico.

Pero mi abuelo tenía sueños más grandes para su hijo. A base de trabajo duro y perseverancia, mi padre consiguió una beca para estudiar en un lugar mágico: Estados Unidos, que se erigía como un faro de libertad y oportunidades para tantos que habían llegado antes. Mientras estudiaba aquí, mi padre conoció a mi madre. Ella había nacido en un pueblo al otro lado del mundo, en Kansas. Su padre trabajó en plataformas petrolíferas y granjas durante la mayor parte de la Depresión. Al día siguiente de Pearl Harbor se alistó en el ejército de Patton y marchó por Europa. De vuelta a casa, mi abuela crió a su bebé y se puso a trabajar en una cadena de montaje de bombarderos. Después de la guerra, estudiaron con la G.I. Bill, compraron una casa a través de la FHA y se trasladaron al oeste en busca de oportunidades.

Y ellos también tenían grandes sueños para su hija, un sueño común, nacido de dos continentes. Mis padres no sólo compartían un amor improbable, sino también una fe permanente en las posibilidades de esta nación. Me pusieron un nombre africano, Barack, o "bendito", creyendo que en una América tolerante tu nombre no es una barrera para el éxito. Me imaginaban yendo a las mejores escuelas del país, aunque ellas no fueran ricas, porque en una América generosa no hace falta ser rico para alcanzar tu potencial. Ambos han fallecido. Sin embargo, sé que, en esta noche, me miran con orgullo.

Hoy estoy aquí, agradecida por la diversidad de mi herencia, consciente de que los sueños de mis padres viven en mis preciosas hijas. Estoy aquí sabiendo que mi historia forma parte de la gran historia estadounidense, que tengo una deuda con todos los que vinieron antes que yo y que, en ningún otro país del mundo, mi historia es posible. Esta noche nos reunimos para afirmar la grandeza de nuestra nación, no por la altura de nuestros rascacielos, ni por el poder de nuestro ejército, ni por el tamaño de nuestra economía. Nuestro orgullo se basa en una premisa muy simple, resumida en una declaración realizada hace más de doscientos años: "Sostenemos como evidentes estas verdades: que todos los hombres son creados iguales. Que son dotados por su Creador de ciertos derechos inalienables. Que entre ellos están la vida, la libertad y la búsqueda de la felicidad".

Ese es el verdadero genio de Estados Unidos, la fe en los sueños sencillos de su pueblo, la insistencia en los pequeños milagros. Que podemos arropar a nuestros hijos por la noche y saber que están alimentados y vestidos y a salvo de cualquier daño. Que podemos decir lo que pensamos, escribir lo que pensamos, sin oír un repentino golpe en la puerta. Que podemos tener una idea y montar nuestro propio negocio sin pagar un soborno o contratar al hijo de alguien. Que podemos participar en el proceso político sin temor a represalias, y que nuestros votos serán tenidos en cuenta, o al menos, la mayoría de las veces.

Este año, en estas elecciones, estamos llamados a reafirmar nuestros valores y compromisos, a confrontarlos con la dura realidad y ver cómo estamos a la altura del legado de nuestros antepasados y de la promesa de las generaciones futuras. Y amigos estadounidenses -demócratas, republicanos, independientes- les digo esta noche: tenemos más trabajo por hacer. Más que hacer por los trabajadores que conocí en Galesburg, Illinois, que están perdiendo sus empleos sindicados en la planta de Maytag que se está trasladando a México, y que ahora tienen que competir con sus propios hijos *por empleos que pagan siete dólares la hora. Más que hacer por el padre que conocí que perdía su trabajo y se ahogaba en lágrimas, preguntándose cómo pagaría 4.500 dólares al mes por los medicamentos que necesita su hijo sin las prestaciones sanitarias con las que contaba. Más que hacer por la joven de East St. Louis, y miles más como ella, que tiene las notas, tiene el empuje, tiene la voluntad, pero no tiene el dinero para ir a la universidad.*

No me malinterpreten. La gente que conozco en pueblos pequeños y grandes ciudades, en cafeterías y oficinas, no espera que el gobierno resuelva todos sus problemas. Saben que tienen que trabajar duro para salir adelante y quieren hacerlo. Vaya a los condados de los alrededores de Chicago y la gente le dirá que no quiere que el dinero de sus impuestos sea malgastado por una agencia de asistencia social o por el Pentágono. Ve a cualquier barrio del centro de la ciudad y la gente te dirá que el gobierno por sí solo no puede enseñar a los niños a aprender. Saben que los padres tienen que ser padres, que los niños no pueden tener éxito a menos que elevemos sus expectativas y apaguemos los televisores y erradiquemos la calumnia que dice que un joven negro con un libro está actuando como un blanco. No, la gente no espera que el gobierno resuelva todos sus problemas. Pero sienten, en lo más profundo de sus huesos, que con un simple cambio de prioridades podemos asegurarnos de que todos los niños de Estados Unidos tengan una oportunidad decente en la vida, y que las puertas de las oportunidades sigan abiertas para todos. Saben que podemos hacerlo mejor. Y quieren esa opción.

En estas elecciones, les ofrecemos esa opción. Nuestro partido ha elegido para liderarnos a un hombre que encarna lo mejor que este país puede ofrecer. Ese hombre es John Kerry. John Kerry entiende los ideales de comunidad, fe y sacrificio, porque han definido su vida. Desde su heroico servicio en Vietnam hasta sus años como fiscal y vicegobernador, pasando por dos décadas en el Senado de los Estados Unidos, se ha dedicado a este país. Una y otra vez, le hemos visto tomar decisiones difíciles cuando había otras más fáciles. Sus valores y su historial reafirman lo mejor que hay en nosotros.

John Kerry cree en unos Estados Unidos en los que se recompense el trabajo duro. Por eso, en lugar de ofrecer desgravaciones fiscales a las empresas que envían puestos de trabajo al extranjero, las ofrecerá a las empresas que crean puestos de trabajo aquí en casa. John Kerry cree en una América en la que todos los estadounidenses puedan permitirse la misma cobertura sanitaria que tienen para sí mismos nuestros políticos en Washington. John Kerry cree en la independencia energética, para que no seamos rehenes de los beneficios de las compañías petroleras ni del sabotaje de los campos petrolíferos extranjeros. John Kerry cree en las libertades constitucionales que han hecho de nuestro país la envidia del mundo, y nunca sacrificará nuestras libertades básicas ni utilizará la fe como cuña para dividirnos. Y John Kerry cree que en un mundo peligroso, la guerra debe ser una opción, pero nunca debe ser la primera opción.

Hace un tiempo, conocí a un joven llamado Shamus en el VFW Hall de East Moline, Illinois. Era un chico guapo, de 1,90 o 1,90 metros, ojos claros y sonrisa fácil. Me dijo que se había alistado en los Marines y que se dirigía a Irak la semana siguiente. Mientras le escuchaba explicar por qué se había alistado, su fe absoluta en nuestro país y sus líderes, su devoción por el deber y el servicio, pensé que este joven era todo lo que cualquiera de nosotros podría esperar de un niño. Pero entonces me pregunté: ¿Estamos sirviendo a Shamus tan bien como él nos servía a nosotros? Pensé en más de 900 hombres y mujeres en servicio, hijos e hijas, maridos y esposas, amigos y vecinos, que no volverán a sus ciudades de origen. Pensé en las familias que había conocido y que luchaban por salir adelante sin los ingresos completos de un ser querido, o cuyos seres queridos habían regresado sin un miembro o con los nervios destrozados, pero que seguían careciendo de prestaciones sanitarias a largo plazo por ser reservistas. Cuando enviamos a nuestros jóvenes hombres y mujeres al peligro, tenemos la solemne obligación de no falsear las cifras ni ocultar la verdad sobre por qué van, de cuidar de sus familias mientras están fuera, de atender a los soldados a su regreso y de no ir nunca a la guerra sin tropas suficientes para ganarla, asegurar la paz y ganarnos el respeto del mundo.

Que quede claro. Tenemos enemigos reales en el mundo. Estos enemigos deben ser encontrados. Hay que perseguirlos y derrotarlos. John Kerry lo sabe. Y al igual que el teniente Kerry no dudó en arriesgar su vida para proteger a los hombres que sirvieron con él en Vietnam, el presidente Kerry no dudará ni un momento en utilizar nuestro poderío militar para mantener a Estados Unidos a salvo y seguro. John Kerry cree en Estados Unidos. Y sabe que no basta con que algunos de nosotros prosperemos. Porque junto a nuestro famoso individualismo, hay otro ingrediente en la saga americana.

La creencia de que estamos conectados como un solo pueblo. Si hay un niño en el sur de Chicago que no sabe leer, eso me importa, aunque no sea mi hijo. Si hay una anciana en algún lugar que no puede pagar su receta y tiene que elegir entre los medicamentos y el alquiler, eso me empobrece la vida, aunque no sea mi abuela. Si detienen a una familia árabe-americana sin abogado ni garantías procesales, eso amenaza mis libertades civiles. Es esa creencia fundamental -soy el guardián de mi hermano, soy el guardián de mis hermanas- lo que hace que este país funcione. Es lo que nos permite perseguir nuestros sueños individuales, y aun así unirnos como una única familia estadounidense. "E pluribus unum". De muchos, uno.

Sin embargo, mientras hablamos, hay quienes se preparan para dividirnos, los maestros del engaño y los vendedores de anuncios negativos que abrazan la política del todo vale. Pues bien, yo les digo esta noche que no hay una América liberal y una América conservadora, sino los Estados Unidos de América. No hay una América negra y una América blanca y una América latina y una América asiática; están los Estados Unidos de América. A los expertos les gusta dividir nuestro país en Estados rojos y Estados azules: Estados rojos para los republicanos, Estados azules para los demócratas. Pero también tengo noticias para ellos. En los estados azules adoramos a un Dios maravilloso, y en los estados rojos no nos gusta que los agentes federales husmeen en nuestras bibliotecas. Somos entrenadores de ligas menores en los Estados azules y tenemos amigos homosexuales en los Estados rojos. Hay patriotas que se opusieron a la guerra de Irak y patriotas que la apoyaron. Somos un solo pueblo, todos juramos lealtad a las barras y estrellas, todos defendemos a los Estados Unidos de América.

A fin de cuentas, de eso tratan estas elecciones. ¿Participamos en una política de cinismo o en una política de esperanza? John Kerry nos llama a la esperanza. John Edwards nos llama a la esperanza. No me refiero al optimismo ciego, a la ignorancia casi voluntaria que cree que el desempleo desaparecerá si no hablamos de él, o que la crisis sanitaria se resolverá por sí sola si la ignoramos. No, hablo de algo más sustancial. Es la esperanza de los esclavos sentados alrededor de una hoguera cantando canciones de libertad; la esperanza de los inmigrantes que parten hacia costas lejanas; la esperanza de un joven teniente de navío que patrulla valientemente el delta del Mekong; la esperanza del hijo de un obrero que se atreve a desafiar las probabilidades; la esperanza de un niño flaco con un nombre gracioso que cree que América también tiene un lugar para él. La audacia de la esperanza.

Al fin y al cabo, ese es el mayor regalo que Dios nos ha hecho, el cimiento de esta nación; la creencia en lo que no se ve; la creencia en que vendrán días mejores. Creo que podemos aliviar a nuestra clase media y ofrecer a las familias trabajadoras un camino hacia la oportunidad. Creo que podemos dar trabajo a los desempleados, un hogar a los sin techo y recuperar a los jóvenes de la violencia y la desesperación en ciudades de todo el país. Creo que, ahora que nos encontramos en la encrucijada de la historia, podemos tomar las decisiones correctas y superar los retos a los que nos enfrentamos. ¡América!

Esta noche, si sentís la misma energía que yo siento, la misma urgencia que yo siento, la misma pasión que yo siento, la misma esperanza que yo siento, si hacemos lo que debemos hacer, entonces no tengo ninguna duda de que en todo el país, de Florida a Oregón, de Washington a Maine, el pueblo se levantará en noviembre, y John Kerry será investido presidente, y John Edwards será investido vicepresidente, y este país recuperará su promesa, y de esta larga oscuridad política surgirá un día más brillante. Gracias y que Dios os bendiga¨.

Discurso 4:

Angela Merkel es una dirigente política excepcional. Por más de 20 años presidió el partido alemán Unión Demócrata Cristiana, y fue Canciller de Alemania por 16 años, convirtiéndose en la primera mujer Jefa de gobierno en toda la historia de la potencia europea. Por eso su presencia en estas páginas, porque con su vida, Merkel ha honrado a la política en tanto labor noble y meritoria como la que más. He aquí la transcripción de su mensaje en una de las reuniones rutinarias de política interna durante su gestión, donde hace interesantes reflexiones sobre la libertad y la economía social de mercado:

"Me alegro de poder estar aquí esta noche y seguramente, Sr. Gerken, no llegaré a cumplir las expectativas comunes en su totalidad, pues para un político real existe siempre una tensión inherente entre lo que hay que hacer diariamente, y lo que sería deseable desde el punto de vista investigativo.

Además, las propias opiniones científicas sobre lo que se presenta como política de regulación (Ordnungspolitik), son a veces divergentes. Pero en vista de los temas que usted ha mencionado en su discurso de apertura, sin duda será correcto y bueno hablar hoy sobre los retos en materia económica y sobre la cuestión de cómo ellos se enmarcan dentro de la historia de la Economía Social de Mercado. Y hacer esto en Friburgo es naturalmente siempre un reto particular. Pues, aunque geográficamente – quiera el Sr. Alcalde Mayor disculparme - Friburgo se encuentra en uno de los bordes de la República Federal de Alemania, ocupa en términos de política de organización (Ordnungspolitik) un lugar central. De eso no hay duda. Recuerdo con ello también a su Fundación, que afortunadamente mantiene lo que han creado los precursores y arquitectos de la Economía Social de Mercado. He aceptado su invitación con mucho gusto, a fin de que hoy podamos hablar sobre cómo sacar lecciones correctas de lo que nos ha tocado vivir en los últimos años, y lo que eso significa para nosotros hoy.

En el transcurso de la crisis financiera y económica internacional una cosa ha quedado clara: el Estado, como guardián del orden común, experimenta un renacimiento. Pero mientras más distancia nos separa de la crisis, mayor es el riesgo de que nos movamos en la agenda hacia lo cotidiano, dejando de lado algunas lecciones importantes aprendidas de este trance en una crisis internacional cuya gravedad no se había dado en varias décadas. Más, debido a que hemos salido bastante bien de esta crisis, y dado que por las diversas intervenciones estatales el impacto de la misma se ha visto disminuido considerablemente, puede parecernos en retrospectiva como que ciertamente no haya sido tan dramática.

Basta entonces una mirada a la deuda de los gobiernos locales, estatales y federales, para recordarnos que allí tiene que haber sucedido algo. Sólo puedo aconsejar con urgencia no volver demasiado rápido a la agenda cotidiana. En tales momentos vale la pena de forma muy particular traer a la mente el enfoque de la Escuela de Friburgo que nos dieron Walter Eucken y Franz Böhm. Pues esos economistas que he nombrado, habiendo formulado sus ideas al final de la década de los años 30, demostraron gran previsión con la propuesta de crear un marco jurídico como la principal tarea del Estado. Dicho Estado debe garantizar la libre competencia en beneficio de todos los ciudadanos. Este marco normativo sin embargo, debe ser creado. Es algo así como forjar ciertas barreras de protección, en el mundo en el que se desarrollan las fuerzas del mercado. No quisiera extenderme demasiado sobre la concepción humana que se plantea en esto. Es una concepción de humanidad que confía en la persona individual. Que entiende que el individuo nace libre, y en una comprensión de la propia libertad, se centra en la 3 responsabilidad. Con esta concepción humana es posible crear un orden de mercado (Marktordnung). Esta imagen del ser humano ha sido muy revolucionaria, pues por primera vez concede a todos los individuos los mismos derechos y obligaciones en este régimen. La declaración de propósitos de entonces nos decía: "Planificación de las formas del Estado — sí; planificación estatal y dirección del proceso económico - no." Esto es por supuesto muy interesante: ¿Dónde termina la forma y dónde comienza el proceso económico? Es algo que desde el comienzo suena a la vez bueno y correcto. Este concepto ha sido más tarde llamado "Ordo-liberalismo" de forma común. El título "Ordo" tomado del Anuario creado por Eucken y Böhm 1948, nos ha llegado hasta nuestros días. Agradezco a todos los que lo mantienen vivo. A finales de los años 30 la libertad de pensamiento en Alemania no tenía ninguna posibilidad de ser implementada. Fue después de la dictadura nacionalsocialista, que se encontró mayor oído político para esto. Hay que agradecerle a Ludwig Erhard el hecho de combinar las ideas de la Ordo-liberalismo con las ideas de la doctrina social cristiana. El convertirá esto exitosamente, en una totalidad muy audaz convirtiendo un concepto teórico en un sistema económico práctico. Es lo que ahora llamamos Economía Social de Mercado, que es algo más que un sistema económico: es un orden social para que nosotros lo hagamos. Los valores fundamentales de este orden son la libertad y la responsabilidad. El crecimiento económico y la justicia social van de la mano. Por lo tanto, la Economía Social de Mercado ha sido capaz de usar una y otra vez la fuerza innovadora de la competencia, para producir un amplio progreso social. Ella creó una alianza entre los fuertes y los débiles. También se puede decir que ha sido una forma de oponerse y resolver contradicciones aparentemente antagónicas, como aquellas enunciadas entre el capital y el trabajo. A partir de ello ha podido fundarse en nuestro país un orden social muy exitoso. El sistema económico, por medio de la Economía Social de Mercado se convierte en un orden social. El credo de Ludwig Erhard era "prosperidad para todos". Lo realmente sorprendente es que esto no se quedó solo como un concepto teórico, sino que se ha producido medidas en la práctica. Con el debido respeto por las ideas sobre políticas públicas (ordnungspolitische Vorstellungen) - si se quiere convencer a la mayoría de los ciudadanos, tiene que haber un orden que pueda sostener las exigencias de práctica. De lo contrario no se recibirá su apoyo.

Entretanto, la economía social de mercado en Alemania ha demostrado ser eficaz a lo largo de seis décadas. Se constituyo en el fundamento para la difícil reconstrucción nacional en Alemania Occidental después de la Segunda Guerra Mundial. Ella ha mantenido la promesa de prosperidad. La promesa que se llevó también al otro lado del muro donde me crié, en la antigua Alemania del Este, con una fuerte atracción. Creo que el éxito de la Economía Social de Mercado se ha debido también a que la gente en la antigua Alemania del Este no ha olvidado la libertad de pensamiento, sino que fue en esa dirección en la que trabajaron para finalizar la división de finales de los 80. Y eso sólo tuvo éxito porque el sistema financiero de la economía planificada se debilitó gravemente. Puede ser un excelente tema de debate discutir sobre por qué no fue sino hasta finales de los años 80 que sucedió todo.

Creo que esto tuvo mucho que ver con las nuevas posibilidades que ofrece la tecnología de la información y la comunicación, y el desarrollo de una sociedad del conocimiento, como lo llamamos hoy en día. Actualmente, la gente en Alemania vive en total libertad y pueden aprovechar las oportunidades de vivir en libertad. Esto nos permite a todos, a pesar de los problemas que tengamos – eso es algo que no debemos olvidar nunca – un nivel de vida que la gran mayoría de personas en el mundo anhela, y también una cohesión social envidiada en la mayoría de los casos. Y de hecho, un camino hacia una economía sustentable, donde muy pocos países han sido capaces de avanzar tanto como nosotros.

También durante la crisis financiera y económica internacional, nuestro sistema económico ha demostrado su eficacia. Hemos experimentado un descenso significativo en el producto interno bruto (PIB) de casi el cinco por ciento (5%). De hecho, en BadenWürttemberg aún más: alrededor del siete por ciento (7%). Pero también logramos en el 2010 un crecimiento económico que fue mayor que cualquier otro desde la reunificación. Así que estamos ya en algunas zonas, con un poder económico como el que teníamos en el 2008. El mayor éxito tal vez sea que la tasa de desempleo estuvo por debajo de tres millones el pasado otoño, alcanzando su nivel más bajo en 19 años. De hecho, esto es lo que cuenta para las personas. Las cifras de empleo han crecido a más de 41 millones de trabajadores. Este número de empleos es el más alto que hemos tenido nunca. Esto también constituye el éxito de la actividad económica. Pero la crisis ha puesto de manifiesto importantes debilidades. Me gustaría mencionar dos ejemplos: tuvimos que tomar nota que el marco regulador de los mercados financieros, por decirlo de manera amistosa, no había mantenido un paso acorde con su desarrollo. Si se plantea de forma menos amable, uno diría que casi no existía. Y cuando digo "no había mantenido el mismo paso", quiero decir con ello: ni con el tipo de productos en los que habían incurrido, ni con la internacionalización de los mercados financieros.

Además: todos los reglamentos existentes hasta ahora, como por ejemplo el Pacto de Estabilidad y Crecimiento en Europa, no han sido suficientes para evitar el crecimiento de las deudas públicas. Se trata del caso — esto vale para Alemania desde la primera Gran Coalición a finales de los años 60 — de quien siempre vivió en la situación, (y cada año encontró otra razón por qué) de haber consumido más de lo que recaudaba, al menos a nivel federal.

... En un mundo donde, por ejemplo, muchos países europeos, 17 creo, tienen incentivos fiscales para la investigación y 21 promueven la industria hotelera a través de deducción de impuestos, ¿es indicado tener un camino de reglamentación aparte como minoría, o es más bien necesario integrarse en un entorno competitivo para no estar a priori en desventaja? Esta es la eterna pregunta que me hago desde que me levanto por la mañana hasta que me acuesto por la noche. Y quisiera hacer la queja que a esto la ciencia realmente no está ofreciendo muchas respuestas. Esta sería mi única queja. - Muchas gracias"

REFERENCIAS BIBLIOGRÁFICAS

AGUAS, M. (2016). *"La Economía Popular Solidaria como proyecto político posneoliberal"*. Revista de la Pontificia Universidad Católica del Ecuador (PUCE),103, pp 313-342. Recuperado de http://www.revista- puce.edu.ec/index.php/revpuce/article/view/44/198

ALEGRE, A. (2003). *"La cultura dialógica en tiempos de diferencias"*. Revista ConcienciActiva 2, Fundación ConcienciActiva, 45-82.

ARISTÓTELES. (Ed. 1999). *Política*. (Obras fundamentales de la filosofía, N° 45 y 46). Barcelona, Ediciones Folio.

ATKINSON, A. (2016). *Desigualdad. ¿Qué podemos hacer?* México. Fondo de Cultura Económica.

BACON, F. (1870). *Ensayos de Moral y de Política*. Trad. Arcadio Roda Rivas. Madrid. Imprenta de M. Minuesa, Disponible en: https:// docs.google.com/ viewer?a=v&pid=sites&srcid=ZGVmYXVsdGRvbWFpb-nxwaGlsaXVyaXMxMHxneDo0ZDFmYjJhY2VhZDZlMTVm

BAUMAN, Z. (2006). *Vida líquida*. Barcelona. Paidós.

__________(2003). *Modernidad Líquida*. México. Fondo de Cultura Económica.

BEATE JUNGEMANN, C. (2000). *Presentación de dossier globalización, reestructuración y transformación territorial*. Cuadernos del CENDES, 43, enero-abril 2000.

BROWN, A. (2015). *The myth of the strong Leader. Political leadership in the modern age.* Londres, Vintage Books

CASTELLANO, H. (1997). *Planificación: herramientas para enfrentar la complejidad, la incertidumbre y el conflicto.* Caracas, CENDES.

CAPRILES, A. (1996). *El complejo del dinero.* Caracas. Ediciones BXEL.

CASTELLS, M. (2001). *La galaxia Internet.* Madrid, Areté.

__________ (2006). *La sociedad red: una visión global.* Madrid, Alianza.

CASTILLO BUSTOS, M. (2017). *"El aprendizaje consciente y la formación integral del ser humano".* Retos de la Ciencia, 1(2), pp. 1-14.

CASTRO, S. (1962). *"Política cambiaria, estructura productiva y zona de libre comercio".* Santiago de Chile, Centro de Inversiones Económicas.

CEPAL (1995). *Síntesis de la reunión sobre complementación productiva de los países miembros del MERCOSUR.* Santiago de Chile, CEPAL.

CHOMSKY, N. (2013). *Razones para la anarquía.* Barcelona, Malpaso.

__________ (1994). *Secrets, lies and democracy.* Tucson. Odonian Press.

CONTRERAS, M. A. (2000). *El posdesarrollo en la búsqueda de un regionalismo crítico.* Caracas, CENDES.

COUNTS, A. (2022). *Changing the world without losing your mind*. Irvington NY, Rivertowns Books.

DAO, E. y otros (1999). *Globalización. Riesgos y realidades.* Caracas, Universidad Metropolitana.

DE VENANZI, A. (2002). *Globalización y corporación*. El orden so- cial en el siglo XXI. Barcelona, Anthopos.

DI FILIPO, A. y Franco, R. (2000). *Integración Regional, Desarrollo y Equidad*. México, Siglo XXI / CEPAL.

DIPAOLA, E. (2017). *"Lazo social y globalización: las socie- dades imaginales y un abordaje metodológico para su estudio"*. Athenea Digital, 17(1), 249-267.

DURKHEIM, E. (1990). *Las reglas del método sociológico*. Ed. Caracas. Panapo (Obra original publicada en 1895)

ESCANDÓN MONTENEGRO, P. (2017). *"Transmedia: convergencia social y participativa"*. Revista de la Pontificia Universidad Católica del Ecuador (PUCE),104. Obtenido de http://www.revistapuce.edu.ec/index. php/revpuce

FALCONÍ BENÍTEZ, F. (2017). *Solidaridad sostenible. La codicia es indeseable*. Quito, FLACSO Ecuador.

FRANKL, V. (1991) [1946] *El hombre en busca de sentido.* Barcelona. Herder.

FRIEDMAN, T. (2006). *La tierra es plana. Breve historia del mundo globalizado del siglo XXI*. Madrid, MR.

FUKUYAMA, F. (1993). *El fin de la historia y el último hombre*. Bogotá, Planeta.

GALBRAITH, J. (1958). *The Affluent Society*. Boston, Hougthon Mifflin.

GARCÍA-PELAYO, M. (1996). *Las transformaciones del Estado Contemporáneo*. Madrid, Alianza Universidad.

GUIDDENS, A. (2000). *Un mundo desbocado. Los efectos de la globalización en nuestras vidas*. Madrid, Taurus.

___________ (2001). *"El gran debate sobre la globalización"*. Temas. Disponible en: https://roderic.uv.es/bitstream/handle/10550/46390/63-73. pdf?sequence=1

GIORDANI, J. (1980). *La planificación como proceso social*. Caracas, Vadell Hermanos Editores.

___________ (2007). *La Transición venezolana, y la búsqueda de propio camino*. Caracas, Vadell Hermanos.

GÓMEZ CALCAÑO, L. y Arenas, N. (2002). *"¿Modernización autoritaria o actualización del populismo? La transición política en Venezuela"*, en: RAMOS ROLLON, M. (ed.) Venezuela: rupturas y continuidades del sistema político 1999-2001. Salamanca, Ediciones Universidad de Salamanca. pp. 37- 68.

GOODIN, R. y Klingemann, H-D. (1996). *A New Handbook of Political Science*. Nueva York. Oxford University Press.

GUTIÉRREZ RUBÍ, A. (2017). *El desafío de la desigualdad*. Recuperado 23 de abril de 2017 de www.eltelegrafo.com. ec/noticias/ columnistas/1.

HABERMAS, J. (1999). *Problemas de legitimación del capitalismo tardío*. Madrid, Cátedra.

HAN, B-Ch. (2023). *Vida Contemplativa. Elogio de la inactividad.* Barcelona, Taurus.

HAYEK, F. (2009). *The pure Theory of capital.* Alabama, Ed. Estadounidense, The Ludwig von Mises Institute.

HEGEL, G.W.F. (1976). *Fenomenología del espíritu.* Ciudad de México, Fondo de Cultura Económica.

HICKEL, J. (2020). *"The sustainable development index: Measuring the ecological efficiency of human development in the anthropocene".* Ecological Economics 167 https://doi.org/10.1016/j.ecolecon.2019.05.011.

HOBBES, T. (2005) [1651]. *Leviatán o la materia, forma y poder de una República eclesiástica y civil .* Fondo de Cultura Económica, México.

HOPENHAYN, M. (1995). *Ni apocalípticos ni integrados: aven- turas de la modernidad en América Latina.* México, Fondo de Cultura Económica.

HUNTINGTON, S. (1996). *The clash of Civilizations and Remaking of the world order.* Nueva York, Touchstone

IGLESIAS, C. (2005). *El pensamiento de Montesquieu. Ciencia y filosofía en el siglo XVIII.* Barcelona, Círculo de Lectores.

KANT, E. (1784). *Idea de una historia universal en sentido cosmopolita.* (HUC) en Filosofía de la Historia.

KAPUSCINSKI, R. (2007). *Encuentros con el otro.* Anagrama, Barcelona.

LANG, M. (2017). *¿Erradicar la pobreza o empobrecer las alternativas?* Quito, Universidad Andina Simón Bolívar, Abya Yala.

MANCILLA SERRANO, A. (2015). *América Latina en disputa.* Caracas, Fundación Editorial El Perro y la Rana / BANDES.

MARTÍN-BARBERO, J. (1987). *De los medios a las mediaciones: comunicación, cultura y hegemonía.* Barcelona, GG.

__________ (2014). *"Diversidad en Convergencia".* MATRIZes, (8) 2, pp. 15-34.

MARTÍNEZ GONZÁLEZ-TABLAS, A. (2000). *Economía Política de la Globalización,* Barcelona, Ariel Economía.

MASTINI, R. ; Giorgos, K. y Jasminka, D. (2020). *Carta abierta al Secretario General de la OECD, 12 de octubre.* Documento inédito.

MATA MOLLEJAS, L. (2022). *Tiempos, economistas y políticos nuevos.*KDPAmazon.

__________ (2007). "Visiones apocalípticas y complejidad social". Caracas, UCV / Postgrado de Teoría y Política Económica. Documento mimeográfico.

__________ (2006). *"Lógica simbólica y formulación de hipótesis en las ciencias sociales",* en Revista Latinoamericana de Estudios Avanzados Nro. 23, p. 155-90, Caracas, FACES-UCV.

MATO, D. (1995). *Crítica de la modernidad, globalización y construcción de identidades.* Caracas, CDCH.

MATUS, C. (1984). *Planificación, libertad y conflicto.* Caracas, IVEPLAN.

MAZZUCATO, M. (2014). *El Estado emprendedor. Mitos del sector público frente al privado.* Barcelona, RBA Libros.

___________ (2019). *El valor de las cosas. Quién produce y quién gana en la economía global.* Barcelona, Taurus / Penguin Random House.

MEADOWNS, D. et al (1992) *Beyond the Limits.* Madrid. El País-Aguilar.

MÉSZÁROS, I. (2001). *Más allá del capital. Hacia una teoría de la transición.* Caracas. Vadell Hermanos.

MIRES, F. (2001). *Civilidad.* Madrid. Trotta.

___________ (2000). *Teoría política del nuevo capitalismo, o el discurso de la globalización.* Caracas, Nueva Sociedad

MONETA, C. y Quenan, C. (1994). *Las reglas del juego. América Latina, globalización y regionalismo.* Buenos Aires, Corregidor.

MORIN, E. (1999). *La cabeza bien puesta.* Buenos Aires, Nueva Visión.

NORTH, D. (1993). *Instituciones, cambio institucional y desempeño económico.* México, Fondo de Cultura

NYERERE, J. (1991). *Desafíos para el Sur.* Informe de la Comisión del Sur, México, Fondo de Cultura Económica

NUUSBAUM, M. (2019). *La monarquía del miedo. Una mirada filosófica a la crisis política actual.* Buenos Aires. Paidós.

_____________ (2010). *Sin fines de lucro. Por qué la demcracia necesita de las humanidades.* Buenos Aires, Katz.

OBAMA, B. (2020). *Una tierra prometida.* Barcelona. Debate / Penguin Random House.

OJEDA, W. (2022). *Aproximación al debate de los índices, en búsqueda de una nueva métrica.* Trabajo de Investigación, Posdoctorado América Latina en el orden global, Universidad Andina Simón Bolívar y Colegio de América. Quito.

_____________ (2017). *Venezuela: capitalismo o socialismo, una búsqueda inconclusa.* Disponible en: https://a.co/fpWhH3g

_____________(2005). *Fábrica de Odios. Apuntes sobre guerra psicológica.* Caracas. Solar Ediciones.

_____________ (1997). *Una mirada tras las rejas.* Caracas. Solar Ediciones.

OXFAM. (2017). *"Just 8 Men Own Same Wealth as Half the World".* ‹https://www.oxfam. org/en/pressroom/pressreleases/2017-01-16/just-8- men-own-same-wealth-half- world›. Consultado el 10 de abril de 2022.

_____________ (2016). *"An Economy for the 1%: How Privilege and Power in the Economy Drive Extreme Inequality and How this can be stopped".* ‹https://www.oxfam. org/en/research/economy-1›. Consultado el 16 de abril de 2022.

ORTIZ, R. (2004). *Mundialización y Cultura.* Bogotá, Convenio Andrés Bello.

__________ (1998). *Otro Territorio*. Ensayos sobre el mundo contemporáneo. Bogotá, Convenio Andrés Bello.

PAIGE, G. (2009). *Nonkilling Global Political Science*. Honolulu. Center for Global Nonkilling

PALAZUELOS, E. y Vara, MJ (comp.) (2002). *Grandes áreas de la economía mundial*. Barcelona, Ariel.

PIKETTY, T. (2013). *El capital en el siglo XXI*. Madrid, Fondo de Cultura Económica.

PILGER, J. (2002). *The new rulers of the world*. Nueva York, Verso.

PORTER, M. (1991). *La ventaja competitiva de las naciones*. Barcelona, Plaza & Janes.

ROCKSTRÖM, J. et al. (2009). *"Planetary boundaries: exploring the safe operating space for humanity"*. Ecology and Society 14(2): 32. Recuperado en https://www.ecologyandsociety.org/vol14/iss2/art32/

RODRÍGUEZ MESONERO, J.L. (2018). *El debate sobre la Santidad y el Concilio de Trento*. Universidad de Cantabria. Trabajo de Grado en Historia, dirigido por Roberto López Vela. Facultad de Filosofía y Letras. Disponible en https://core.ac.uk/download/pdf/161808726.pdf

SALBUCHI, A. (1999). *El cerebro del mundo*. Córdoba, Copista

SALGADO, G. (1993). *"Integración y apertura externa. Las nuevas tendencias"*. Revista Nueva Sociedad 125, Mayo-Junio

SAVATER, F. (2000). *Política pura Amador*. Barcelona, Ariel.

__________ (1991). *Ética para Amador*. Barcelona, Ariel.

SEN, A. (1973). *On Economic Inequality*. Oxford, Clarendon Press.

__________ (1979). *Sobre la desigualdad económica*. Barcelona, Crítica.

SENGE, P. (1994). *La quinta disciplina: el arte y la práctica de la organización abierta al aprendizaje*. Barcelona, Granica.

SONNTAG, H. (1995). *"Ambiente internacional. Restricciones y oportunidades para el desarrollo social"*, en Informe nacional para la Cumbre Mundial sobre desarrollo social. Caracas, CENDES.

SERRANO MANCILLA, A. (2015). *América Latina en disputa*. Caracas, Fundación Editorial El Perro y la Rana / BANDES.

STEWART, D. (2016). *"La necesidad de un decrecimiento económico global ¿Hacia dónde vamos?"* Revista de la Pontificia Universidad Católica del Ecuador (PUCE),103, 343-354. Recuperado de http:// www.revistapuce.edu.ec/index.php/revpuce/article/view/55/199

STIGLITZ, J., Sen, A. y Fitoussi, J-P. (2009). *The Measurement of Economic Performance and Social Progress Revisited*. Paris: OFCE - Centre de recherche en économie de Sciences Po.

STGLITZ, J. (2002). *El malestar en la globalización*. Bogotá, Taurus / Santillana.

TOFLER, A. (1980). *La tercera Ola*. Barcelona, Plaza & Janes.

__________ (1990). *El cambio de Poder*. Barcelona, Plaza & Janes.

TOYNBEE, A. (1973). *El desafío del futuro*. Madrid, Guadiana.

VALLÉS, J. M. y Martí i Puig, S. (2016). *Ciencia Política, Un manual*. Bogotá, Planeta / Ariel.

VON MISES, L. (2015). *La Acción Humana*, Madrid, 11ma Ed., Unión Editorial.

WALLERSTEIN, I. (1999). *El moderno sistema mundial. La agricultura capitalista y los orígenes de la economía-mundo europea en el siglo XVI*, t. II. México, Siglo XXI.

WEBER, M. 1958 [1919]. *"Politics as a vocation"* en Essays in Sociology, ed. H.H. Gerth and C. Wright. Mills. New York, Oxford University Press. pp. 77-128

__________ 2007 [1919]. *La política como profesión*. Ed. de Joaquín Abellán. Madrid, Biblioteca Nueva. Disponible en https:// teoriapoliticaseminariohome.files.wordpress.com/2019/12/max-we- ber-2007-polc3adtica-como-profesic3b3n-1.pdf

WELZER, H. (2011). *"Mental infrastructures: How Growth entered the World and our Souls"*. Berlin: Heinrich Böll Stiftung. Revisado el 20 de mayo de 2020, disponible en https://www.boell.de/en/2013/12/09/ mental-infrastructures-how-growth-entered-world-and-our-souls

YUNUS, M. (2006). *El Banquero de los pobres. Los microcréditos y la batalla contra la pobreza en el mundo*. Buenos Aires, Paidós.

__________ (2007). *Los microcréditos y la batalla contra la pobreza en el mundo*. Barcelona, Paidós.

ZABALLA, L. (2010). *POLIS. Historia natural de la sociedad*. ALFA, Caracas.

ZAMITIZ, H. (1999). *"Origen y Desarrollo de la Ciencia Política: Temas y Problemas"*. Convergencia Revista de Ciencias Sociales, Vol 6 (20).

REFERENCIAS DIGITALES

Sitios web de instituciones

ONU (2018), *Números globales de migrantes y refugiados internacionales 2000-2015*, Departamento de Asuntos Económicos y Sociales, División de Población. Recuperado el 20 de enero de 2018 de https://refugeesmigrants.un.org/es/infographics

UNASUR (2018), *Objetivos específicos. Recuperado el 23 de enero de 2018 de www.unasursg.org/es/objetivos-especificos*

Sitios consultados para la sección qué dicen los clásicos

Clips de Fernando Villegas: https://www.youtube.com/channel/UCmy2ZKR4zQzNpkcisS0kWFA

DW Documental: https://www.youtube.com/c/DWDocumental

El Edén de los cínicos https://www.youtube.com/c/ElEd%C3%A9ndelosC%C3%ADnicos/videos)

El Picalibros: https://www.youtube.com/results?search_query=el+picalibros

La Aventura del Pensamiento, canal de Fernando Savater, plataforma YouTube disponible en https://www.youtube.com/results?search_query=la+aventura+del+pensamiento

La Aventura del Pensamiento: https://www.youtube.com/
playlist?list=PL_T7R49ZZhnwEq1YmPXvzLzlRwm5SzrLS/

La Fonda Filosófica: https://www.youtube.com/
results?search_query=la+fonda+filos%C3%B3fica
La Fonda Filosófica, canal de Filosofía de Darin McNabb,
plataforma YouTube disponible en https://www.youtube.
com/user/darinmex

Lluna Pineda, Canal de Filosofía, plataforma YouTube
disponible en https://www.youtube.com/channel/
UCQkcG_BAv34tYlLj0g6O1pg/about

Patristic Nectar Films: https://www.youtube.com/user/
PatristicNectarFilms

Political Philosophy: https://www.youtube.co m/c/
PoliticalPhilosophyChannel

The School of Live: https://www.youtube.com/c/
theschooloflifetv

Un Profesor/Filosofía: https:// www. youtube. com/
watch?v=0F157PRtBXQ&list=PLlJ-LmCi75KZcyfqZMs4Js-
tVASHwpKDvb

Universidad Adolfo Ibáñez/Savater/Endefensa
de la política https://www.youtube.com/
watch?v=3nNflhy7G6o&t=2942s

Wireless Philosophy: https://www.youtube.com/user/
WirelessPhilosophy